赞比亚酋长制度的历史变迁

On the Historical Evolution of Zambian Chieftaincy

杨廷智 著

中国社会科学出版社

图书在版编目（CIP）数据

赞比亚酋长制度的历史变迁／杨廷智著．—北京：中国社会科学出版社，2015.12
（中国社会科学博士后文库）
ISBN 978 - 7 - 5161 - 7240 - 7

Ⅰ.①赞…　Ⅱ.①杨…　Ⅲ.①酋长—制度—研究—赞比亚　Ⅳ.①D747.321

中国版本图书馆 CIP 数据核字（2015）第 291085 号

出 版 人	赵剑英	
责任编辑	刘志兵	
责任校对	李　莉	
责任印制	王　超	

出　　版	中国社会科学出版社	
社　　址	北京鼓楼西大街甲 158 号	
邮　　编	100720	
网　　址	http://www.csspw.cn	
发 行 部	010 - 84083685	
门 市 部	010 - 84029450	
经　　销	新华书店及其他书店	

印刷装订	北京君升印刷有限公司	
版　　次	2015 年 12 月第 1 版	
印　　次	2015 年 12 月第 1 次印刷	

开　　本	710 × 1000　1/16	
印　　张	13.75	
字　　数	224 千字	
定　　价	49.00 元	

第四批《中国社会科学博士后文库》
编委会及编辑部成员名单

(一) 编委会

主 任: 张 江

副主任: 马 援　张冠梓　俞家栋　夏文峰

秘书长: 张国春　邱春雷　刘连军

成　员 (按姓氏笔画排序):

卜宪群　方 勇　王 巍　王利明　王国刚　王建朗　邓纯东
史 丹　刘 伟　刘丹青　孙壮志　朱光磊　吴白乙　吴振武
张车伟　张世贤　张宇燕　张伯里　张星星　张顺洪　李 平
李 林　李 薇　李永全　李汉林　李向阳　李国强　杨 光
杨 忠　陆建德　陈众议　陈泽宪　陈春声　卓新平　房 宁
罗卫东　郑秉文　赵天晓　赵剑英　高培勇　曹卫东　曹宏举
黄 平　朝戈金　谢地坤　谢红星　谢寿光　谢维和　裴长洪
潘家华　冀祥德　魏后凯

(二) 编辑部 (按姓氏笔画排序):

主 任: 张国春 (兼)

副主任: 刘丹华　曲建君　李晓琳　陈 颖　薛万里

成　员 (按姓氏笔画排序):

王 芳　王 琪　刘 杰　孙大伟　宋 娜　苑淑娅　姚冬梅
郝 丽　梅 枚　章 瑾

序 言

2015 年是我国实施博士后制度 30 周年，也是我国哲学社会科学领域实施博士后制度的第 23 个年头。

30 年来，在党中央国务院的正确领导下，我国博士后事业在探索中不断开拓前进，取得了非常显著的工作成绩。博士后制度的实施，培养出了一大批精力充沛、思维活跃、问题意识敏锐、学术功底扎实的高层次人才。目前，博士后群体已成为国家创新型人才中的一支骨干力量，为经济社会发展和科学技术进步作出了独特贡献。在哲学社会科学领域实施博士后制度，已成为培养各学科领域高端后备人才的重要途径，对于加强哲学社会科学人才队伍建设、繁荣发展哲学社会科学事业发挥了重要作用。20 多年来，一批又一批博士后成为我国哲学社会科学研究和教学单位的骨干人才和领军人物。

中国社会科学院作为党中央直接领导的国家哲学社会科学研究机构，在社会科学博士后工作方面承担着特殊责任，理应走在全国前列。为充分展示我国哲学社会科学领域博士后工作成果，推动中国博士后事业进一步繁荣发展，中国社会科学院和全国博士后管理委员会在 2012 年推出了《中国社会科学博士后文库》（以下简称《文库》），迄今已出版四批共 151 部博士后优秀著作。为支持《文库》的出版，中国社会科学院已累计投入资金 820 余万元，人力资源和社会保障部与中国博士后科学基金会累计投入 160 万元。实践证明，《文库》已成为集中、系统、全面反映我国哲学社会科学博士后优秀成果的高端学术平台，为调动哲学社会科学博士后的积极性和创造力、扩大哲学社会科学博士后的学术影响力和社会影响力发挥了重要作用。中国社会科学院和全国博士后管理委员会将共同努力，继续编辑出版好《文库》，进一步提高《文库》的学术水准和社会效益，使之成为学术出版界的知名品牌。

哲学社会科学是人类知识体系中不可或缺的重要组成部分，是人们认识世界、改造世界的重要工具，是推动历史发展和社会进步的重要力量。建设中国特色社会主义的伟大事业，离不开以马克思主义为指导的哲学社会科学的繁荣发展。而哲学社会科学的繁荣发展关键在人，在人才，在一批又一批具有深厚知识基础和较强创新能力的高层次人才。广大哲学社会科学博士后要充分认识到自身所肩负的责任和使命，通过自己扎扎实实的创造性工作，努力成为国家创新型人才中名副其实的一支骨干力量。为此，必须做到：

第一，始终坚持正确的政治方向和学术导向。马克思主义是科学的世界观和方法论，是当代中国的主流意识形态，是我们立党立国的根本指导思想，也是我国哲学社会科学的灵魂所在。哲学社会科学博士后要自觉担负起巩固和发展马克思主义指导地位的神圣使命，把马克思主义的立场、观点、方法贯穿到具体的研究工作中，用发展着的马克思主义指导哲学社会科学。要认真学习马克思主义基本原理、中国特色社会主义理论体系和习近平总书记系列重要讲话精神，在思想上、政治上、行动上与党中央保持高度一致。在涉及党的基本理论、基本路线和重大原则、重要方针政策问题上，要立场坚定、观点鲜明、态度坚决，积极传播正面声音，正确引领社会思潮。

第二，始终坚持站在党和人民立场上做学问。为什么人的问题，是马克思主义唯物史观的核心问题，是哲学社会科学研究的根本性、方向性、原则性问题。解决哲学社会科学为什么人的问题，说到底就是要解决哲学社会科学工作者为什么人从事学术研究的问题。哲学社会科学博士后要牢固树立人民至上的价值观、人民是真正英雄的历史观，始终把人民的根本利益放在首位，把拿出让党和人民满意的科研成果放在首位，坚持为人民做学问，做实学问、做好学问、做真学问，为人民拿笔杆子，为人民鼓与呼，为人民谋利益，切实发挥好党和人民事业的思想库作用。这是我国哲学社会科学工作者，包括广大哲学社会科学博士后的神圣职责，也是实现哲学社会科学价值的必然途径。

第三，始终坚持以党和国家关注的重大理论和现实问题为科研主攻方向。哲学社会科学只有在对时代问题、重大理论和现实问题的深入分析和探索中才能不断向前发展。哲学社会科学博士后要根据时代和实践发展要求，运用马克思主义这个望远镜和显微镜，增强辩证思维、创新思维能力，善于发现问题、分析问题，积极推动解决问题。要深入研究党和国家面临的一系列亟待回答和解决的重大理论和现实问题，经济社会发展中的全局性、前瞻性、战略性问题，干部群众普遍关注的热点、焦点、难点问题，以高质量的科学研究成果，更好地为党和国家的决策服务，为全面建成小康社会服务，为实现"两个一百年"奋斗目标和中华民族伟大复兴中国梦服务。

第四，始终坚持弘扬理论联系实际的优良学风。实践是理论研究的不竭源泉，是检验真理和价值的唯一标准。离开了实践，理论研究就成为无源之水、无本之木。哲学社会科学研究只有同经济社会发展的要求、丰富多彩的生活和人民群众的实践紧密结合起来，才能具有强大的生命力，才能实现自身的社会价值。哲学社会科学博士后要大力弘扬理论联系实际的优良学风，立足当代、立足国情，深入基层、深入群众，坚持从人民群众的生产和生活中，从人民群众建设中国特色社会主义的伟大实践中，汲取智慧和营养，把是否符合、是否有利于人民群众根本利益作为衡量和检验哲学社会科学研究工作的第一标准。要经常用人民群众这面镜子照照自己，匡正自己的人生追求和价值选择，校验自己的责任态度，衡量自己的职业精神。

第五，始终坚持推动理论体系和话语体系创新。党的十八届五中全会明确提出不断推进理论创新、制度创新、科技创新、文化创新等各方面创新的艰巨任务。必须充分认识到，推进理论创新、文化创新，哲学社会科学责无旁贷；推进制度创新、科技创新等各方面的创新，同样需要哲学社会科学提供有效的智力支撑。哲学社会科学博士后要努力推动学科体系、学术观点、科研方法创新，为构建中国特色、中国风格、中国气派的哲学社会科学创新体系作出贡献。要积极投身到党和国家创新洪流中去，深入开展探索性创新研究，不断向未知领域进军，勇攀学术高峰。要大力推进学术话语体系创新，力求厚积薄发、深入浅出、语言朴实、文风清新，力戒言之无物、故作高深、食洋不化、食古不化，不断增强我国学术话语体系的说服力、感染力、影响力。

"长风破浪会有时，直挂云帆济沧海。"当前，世界正处于前所未有的激烈变动之中，我国即将进入全面建成小康社会的决胜阶段。这既为哲学社会科学的繁荣发展提供了广阔空间，也为哲学社会科学界提供了大有作为的重要舞台。衷心希望广大哲学社会科学博士后能够自觉把自己的研究工作与党和人民的事业紧密联系在一起，把个人的前途命运与党和国家的前途命运紧密联系在一起，与时代共奋进、与国家共荣辱、与人民共呼吸，努力成为忠诚服务于党和人民事业、值得党和人民信赖的学问家。

是为序。

张江

中国社会科学院副院长

中国社会科学院博士后管理委员会主任

2015 年 12 月 1 日

序

　　《赞比亚酋长制度的历史变迁》一书是杨廷智博士在他的博士学位论文《赞比亚酋长制度变迁研究》的基础上修改而成。这是中国学者对非洲酋长制的第一部研究专著，具有特定的意义。

　　在非洲，酋长制度（Chieftaincy，也译作"酋邦"）是一种基本的社会制度。对酋长制度的研究也一直为学术界所关注。早在19世纪，两位学者在研究古代社会时即对酋长制度的研究有所贡献。一个是美国人类学家摩尔根，一个是英国社会学家斯宾塞。

　　摩尔根在《古代社会》中对多个人类早期社会的社会组织和政治观念进行了实地考察，以易洛魁人为案例进行的研究使他得以对印第安人部落进行概括，并提出了部落的一些基本特征：

　　由若干个氏族组成，占有一块领土并有一个名称；

　　操一种独特的方言；

　　对各氏族选出的首领和酋长有授职之权；

　　对各氏族选出的首领和酋长有罢免之权；

　　具有一种宗教信仰和崇拜仪式；

　　有一个由酋长会议组成的最高政府；

　　在某些情况下有一个部落大首领。[1]

　　摩尔根的理论确立了他在对古代社会的研究中的权威地位。

　　作为社会进化论的代表之一，斯宾塞对酋长制度的理解是：这种制度

---

[1]　参见路易斯·亨利·摩尔根《古代社会》，杨东莼、马雍、马巨译，商务印书馆1981年版。

与部落相联系，是国家形成之前的社会制度之一。① 斯宾塞对酋长制的起源也提出过自己的理论。随着社会的发展，"社会的聚集往往伴随着某种组织的出现"。社会规模逐渐变大，社会组织也变得更大，酋长制出现了，"有力而持久的管理结构的演进是社会能有较大发展的惟一条件"。与此同时，起协调作用的中心也在不断发展，变得更稳定、复杂。"在规模小的部落中，酋长制一般缺乏稳定性，比较简单；但随着部落不断发展壮大或对其他部落的征服，附属的管理机构有所增加，协调机构开始发展起来。"② 酋长制在初期相对落后，职能简单，控制与被控制的部分尚未完全分化，劳动分工不明确。随着社会的演进，酋长的权力日益明确。他开始从体力劳动中分离出来，专职从事生产管理、贸易交换以及其他协调工作。社会规模的扩大导致酋长权力的增加，与此相适应的是其职能的专门化。他对部落事务的影响、对司法权的行使、对士兵的指挥和对宗教仪式的主持等逐渐转移到更专门化的下属手中。"从起初多种职能不分的唯一协调机构中，最终发展出分别负责这些职能的多个协调机构。"③ 多个协调管理机构的存在及其职能的完善正是国家形成的必要条件。后来的学者又不断地对这一主题进行深入研究。

中国历史学界虽然一直对古代社会有着自身的研究传统和观点，但改革开放后人类学学科和理论的传入，使一些学者开始用西方学者的概念和理论分析中国的古代社会，较为突出的是酋邦的理论。例如，谢维扬认为，在早期国家形成时存在着部落联盟和酋邦两种模式，并由此形成了民主和专制国家的起源。他在分析中国早期国家演进过程时认为，在诸社会（特别是非西方社会）的国家进程中，"国家权力正是直接从酋长即酋邦首领的权力演变而来的"，由酋邦模式所产生的国家在最初的发展上，"比较倾向于形成专制型的政治运行机制"，"酋邦是具有明确的个人性质的政治权力色彩的社会，当它们向国家转化后，在政治上便继承了个人统治这份

---

① 为了便于分析，斯宾塞根据社会进化的程度将早期人类社会分为三种类型：简单社会、复杂社会和双倍复杂社会。至于伟大的文明国度，他认为这些都属于统一在一个固定首领之下的三倍复杂社会，如古代的墨西哥、亚述帝国、埃及帝国、罗马帝国、大不列颠、法国、德国、意大利、俄国均属于这种三倍复杂社会，甚至达到了更高的阶段。Herbert Spencer, *The Principles of Sociology*, New York: D. Appleton & Company, 1881, Vol. 1, pp. 570 – 72.

② Herbert Spencer, *The Study of Sociology*, Ann Arbor & Michigan University Press, 1969, p. 54.

③ Ibid., pp. 55 – 56.

遗产，并从中发展出人类最早的专制主义政治形式"。① 易建平较全面地归纳了国际学术界有关酋邦在早期国家形成过程中所起作用的相关研究，批判了东方专制主义的学说。他认为，谢维扬的分析受到东方专制主义学说的影响，其关于民主政治与专制政治起源学说，"无论从理论上看还是从实证材料上看，是不太能够经得起检验的"。②

遗憾的是，无论是西方学者还是中国学者，对酋长制的研究都局限于古代史的研究范围。一个不容忽略的事实是，即使是在近代殖民主义统治下的非洲以及独立后的非洲国家，酋长制仍然至关重要。从这个意义上说，杨廷智的论文选题"赞比亚酋长制度变迁"具有重要的理论意义和现实意义。他通过对赞比亚酋长制在传统社会时期、殖民主义统治时期、反殖民主义时期以及赞比亚独立后的情况的分析，指出目前在赞比亚的农村地区酋长制度依然起着十分重要的作用。由于此前中国学者未有人对非洲一个国家的酋长制度进行过较为系统的剖析，因此本书对中国的非洲研究具有重要的学术价值。

在赞比亚的现代化道路的实践中，酋长制度仍然是一种强有力的传统文化力量，构成了非洲社会共同体形成的心理基础和精神纽带。作者分析了酋长制度在赞比亚国家现代政治中不可或缺的地位以及其存在的历史原因。酋长制度的变迁与国家经济社会发展是密不可分的，赞比亚经济社会发展是论文分析的必备方面，酋长的权力基础仍然是基于自己属民的生存和安全等切实利益。通过对赞比亚酋长制度的研究，杨廷智指出，在社会发展进程中，酋长制度面对外来现代化因素的影响和挑战具有很强的制度弹性和调适能力，它没有因固守古老的历史传统而湮没在历史发展的车轮中，反而成为殖民政权和独立后的国家政权都离不开的传统社会力量，依然能够焕发出时代的活力和生命力，成为社会发展进程的推动力量。他注意到，赞比亚酋长在独立后的社会政治生活中仍具有重要影响，这表现在以下几个方面。第一，赞比亚酋长自从独立以来就是国家政治的重要角色。第二，赞比亚酋长是乡村事务管理及其他社会事务的参与者。酋长还是他所在地区属民的发言人，可以向国家表达当地的需求。第三，在赞比

---

① 谢维扬：《中国早期国家》，浙江人民出版社1995年版，第73—74、76、213页。

② 易建平：《部落联盟与酋邦——民主·专制·国家：起源问题比较研究》，社会科学文献出版社2004年版，第524—525页。

亚的对外关系中，酋长也作为传统的力量活跃于外交舞台。第四，赞比亚酋长制度在社会发展过程中一直起着重要作用，其在土地分配中起决定性作用。由此看来，土地制度是赞比亚酋长制度发挥作用的基础，也是赞比亚酋长制度保留和延续的经济因素。酋长掌握着着全国大部分土地的使用权，包括管理权和分配权。他认为，酋长制度是赞比亚社会一种活跃的制度因素，既反映了社会现代化进程中的政治和社会转型，又不断对社会的发展变化作出反应。它经受住了殖民主义及随之而来的英国殖民统治的冲击，顽强地延续下来。同样，它也经历了殖民统治结束后新国家诞生和发展中的风云激荡，与现代政治和经济制度并存。在他看来，酋长制度是赞比亚传统文化的符号和象征，酋长是赞比亚民族国家建构中的促进因素。

酋长制度的变迁与国家经济社会发展是密不可分的，其权力基础仍然是基于自己属民的生存和安全等切实利益。酋长制度既是非洲的传统文化，又是传统的政治制度，研究酋长制度对于了解非洲国家的政治、社会、历史文化都有益处。

目前，利用赴非洲的机会搜集博士论文资料的情况在中国还不多。杨廷智博士曾有机会在赞比亚进行实地考察，他充分利用在赞比亚访学的机会，对赞比亚酋长制度作了适当调查，从而加深了对赞比亚酋长制度的了解。作者将自己在赞比亚的见闻、考察素材和调查研究的资料体现在论文的分析之中，实在难能可贵。在博士论文的答辩会上，大家一致认为：论文写作规范，逻辑清晰，结构合理，论证有据。论文结构安排合理，逻辑性强，赞比亚酋长制度变迁的历史脉络清晰，文中论断言之有据，令人信服。全书行文流畅，符合学术专著的行文规范。

我认识廷智已有多年。他一意求学，奋斗多年，不坠青云之志；知识广博，学有所成。我希望并坚信，一批新的中国非洲研究者将会在不久将来逐渐活跃在国际学术舞台上。

是为序。

李安山于京西博雅西苑

2015 年 11 月 4 日

摘　要

　　酋长制度是非洲国家具有悠久历史的传统社会管理制度，至今仍然在许多非洲国家的政治和社会生活中发挥着不可替代的作用。在古代，酋长是人类早期社会组织的首领，具有崇高的地位和神圣的权力。酋长制度大约在15世纪从西北的隆达王国传入赞比亚，在之后的几百年里向赞比亚各地传播。古代赞比亚的酋长具有至高无上的权威，在自己的领地内拥有政治、经济、军事、司法、宗教大权。随着17世纪欧洲人的到来，西方文明开始影响赞比亚的传统社会，但在19世纪末殖民统治确立前酋长制度在社会中的主导地位并没有改变。1894—1924年英国南非公司的殖民统治给赞比亚传统社会造成了巨大的冲击，酋长权威被严重侵蚀，权力被大大削弱，酋长制度遭遇空前挑战。1924年起在英国"间接统治"时期，殖民当局对酋长的权力进行了限制和改造，对酋长的传统职能予以扶持，酋长制度被纳入英国的殖民统治体系中。在20世纪五六十年代赞比亚的民族独立运动中，酋长站在了民族主义者一边，共同反对英国殖民统治，为国家独立作出了贡献。1964年赞比亚独立后，在现代国家制度框架内，酋长的权力受到进一步限制与削弱，酋长制度一度被边缘化。20世纪80年代起，酋长制度的传统文化功能逐渐复苏，并被赋予了新的现代内涵，在现代社会中具有独特的地位和作用。酋长掌管着本地的一些公共事务和土地管理分配权，是赞比亚国家和本地政治的重要参与者。酋长制度作为赞比亚传统文化的符号和象征，在现代社会具有积极作用，同时也是赞比亚民族国家建构中的整合因素。

赞比亚的酋长制度经历了传统社会、殖民统治时期、现代国家独立发展时期，从社会主导地位变为从属地位，其合法性根基却一直存在。同时，酋长制度具有很强的制度弹性和适应能力，既保留着自身传统性，又在社会发展进程中不断吸收现代性，使其能够适应社会发展潮流，融入现代社会，具有重要的现实意义。在全球化和现代文明的影响下，尽管传统酋长制度受到一定冲击，甚至与现代化出现了一些悖论，但是酋长制度也在不断与现代社会的发展相契合，展现出强大的生命力，成为具有非洲本土特色的社会现象。在历史的发展演变中，酋长制度的特征体现为历史与现实的交织、传统与现代的融合。酋长制度作为传统因素通过和现代因素的互动与调适，能够为现代社会发展服务。

Abstract

Chieftaincy is a centuries-old traditional social institution, which plays the irreplaceable role to this day in political and social affairs of many African countries. In ancient time, chiefs are leaders of the early mankind communities, who hold grand social status and holy power. During about the 15th century, chieftaincy appeared in Lunda Kingdom to the northwest, then spread to all parts of present Zambia afterwards. Chiefs in ancient Zambia had paramount authority and prestige, and they held political, economic, military, judicial and religious power. From the 17th century on, with Europeans' arrival, Western civilization began to influence the traditional society in contemporary Zambia, however, the domination of chieftaincy in Zambian communities had not changed until the establishment of colonial rule at the end of the 19th century. During the period from 1894 to 1924, the colonial rule imposed by British South Africa Company made a tremendous impact on Zambian traditional society, which undermined the authority and power of chiefs and traditional chieftaincy experienced great challenge. During British "Indirect Rule" period from 1924, the colonial state restrained and reformed chiefs' power and upheld their traditional functions, thus Zambian chieftaincy was absorbed to British colonial administrative system. In the 1950s and 1960s when Zambia's national liberal struggle burst like a raging fire, chiefs stood in the line with nationalists and fought against suzerainty of Britain, and contributed a great deal to Zambia's independence. After independence in 1964, Zambian state further limited and weakened chiefs' power in modern state administrative system, consequently, chieftaincy was marginalized in Zambia. Since the 1980s, Zambian government has resurrected chieftaincy gradually. Chieftaincy has been endowed new connotation and played a unique. role in modern society. Chiefs still dominate some public local affairs and control the use and distribution of land, and they are important participants in national and local politics. As Zambian traditional culture symbol, chieftaincy functions actively in modern society and it is also the integrative factor in nation-building of Zambia.

Chieftaincy in Zamiba has experienced ancient ages (pre-colonial period), colonial period and independent state stage (post-colonial or post-independent period). In the historical process, it has become subordinate from dominate status in Zambian society, but its legitimacy exists at all times. Meanwhile, chieftaincy is an institution of strong flexibility and adaptability. Chieftaincy maintains its own traditional characters and absorbs the modern factors in the social development, by which chieftaincy can follow the trend of social development and incorporate itself into modern society. Under the influence of globalization and modern civilization, traditional chieftaincy is influenced by modern factors and even there are some paradoxes between them, but more importantly, chieftaincy also corresponds to the development of modern society. Accordingly, chieftaincy has great vitality and it is a social phenomenon possessed local African feature. In the long process of historical evolution, the trait of chieftaincy shows the intertwining of past and present, integration of tradition and modernity. As traditional factor, chieftaincy can serve the social development by interacting and accommodating with modern factors.

目　　录

Contents

导　言

　　酋长制度是非洲国家具有悠久历史的一项传统制度，经历了几百年的发展演变，至今仍然在许多非洲国家的政治和社会生活中发挥着不可替代的作用。本书以赞比亚酋长制度的历史变迁为线索，探寻赞比亚在传统社会、殖民统治时期和国家独立后各个不同历史时期的社会风貌，研究酋长制度在赞比亚不同历史阶段的社会职能及其发展演变，并以赞比亚独立后的历史时期为重点，论述酋长制度与赞比亚现代政治、社会、经济发展的关系，以非洲传统文化与现代化的视角分析赞比亚酋长制度的现代职能，并阐释传统社会因素可以在与现代化的互动与调适中融入现代性，成为现代化发展的推动力量。

第一节　问题的提出及其意义

一　问题的提出

　　"酋长"这个名字对许多人来说是一个具有神秘色彩的字眼。在人们的印象中，"酋长"指的是在较为原始、落后的社会组织中的首领，而酋长制度作为一项社会管理制度在历史发展的长河中也在不断发生着变化。随着时代的发展变迁，酋长和酋长制度在当今世界多数地区已经成为历史，但至今许多非洲国家却仍然保留着这一传统制度。美国著名人类学家亨利·摩尔根说："每一种基本的政治制度或社会性组织一般都能找到一个简单的苗芽，这个苗芽是由于人类的需要而从其原始形态生长起来的。

当它能经受住时间和经验的考验以后，就发展成一种永久性的制度。"① 酋长制度就是非洲的一项重要的传统制度。在撒哈拉以南非洲，酋长制度经历了传统社会、殖民统治时期和国家独立发展时期的洗礼，至今仍在大多数非洲国家延续着其传统职能，具有很大的社会影响，发挥着不可替代的作用，成为现代社会发展的组成部分。从非洲的历史来看，自氏族社会时期起，酋长就是所在部落或地区的"天然统治者"，拥有各方面的绝对权威，是传统社会各部落、王国至高无上的统治者；在殖民统治时期，酋长制度被殖民者保留下来，成为殖民统治体系的重要一环，但是酋长的传统权力受到很大限制和削弱；在非洲国家获得独立后，酋长制度依然在各国政治稳定、经济发展、社会生活等方面起着不可替代的作用。非洲国家独立后，酋长的权力虽然受到很大制约，甚至酋长的社会职能在许多国家一度被边缘化，但从非洲国家独立后的发展来看，他们依然有着超出常人的地位和特权，在国家政治、经济、社会生活中的作用举足轻重。酋长制度仍然在现代的非洲国家具有顽强的生命力。

在殖民主义到来之前的传统社会，非洲各地普遍实行以酋长为核心的社会管理制度，整个非洲就是一个酋长制社会。在非洲各地出现过的大大小小的王国中，国王（大酋长）是各部落联盟乃至王国至高无上的统治者，拥有绝对的权力，如制定法律、主持行政、统帅军队、指挥战争、担任祭司、审判案件、管理经济、征收捐税等。历史上，赞比亚境内曾经出现过卢巴、隆达、卡曾贝、洛兹等王国。在赞比亚各个历史时期，酋长制度的组织结构是由不同等级的酋长组成的，从上到下依次分别为大酋长、高级酋长、地区酋长、村头人，而酋长的这种等级划分仍然在当今赞比亚延续着。从继承方面来看，酋长的职位一般都是世袭的，分为父系继承制和母系继承制，其中生活在赞比亚的许多族群都是母系继承制，如奔巴族、契瓦族、卢库尔韦族等。在殖民统治时期和国家独立后，酋长的继任还要经过殖民当局或政府的批准。殖民统治的到来改变了非洲社会发展的进程，酋长制度也被纳入殖民统治的轨道，酋长的传统地位和权力受到削弱。从 20 世纪 60 年代起，撒哈拉以南非洲国家纷纷摆脱殖民统治获得独立，相继建立共和国，酋长的地位和权力被进一步削弱，但他

---

① ［美］亨利·摩尔根：《古代社会》，杨东莼、马雍、马巨译，商务印书馆 1977 年版，第 317 页。

们的社会职能仍然是不可替代的。酋长在现代社会仍然是各族群传统的象征，是维系族群团结的纽带，他们继续充当着本地区、本族群代言人的角色，可以向政府反映民众的意见和要求，并调解民事纠纷，主持传统仪式。现代非洲社会实际上是一个传统与现代相融合、地方酋长与行政长官共同治理的社会。由于族群问题一直是长期困扰非洲各国的问题，保留酋长制度赋予酋长一定权力，对非洲的社会稳定和经济发展仍是有利的。酋长在现实生活中仍可发挥不可代替的作用，这正是酋长制度在非洲国家得以保存的原因。

　　赞比亚是地处中南部非洲的一个内陆国。赞比亚的酋长制度与其他撒哈拉以南非洲国家的酋长制度一样，经历了传统社会、殖民统治时期和国家独立发展三个大的历史阶段，在每个历史阶段发挥着不同的作用。赞比亚独立后，酋长制度被政府完整地保留了下来，在政府的行政序列之外，酋长制度作为传统的社会管理形式，与国家机构一起，管理着国家和社会事务。在赞比亚议会——国民大会，专门设立了一个酋长院，作为政府的咨询机构，其主要职责范围和权力仅限于特定的传统事务。酋长院成员每省分别为 3 名，由各省全体酋长选举产生，任期 3 年。在赞比亚中央政府机构中，一直设有负责传统文化的部门，负责管理酋长事务。2011 年 9 月"爱国阵线"领导人萨塔就任赞比亚总统后，赞比亚政府还新组建了酋长与传统事务部，成为专门负责酋长事务的中央政府机关。赞比亚的所有酋长，都是由政府职能部门任命，酋长职务实行终身制，每月从政府领取薪水，而且政府给他们配有保镖。他们在赞比亚政治、经济和社会生活中发挥着特殊作用，受到社会各界的广泛尊重。赞比亚是将传统酋长制度与现代社会相结合的典范，也是将传统因素成功地服务于国家现代化发展的非洲国家。本书将从传统文化与现代化的关系入手，对这种现象进行解析。赞比亚酋长制度是如何形成的，有什么特点？在传统社会的状况如何，而在殖民统治时期又发生了什么样的变化？赞比亚获得国家独立之后，国家对酋长制度有什么样的政策？酋长制度对赞比亚的现代政治、经济和社会发展有什么影响？在赞比亚现代化进程中，酋长制度作为传统因素是如何与现代因素进行互动与调适的？本书将对赞比亚酋长制度的历史变迁进行梳理和系统研究，对这些问题给出回答。

二　研究意义和价值

酋长制度最初是从原始的氏族制度发展演变而来的。在班图黑人大迁徙的过程中，大大小小的酋长领地和酋长制度便慢慢在氏族社会的基础上形成了。传统社会的酋长是一个社会共同体的首领，拥有相当大的权力。酋长决定着他所管辖地域内的大大小小的事情，甚至包括一些家庭琐事。凡事没有得到酋长的批准，是不得操办的。一切争端的是非曲直，只能听从酋长的裁决。酋长的权威是不容置疑的，属民必须服从。历史上，酋长被视为"天然的统治者"，他们的政治地位和经济特权是神圣不可侵犯的。一个地区或一个部落的酋长，拥有政治、经济、军事、文化等方面的绝对权威，酋长的话就是"圣旨"，只能照办，不能违抗。殖民主义来到非洲之后，利用酋长的传统势力和影响，为宗主国的殖民利益服务，酋长的权力和地位遭到削弱。非洲国家获得独立后，为了稳定局势和巩固政权，多数国家对酋长采取了既限制改造又尽量利用的政策，以保证政府的方针政策能够在酋长势力强大的广大乡村地区得以贯彻执行，并发挥其传统影响力为国家的政治、经济和社会发展服务。酋长和政府之间建立起了相互合作的关系，酋长制度也逐渐与现代社会发展融合在一起，古老的传统制度在现代社会焕发了青春。

酋长制度作为历史悠久的一项传统制度，在非洲大地上经历殖民统治和国家独立的历史演变之后，依然能够以顽强的生命力保留下来，且仍旧发挥着不可替代的作用，这本身就是一个很有研究价值的问题。研究赞比亚酋长制度的历史变迁，有助于我们通过这一历史"活化石"，深入了解赞比亚的历史，探究酋长制度在赞比亚各个历史时期的地位和作用。总的来看，在古代的传统社会时期，酋长制度成为各王国、部落具有主导地位的社会管理制度，酋长是传统社会的中心人物；殖民统治时期，酋长制度成为维持英国南非公司和英国政府"间接统治"的环节和纽带，酋长被纳入殖民统治的管理体系；独立后，赞比亚将酋长制度保留了下来，并将其纳入国家政治制度框架内，酋长的传统权力受到进一步削弱，但依然发挥着不可替代的作用。酋长制度在赞比亚第一共和国、第二共和国、第三共和国三个历史阶段的境遇也是不同的，酋长的地位与权威经历了一个由式微转向复苏的过程。

　　酋长的权威来自长久以来的习惯和传统，酋长是传统习惯和文化遗产的守护人和保管者。在班图人大迁徙的过程中，赞比亚是许多族群的角逐场，几个酋长制的王国及族群政权兴衰更替，经历了几个世纪的历史变迁之后，赞比亚形成了今天73个族群和谐共处的局面，而酋长制度在各族群的团结中发挥了重要的纽带作用。每个族群或者部落，生活在各级酋长为首领的众多村庄里。由于各族群大小不一，酋长制度的等级结构也各不相同，一般的族群或王国通过头人、地区酋长、高级酋长、大酋长或国王进行统治。在酋长制度的等级体系中，酋长都不是单独管理他们所在地区或族群的，与他们有宗族关系的议员（councilors）和顾问（advisors）协助他们进行管理。在非洲殖民化过程中，赞比亚的酋长也对欧洲人的内陆探险、商品贸易起了帮助作用，如著名的英国传教士利文斯顿（Living-stone）在沿赞比西河探险时，就得到了马格洛洛酋长的帮助。而赞比亚（殖民统治时期被称为"北罗得西亚"）的殖民化是通过当地酋长和以各自名义或者代表自己国家的殖民探险者之间的条约来完成的。在许多情况下，对英国殖民统治的臣服是酋长们反抗失败后不得不接受的"城下之盟"。酋长在英国殖民统治体系中仍占据着重要地位，出于殖民统治的需要，英国殖民当局并没有废除酋长制度，而是在"间接统治"的名义下寻求与酋长们的合作。此外，欧洲强加给非洲的殖民统治一般不是靠长久的破坏性战争实现的，各地传统的社会结构没有被破坏，使传统的酋长制度得以保留下来，尽管受到了削弱。而赞比亚获得独立后，酋长制度也被国家纳入现代社会管理体系，酋长们凭借其不可替代的传统地位和职能，继续为赞比亚的建设和发展贡献力量，他们在乡村管理、经济发展、社会生活，甚至在对外关系中均具有重要的影响和作用。

　　从现代化的理论来讲，现代化就是一个国家和地区现代因素不断取代传统因素的历史过程。在这一过程中，存在着传统因素与现代因素的互动。酋长制度作为非洲传统社会的社会管理制度，在非洲国家独立后的现代化进程中，经历了与现代因素的碰撞、交锋与融合，国家也对酋长制度进行了适度的改造，使之适应时代的要求和社会发展的潮流，成为推进国家现代化发展的有利因素。本书研究赞比亚酋长制度变迁的价值和意义正在于此。研究赞比亚酋长制度的变迁，可以使我们通过贯穿历史的酋长制度这条线索，理解传统政治文化对现代非洲国家发展的影响和作用，从而能深入了解在国家现代化发展过程中如何对待传统因素等问题，只要能对社会发展和国计民生有利，经过改造的传统因素完全可以纳入现代化的发展轨道。

本研究既具有一般的学术意义，又具有一定的现实意义。首先，从学术意义上来说，国内对赞比亚社会以及酋长制度的研究都比较欠缺，本书对赞比亚酋长制度的变迁进行专门探讨，能够为国内对非洲的国别和专题研究添砖加瓦、抛砖引玉，增加国内对非洲国家社会生态的研究，具有一定的学术价值。赞比亚酋长制度从传统社会一直流传至国家独立后的现代社会，而且在现代社会中仍然具有不可替代的重要地位。笔者通过在赞比亚的学习经历，对赞比亚社会有了切身的体会。通过在赞比亚大学的学习和与当地人的接触，积累了一定的考察心得，收集了一些一手资料和素材，将自己的实地学习与考察融入学术研究，在国内的非洲研究领域也具有一定的开拓性。其次，从现实意义上来说，本项研究能够增加我们对非洲传统社会和现实社会的深入了解，为发展中国家在探索适合本国的发展道路上提供一定借鉴，即利用本国传统文化的因素为现代化发展服务。此外，中国与赞比亚是"全天候朋友"，两国的传统友谊堪称中非关系的典范。随着中国在赞比亚的投资不断增多，中国对赞比亚的经济影响逐渐扩大，两国经贸关系日益密切。深入了解赞比亚以及非洲各国的社会状况，对于我国的"走出去"战略具有重要的参考价值，为中非关系的深入、健康、稳定发展提供基础性保障。

第二节　国内外研究综述

一　国内的研究

国内对非洲酋长制度的描述散见于关于非洲研究的著作和文章中，而对非洲单个国家酋长制度的专门研究则相对较少。彭坤元在《略论非洲的酋长制度》[1] 一文中，对非洲酋长制度的形成、特点，以及对非洲的经济、政治和社会发展影响提出了自己的见解。他认为非洲酋长制度形成于氏族社会时期，随着社会的发展酋长成为部落的最高统治者，拥有绝对的权

---

[1]　参见彭坤元《略论非洲的酋长制度》，《西亚非洲》1997 年第 1 期。

威，掌握着政治、经济、军事和社会生活的大权。酋长制度对非洲的经济、政治和社会生活的方方面面都有着很大的影响，这些影响持续了相当长的时间，一直延续至当今时代。部落集体所有制、自给自足的自然经济、非洲人的血缘观和敬祖观构成了酋长制度在非洲长期存在的主要原因。无论是殖民统治时期，还是国家独立后的现代时期，酋长制度经过一番改造后，都被保留了下来，成为社会发展的重要构成因素。刘华秋的《漫谈加纳酋长制》、冯建伟的《没落中的西非酋长制度》、武斌的《拜访妻妾成群的非洲大酋长》、杨汝生的《走近酋长王国》①，作者分别以各自在加纳、布基纳法索、喀麦隆和科特迪瓦的见闻描述了酋长制度的礼仪、继承、现代演变和发展趋势，他们认为酋长制度是非洲国家重要的传统政治制度，非洲国家独立以来，随着民族经济和资本主义工商业的发展，酋长制度不断受到限制和削弱，并逐渐走向衰落。但是，传统的土王和酋长在社会上，尤其在广大的农村，还有很大的影响和作用，仍然是一种不可忽视的社会和政治力量。②

　　酋长制度在非洲历史、传统文化、殖民主义、民族主义、地方民族（有的学者称为"部族"）问题等方面的著作中都有涉及。李保平在《非洲传统文化与现代化》③ 中，通过大量的非洲谚语说明了酋长的高贵出身、至高无上的地位、为属民的服务职能。他在文中还以喀麦隆独立后保留了酋长制度为实例，探究了传统的酋长制度被独立后的喀麦隆政府当作现代社会发展的助力。关于传统社会时期非洲酋长制度状况，姜忠尽等在所著的《中非三国：津巴布韦、赞比亚、马拉维——从部落跃向现代》④ 中介绍了 19 世纪前班图人的部落社会与文化，其中提到酋长是部落社会的政治首领，他拥有世袭的官职，具有政治管理职能、宗教职能、审判职能。

① 参见刘华秋《漫谈加纳酋长制》，《世界知识》1982 年第 23 期，第 18—20 页；冯建伟《没落中的西非酋长制度》，《瞭望》1983 年第 1 期，第 33—34 页；武斌《拜访妻妾成群的非洲大酋长》，《科学大观园》2007 年第 22 期，第 15—17 页；杨汝生《走近酋长王国》，《国际人才交流》2002 年第 7 期，第 58—60 页。

② 描写非洲酋长制度的文章还包括黄泽全《非洲：酋长们的神秘生活》，《中国工会财会》2007 年第 8 期；李起陵《部族与酋长制度》，《西亚非洲》1982 年第 3 期；高明强《原始酋长制初探》，《中共宁波市委党校学报》2001 年 6 月第 23 卷，第 3 期。文中不一一列举。

③ 参见李保平《非洲传统文化与现代化》，北京大学出版社 1997 年版。

④ 参见姜忠尽等《中非三国：津巴布韦、赞比亚、马拉维——从部落跃向现代》，四川出版集团、四川人民出版社 2005 年版，第 42 页。

酋长垄断土地分配权，充当法官并按部落惯例作出判决，在宗教仪式中担任祭司，遇有战争时便是统帅部落的军事领袖。有些酋长管辖范围较大，手下还有许多酋长和头人，下级酋长的任命须经最高酋长批准并缴纳贡品。此外，在传统社会时期，一般认为西方探险家在非洲的探险活动，都是在非洲人的帮助及指导下取得的。非洲人民及酋长们为探险队提供了人力和物力，派出向导和服务队，为其引路和运输物品。没有非洲人民和酋长们的帮助，西方探险家就寸步难行，根本不能完成如此艰辛的探险活动。①

关于殖民统治时期的非洲酋长制度，李安山在《殖民主义统治与农村社会反抗——对殖民时期加纳东部省的研究》② 中，以加纳东部省为例，指出了酋长制度在英国间接统治下被保留下来，且发生了很大变化，他们既有对殖民统治的臣服，也有对殖民统治的反抗，甚至人民与酋长、不同级别的酋长之间也存在着各种反抗斗争。郑家馨主编的《殖民主义史·非洲卷》③ 在介绍英国间接统治制度时，讲述了酋长制度中土著政权、土著税收、土著法院等内容，认为传统酋长制度已经被纳入殖民管理体系，为英国在非洲的殖民利益服务。

关于非洲国家独立后的酋长制度，陆庭恩、彭坤元主编的《非洲通史·现代卷》④ 在"非洲国家独立后政治制度的演进和政局的变化"提到了非洲国家独立后普遍存在二元化的政治结构，即现代政治与以酋长制度为代表的传统政治并存，而且相互制约。刘援朝在《权力执掌者与非洲政局》⑤ 一文中指出酋长制度是非洲基本的传统政治制度，在现代社会仍然发挥着作用。酋长是一个拥有特权的阶层，在所执掌的地区是感召型的人物，其权力被蒙上一层神秘的色彩。中国驻津巴布韦前大使袁南生在《走进非洲》一书中，以自己在津巴布韦担任大使的亲身经历，通过掌握的第一手资料，描述了酋长制度的历史性、酋长地位的传统性、酋长现象的国际性、酋长人选的多样性、酋长作用的基础性、酋长生活的现代性和酋长

---

① 参见何芳川《19 世纪西方国家在非洲的探险活动》，《何芳川教授史学论文集》，北京大学出版社 2007 年版，第 56 页。

② 参见李安山《殖民主义统治与农村社会反抗——对殖民时期加纳东部省的研究》，湖南教育出版社 1999 年版。

③ 参见郑家馨主编《殖民主义史·非洲卷》，北京大学出版社 2000 年版。

④ 参见陆庭恩、彭坤元《非洲通史·现代卷》，华东师范大学出版社 1995 年版。

⑤ 参见刘援朝《权力执掌者与非洲政局》，载李保平、马锐敏《非洲：变革与发展》，世界知识出版社 2002 年版。

角色的矛盾性。①

关于赞比亚酋长制度研究，笔者拙文《解析赞比亚独立以来的酋长制度》②对赞比亚独立之后的酋长制度进行了探讨。笔者认为，赞比亚独立后保留了酋长制度，政府通过对酋长的权力进行限制与削弱，将酋长制度纳入国家现代政治管理的框架，在一定范围内发挥酋长的传统职能，为赞比亚现代社会发展服务。在现代赞比亚，酋长依然是国家政治生活中的一支重要力量，掌管着本地的公共事务和土地管理分配权。酋长制度作为赞比亚传统文化的符号和象征，对经济发展起着一定的促进作用，更重要的是酋长制度能够促进赞比亚民族国家的整合。因此，酋长制度作为传统因素能够为赞比亚的现代社会发展提供积极动力。

二　国外的研究

（一）国外对非洲酋长制度的研究

在国外学者对非洲酋长制度的研究中，多数集中在殖民统治时期，介绍殖民主义给非洲传统政治、经济、文化带来的影响方面，他们的著作中一般将酋长制度与殖民主义结合起来进行研究和分析，酋长对殖民主义既有反抗，也有臣服，还有相互间的利益斗争。

1. 对非洲酋长制度的整体研究

涉及非洲酋长制度的著作和文章有很多。许多学术著作中都谈到了非洲的酋长或酋长制度，欧洲殖民者"再发明"了传统权威和习惯法为他们和宗主国的利益服务，酋长成为殖民统治的工具，酋长制度被纳入殖民统治的框架。乌干达学者马哈茂德·曼姆达尼（Mahmood Mamdani）在其专著《公民与臣民：当代非洲与后殖民主义的遗产》③中指出欧洲殖民者强化了酋长的权威、地位和权力，把他们从非洲的传统权威转变成了宗主国的代理人，酋长在乡村地区的统治是"无冕专制"（decentralised despotism），这种"专制"是殖民权力的基石，比西方的殖民霸权还要长久，而且它强化了后殖民时代非洲的专制政权。因此，殖民统治时期的酋长已经

---

① 参见袁南生《走进非洲》，中国社会科学出版社 2011 年版。
② 参见杨廷智《解析赞比亚独立以来的酋长制度》，《西亚非洲》2012 年第 2 期。
③ Mahmood Mamdani, *Citizen and Subject: Contemporary Africa and the Legacy of Late Colonialism*, Princeton, New Jersey: Princeton University Press, 1996.

不再是传统意义上的政治领导者，他们的存在与发挥作用并不是依靠他们手下的议员，而是依靠博得欧洲殖民者的欢欣。曼姆达尼对殖民统治下的城市和乡村权力结构的不同之处进行了区分，这是很有指导意义的。然而他认为酋长制度几乎没有受到非殖民化的影响，而且酋长是国家独立进程首当其冲的"受害者"。非洲国家独立后拥有地方权力的"无冕专制者"不再是酋长，而是那些地方官员，他们通过当地的权力机关和组建班子来管理乡村地区的事务，酋长们发现自己已经对当地政治失去了决策权。

凡·罗沃里和凡·迪吉的著作《从新的社会政治视角看非洲酋长制度》① 是关于非洲酋长制度的专著，书中列举了非洲各国独立后酋长制度的地位和作用。其作为传统权威，融入现代社会的生活和节奏，依然在和政府进行着各方面的互动。唐纳德·瑞和瑞迪主编的《社会基层管理：非洲和非裔加勒比地区的酋长》② 是一本非洲酋长制度研究的专业性文集，书中从社会管理的视角分析了非洲酋长和酋长制度的现代地位和作用，还对国别酋长制度进行了研究和分析，包括加纳、莱索托、博茨瓦纳、南非、牙买加等国。黑利勋爵在《英属非洲的土著政治》③ 中，介绍了英属非洲各殖民地的土著事务状况，并重点介绍了桑给巴尔、尼亚萨兰和北罗得西亚的土著权威和酋长制度。乔治·默多克在《非洲人民及其文化史》④ 中，介绍了非洲各地班图人的生活和传统文化，分析了酋长在各族群中的领导作用。还有一些非洲研究的著作中，分别提到了酋长制度及其历史变迁。⑤

---

① E. Adriaan B. van Rouveroy van Nieuwaal, and Rijk van Dijk, *African Chieftaincy in a New Socio-Political Landscape*, Münster, Hamburg and London: Lit Verlag; Piscataway, N. J.: Transaction Publishers, 1999.

② Donald I. Ray and P. S. Reddy (eds.), *Grassroots Governance?: Chiefs in Africa and the Afro-Caribbean*, Calgary: University of Calgary Press, 2003.

③ William Malcolm Hailey, *Native Administration in the British African Territories (Part II)*, London: His Majesty's Stationery Office, 1950; William Malcolm Hailey, *Native Administration in the British African Territories (Part IV)*, London: His Majesty's Stationery Office, 1951.

④ George Peter Murdock, *Africa: It's People and Their Cultural History*, New York, Toronto and London: McGraw-Hill Book Company, Inc., 1959.

⑤ Richard Joseph (ed.), *State, Conflict, and Democracy in Africa*, Boulder, Colorado: Lynne Rienner Publishers, 1999; Robert William July, *A History of the African People*, New York: Scribner, 1980; Markovitz, Irving Leonard, *Power and Class in Africa: An Introduction to Change and Conflict in African Politics*, Englewood Cliffs, New Jersey: Prentice-Hall, Inc., 1977.

经历了 20 世纪七八十年代的研究低潮之后，20 世纪 90 年代初对非洲传统酋长制度的研究再度活跃起来，越来越多的非洲国家和西方国家政府、研究人员、援外机构、公民社会组织及其成员都在关注传统的酋长制度。1993 年乌干达总统约韦里·穆塞韦尼（Yoweri Museveni）在一定程度上恢复了布干达君主的传统地位。越来越多的人认识到，要想让地方政府实现有效的管理和全面的发展，就需要将非洲的传统领导者在一定程度上纳入地方政府管理框架。1994 年 9 月在"传统权威对发展、民主、人权和环境保护的贡献：非洲的战略研讨会"上，来自非洲、北美洲、欧洲和南美洲的 17 个国家的研究人员提交了论文，这些论文对 16 个非洲国家和两个南美国家（那里也有遗留下来的源自非洲的传统权威）的传统权威进行了论述。这次会议是由加纳阿克拉的加纳大学非洲研究所和库马西的国家酋长院主办的，会议的成果就是编纂了两本论文集①，成立了"传统权威应用研究网"（TAARN），而且在维也纳的另一个团队又出版了另一本书②。

1994 年"英联邦地方政府论坛"成立后不久，就与"加拿大城市联盟"（FCM）以及来自博茨瓦纳、肯尼亚、塞拉利昂、津巴布韦和南非的官员和学者进行了合作，分别在 1994 年和 1995 年就传统管理制度举办了两次小型研讨会，形成了一份报告。③ 传统领导者对民主化和地方政府分权具有潜在的和实际的贡献，这一问题 1995 年 6 月在津巴布韦首都哈拉雷举办的"英联邦民主化与分权制圆桌会议"上被提出来了，最后形成了一份报告。④ 1997 年 9 月 23—26 日，在博茨瓦纳首都哈博罗内召开了"传

---

① Kwame Arhin, Donald I. Ray and E. A. B. van Rouveroy（eds.），*Proceedings of the Conference on the Contribution of Traditional Authority to Development, Huaman Rights and Environmental Protection: Strategies for Africa*, Leiden, Netherlands: African Studies Centre, 1995; E. A. B. van Rouveroy van Nieuwaal and Donald I. Ray（eds.），*The New Relevance of Traditional Authorities to Africa's Future* [Special double issue of Journal of Legal Pluralism 37/38], 1996.

② Werner Zips and E. A. B. van Rouveroy van Niewaal（eds.），*Sovereignty, Legitimacy and Power in West African Societies: Perspectives from Legal Anthropology*, Hamburg: LIT（African Studies Series, Vol. 10），1998.

③ Pelonomi Venson, *Traditional Leadership in Africa: A Research Report on Traditional Systems of Administration and their Role in the Promotion of Good Governace*, London and Cape Town: Commonwealth Local Government Forum（CLGF）and the Institute for Local Governance and Development, 1995.

④ Commonwealth Local Government Forum（CLGF），*Commonwealth Roundtable on Democratisation and Decentralisation, Harare, 27 – 29 June 1995*, London: Commonwealth Local Government Forum, 1995.

统领导制度和地方政府管理论坛",参会者范围之广显示出"全非洲对于传统领导者在多元化的现代国家中的作用越来越受到关注"。① 许多非洲国家的学者与会并提交了论文,会后论文结集成册②,这些论文都是研究非洲国家独立后酋长制度的重要成果,讲述了酋长制度在现代社会中经历的变化,并仍然在各国政治、经济和社会发展中发挥着重要的作用。

2. 对非洲酋长制度的区域、国别及个案研究

对个别非洲国家或区域酋长制度的研究一般都作为论文被收集在一些著作和论文集中,专门的著作也不是很多。其中,对加纳酋长制度的研究较多,有两本著作详细介绍了酋长制度在该国的历史沿革和发展演变,以及其在现代时期的地位和作用。③ 在对加纳酋长制度的研究中,尤以对阿散蒂的酋长制度研究较多。④ 此外一些中文译著也从不同的角度分析了非洲的酋长制度,《东非酋长》⑤是英国社会人类学家奥德丽·艾·理查兹的著作,该书以翔实的调查资料为基础,用人类学和历史学的方法,描写了东非地区各部落酋长制度的历史与殖民统治下的状况,为我们展现了一幅20世纪上半叶东非各地酋长社会生活的画卷。其中,还涉及了殖民统治时期赞比亚奔巴族的酋长制度。埃文思 – 普里查德 1940 年的人类学专著《努尔人:对尼罗河畔一个人群的生活方式和政治制度的描述》的中译本⑥

① Donald I. Ray,Chapter 1 "Rural Local Governance and Traditional Leadership in Africa and the Afro-Caribbean:Policy and Research Implications from Africa to the Americas and Australasia",in Donald I. Ray and P. S. Reddy (eds.),*Grassroots Governance*?:*Chiefs in Africa and the Afro-Caribbean*,Calgary:University of Calgary Press,2003,pp. 13 – 14.

② Donald I. Ray,K. Sharma and I. I. May-Parker (eds.),*Symposium on Traditional Leadership and Local Government*:*Gaborone*,*Botswana*,*23 – 26 September*,*1997*,London:Commonwealth Local Government Forum,1997.

③ A. Kodzo Paaku Kludze,*Chieftaincy in Ghana*,Lanham,New York,Oxford:Austin & Winfield,Publishers,2000;Richard Rathbone,*Nkrumah & the Chiefs*:*the Politics of Chieftaincy in Ghana 1951 – 1960*,Accra:F. Reimmer,Athens:Ohio University Press,Oxford:James Curry,2000.

④ Sara S. Berry,*Chiefs Know their Boundaries*:*Essays on Property*,*Power and the Past in Asante*,*1896 – 1996*,Portsmouth:Heinemann;Oxford:James Curry and Cape Town:David Philip,2001;Donald I. Ray,"Contemporary Asante Chieftaincy:Characteristics and Development",in J. Sterner and N. David (eds.),*An African Commitment*,Calgary:University of Calgary Press,1992,pp. 105 – 121.

⑤ 参见奥德丽·艾·理查兹《东非酋长》,蔡汉敖、朱立人译,商务印书馆 1992 年版。

⑥ 参见埃文思 – 普里查德《努尔人:对尼罗河畔一个人群的生活方式和政治制度的描述》,褚建芳、阎书昌、赵旭东译,华夏出版社 2002 年版。

于 2002 年出版，作者经过多次在努尔人（今尼罗河流域的苏丹和南苏丹交界地带的一个游牧族群）生活地区的详细调查，对 20 世纪 30 年代初努尔人的生活状况、政治制度、宗族制度和年龄组制度作了阐述。努尔人地区没有中央权威、行政管理的机器和法律制度，"豹皮酋长"尽管地位神圣，但是其权威性却不强，主要职责是依据习惯法充当争执的调停人。

（二）国外对赞比亚酋长制度的研究

在国外对非洲酋长制度的研究中，对酋长在殖民统治体系中作用的研究较多，而对酋长制度在非洲国家独立后的作用和影响关注的相对偏少。在对赞比亚酋长制度的研究中，同样存在这样的问题。

1. 对赞比亚独立之前的酋长制度及其变迁研究

对于传统社会赞比亚酋长制度的研究，在对赞比亚研究的著述中有所涉及，另有一些期刊文章，专门谈到了殖民主义到来之前的赞比亚各地的酋长制度。安德鲁·罗伯茨在其专著《赞比亚史》[1] 中，专门列出一章来描写 1700 年至 1840 年赞比亚酋长制度的情况，包括酋长制度的特点和根源，还分别介绍了赞比亚东部和东北部、南部、西北部各地酋长制度的不同，并专门对卡曾贝王国和洛兹王国的酋长制度进行了分析。卡尼森在《北罗得西亚卢阿普拉的各族人民》[2] 中，对赞比亚卢阿普拉地区的酋长制度传统，以及隆达、奔巴、西拉、隆古等族群的社会生活进行了描述。昌布尔·班达在《契瓦王国》[3] 一书中，以契瓦族的历史为背景，讲述了契瓦族的皮里氏族对酋长制度的影响，在历史的变迁中，契瓦族酋长能够顺应时代潮流，融入现代社会的发展进程。克莱蒙·杜克在《北罗得西亚的兰巴人》[4]、安德鲁·罗伯茨在《奔巴人的历史：1900 年之前的政治发展和变迁》[5]、威廉·瓦特逊在《货币经济中的部落凝聚力：北罗得西

[1] Andrew Roberts, *A History of Zambia*, London：Heinemann Educational Books Ltd. , 1976.

[2] Ian George Cunnison, *The Luapula peoples of Northern Rhodesia*：*Custom and History in Tribal Politics*, Manchester：Manchester University Press, 1959.

[3] Listard Elifala Chambull Banda, *The Chewa Kingdom*, Lusaka：Desert Enterprises Limited, 2002.

[4] Clement Doke, *The Lambas of Northern Rhodesia*, London：Harrap, 1931.

[5] Andrew D. Roberts, *A History of the Bemba*：*Political Growth and Change in North-Eastern Zambia before 1900*, London and Harlow：Longman, 1973.

亚曼布韦人研究》[1]、特纳在《一个非洲社会的分裂与延续：恩德姆布人村庄生活研究》[2] 中，也分别对兰巴人、奔巴人、曼布韦人、恩德姆布人的生活状况、酋长角色和酋长制度进行了介绍。对赞比亚酋长制度的介绍与研究的还有一些期刊文章，这些文章分别对赞比亚西部和南部的洛兹、隆达、通加等有影响的、比较大的族群在殖民统治建立前的酋长制度进行了介绍，还有的对国家独立后的不同族群的酋长制度进行了分析。[3]

对英国殖民统治时期赞比亚酋长及酋长制度的研究一般收集在对这一时期的历史、间接统治等研究的著述之中。许多研究认为，酋长是殖民当局的附庸和殖民统治的帮凶，酋长制度是为殖民利益服务的工具。许多学术观点忽视酋长的传统权威，认为酋长自 19 世纪以来就是在欧洲帝国的外围，是中央集权的附庸，塞缪尔·奇蓬古（Samuel N. Chipungu）对这些观点提出了批评。因为，近些年来一些分析家正确地认识到，帝国殖民统治下的传统统治者既不是铁板一块，也没有共同的利益。从根本上来说，酋长们对殖民政权和其属民所持的态度、意识和方式都互相矛盾。[4] 当然，一些传统权威欢迎殖民统治，把殖民统治看作额外的权力之源，而其余的酋长暂时屈服于殖民统治不过是权宜之计，是为了日后对抗之，通常伴随

---

① William Watson, *Tribal Cohesion in A Money Economy：A Study of the Mambwe People of Northern Rhodesia*, Manchester：Manchester University Press, 1958.

② V. W. Turner, *Schism and Continuity in an African Society：A Study of Ndembu Village Life*, Oxford, Washington, D. C.：Berg, 1996.

③ Dan O'Brien, "Chiefs of Rain. Chiefs of Ruling：A Reinterpretation of Pre-Colonial Tonga (Zambia) Social and Political Structure", *Africa：Journal of the International African Institute*, Vol. 53, No. 4 (1983), pp. 23 – 42; Mutumba Mainga Bull, "Factions and Power in Western Zambia", *The Journal of African History*, Vol. 12, No. 4 (1971), pp. 655 – 657; David Gordon, "Owners of the Land and Lunda Lords：Colonial Chiefs in the Borderlands of Northern Rhodesia and the Belgian Congo", *The International Journal of African Historical Studies*, Vol. 34, No. 2 (2001), pp. 315 – 338; Lawrence S. Flint, "State-Building in Central Southern Africa：Citizenship and Subjectivity in Barotseland and Caprivi", *The International Journal of African Historical Studies*, Vol. 36, No. 2 (2003), pp. 393 – 428.

④ Samuel N. Chipungu, "African Leadership under Indirect Rule in Colonial Zambia", in Samuel N. Chipungu (ed.), *Guardians in their Time：Experiences of Zambians under Colonial Rule*, London：Macmillan, 1992, pp. 50 – 74.

着可怕的政治和经济后果。① 因此，当地土著酋长对殖民入侵的反应因时因地而异，这是加纳历史学家阿杜·博亨（Adu Boahen）在对非洲大陆各地的殖民主义进行深入分析后得出的观点。博亨强调指出，他们对殖民帝国统治的态度迥异。因为酋长们对殖民主义的理解是受不同的动机所驱使的，或出于个人或集体的需要，或者巩固自己地位的特别处境。②

在 20 世纪六七十年代，许多分析家，包括亨利·米必罗（Henry Mee-belo）和约翰·伊利福（John Illife）多次将英属非洲的传统权威描述成只不过是帝国统治机器中无足轻重的部分。③ 按照这些理论家的说法，非洲酋长是"被俘获"来服务于两种相冲突的利益，即欧洲白人"主人"和他们的黑人臣民。赞同此观点的学者坚持认为当地的统治者与殖民势力结成了同盟，因为他们是殖民主义的受益者（这一点存有争议），他们比他们的追随者有更多的接受西方教育的机会，他们符合殖民者的特殊安排。因此，非洲人统治者的利益与他们的白人"主人"休戚相关，而不是他们的臣民。

加科莫·马科拉（Giacomo Macola）和塞缪尔·恩彦古·奇蓬古（Samuel Nyangu Chipengu）等学者对这种观点提出质疑。④ 这些批评者坚持认为，从思想意识和实用主义角度来说，殖民统治背景下的非洲统治者绝非铁板一块。因此，对于殖民宗主国，甚至对于他们的臣民，他们的态度有的时候截然不同。根据这一观点，一些非洲传统权威不仅利用殖民政权

---

① Adu Boahen, *African Perspectives on Colonialism*, Baltimore: Johns Hopkins University Press, 1978; T. O. Ranger, *Revolt in Southern Rhodesia*, *1896 - 7*, London: Heinemann, 1967; See also his "The Mwana Lesa Movement of 1925", in T. O. Ranger and J. Weller (eds.), *Themes in the Christian History of Central Africa*, Berkeley and Los Angeles: University of California Press, 1975, pp. 45 - 75.

② Adu Boahen, *African Perspectives on Colonialism*, Baltimore: Johns Hopkins University Press, 1978.

③ Henry Meebelo, *Reaction to Colonialism: A Prelude to the Politics of Independence in Northern Zambia*, *1893 - 1939*, Manchester: Manchester University Press, 1971, p. 91; John Ilife, "The Age of Improvement and Differentation", in I. N. Kimambo and A. J. Temu (eds.), *A History of Tanzania*, Nairobi: East African Publishing House, 1969, p. 137.

④ Giacomo Macola, *The Kingdom of Mwata Kazembe: History and Politics in North-Eastern Zambia and Katanga to 1950*, Munster, Hamburg and London: Lit Verlag, 2002, pp. 190 - 193; Samuel N. Chipungu, "African Leadership under Indirect Rule in Colonial Zambia", in Samuel N. Chipungu (ed.), *Guardians in their Time: Experiences of Zambians under Colonial Rule*, London: Macmillan, 1992, pp. 50 - 73.

机器来提升他们的权力和捍卫他们的利益，他们也经常质疑殖民统治的"过头"做法。同时，接受过西方教育的年轻一代王族成员有时也起来挑战那些保守的老一代酋长的权威。① 换句话说，批评土著权威们早年经历的人并不认为他们是殖民者的同谋。相反，这些评论者将酋长视为他们自己社会、经济、政治的行为者，他们在殖民主义的藩篱内形成了独立的态度、思想和实践。他们在相互冲突的同时，自身的意识形态和实践往往是混杂的。在形成他们自己的意识和实践的过程中，非洲殖民地传统统治精英使殖民地权力的运作更为扑朔迷离。

赞比亚独立运动的领导人、开国总统卡翁达在《卡翁达自传——赞比亚必将获得自由》② 中指出，酋长为赞比亚的独立作出了贡献，他们支持民族主义者领导的独立斗争，在反对英国殖民主义的斗争中与民族主义者站在了一起。非洲人国民大会（联合民族独立党的前身）在各个地方的支部里几乎都有酋长、村头人参加。他们为支持民族独立运动踊跃捐款，而且积极协助民族主义政党的干部到自己的管辖区宣传群众、组织群众。

2. 赞比亚独立之后酋长制度及其变迁研究

对赞比亚独立之后的酋长制度及其变迁研究，一般在关于赞比亚独立后的政治、经济发展的文章和著作中涉及。赞比亚大学教授比泽克·朱博·皮里（Bizeck Jube Phiri）在其《赞比亚独立之后的传统权威与国家政治：一个历史的视角》③ 一文中指出，就赞比亚而言，许多研究显示，传统权威在政治进程中发挥着重要作用，而且他们被非洲民族主义者召集参加到反对殖民统治的斗争中来了。就是因为这个原因，新的政治精英在国家独立继承政治权威时并不寻求废除酋长的权威。独立后，以卡翁达为首的政治领导层成立了一个"酋长院"作为赞比亚国民大会的咨询机构。然而，很少研究是回顾和分析 1964 年赞比亚独立以来酋长在社会经济发展中的作用和表现的。虽然赞比亚领导层就如何最好地与酋长合作有分歧，

---

① See Giacomo Macola, *The Kingdom of Mwata Kazembe：History and Politics in North-Eastern Zambia and Katanga to 1950*, Munster, Hamburg and London：Lit Verlag, 2002.

② 参见肯尼思·戴维·卡翁达《卡翁达自传——赞比亚必将获得自由》，上海人民出版社 1976 年版。

③ Bizeck Jube Phiri, "Traditional Authorities and National Politics in Independent Zambia：A Historical Review", in Lars Buur, Terezinha da Silva and Helene Maria Kyed, *State Recognition of Local Authorities and Public Participation：Experience, Obstacles and Possibilities in Mozambique*, Maputo：Centro de Formação Jurídica e Judiciária-Ministréio da Justiça, 2007.

而且在赞比亚独立后的政治进程中，也存在着政府与酋长们的斗争，但是，酋长已成为赞比亚国家追求政治经济发展进程的同盟者。丹尼尔·波瑟尼（Daniel N. Posner）在《非洲的制度与族群政治》[1] 一书中介绍了赞比亚传统的族群政治和酋长制度，对各族群之间的关系进行了分析，他认为酋长制度与族群政治是分不开的，正是因为酋长们之间的和谐共处与彼此认同，才有赞比亚各族群的凝聚力。

对赞比亚独立前后酋长制度变迁的研究，相关著作中涉及的多，专著较少。不过，对赞比亚独立后酋长制度的研究的时限一般都在 1973 年，而且出版物也多集中在赞比亚独立之初的头 10 年。理查兹·霍尔在《赞比亚》[2] 一书中讲述了赞比亚的传统社会、欧洲人到来、殖民统治建立、国家独立发展各个历史阶段的状况，可称得上一部赞比亚通史，其中对酋长制度的描写包含了传统社会酋长的权威、职能，对西方探险者的帮助，对殖民统治的反抗与臣服，以及对国家独立和发展的贡献。卡普兰在《1878—1969 年巴罗策兰的统治集团》[3] 一书中，讲述了赞比亚洛兹族酋长制度的历史变迁，从殖民统治时期的"巴罗策兰保护地"，到赞比亚独立后的享有特殊地位的"巴罗策兰省"，再到取消特殊地位的"西方省"，讲述了洛兹族酋长与殖民当局和赞比亚政府的互动，洛兹族酋长不得不顺应时代潮流，融入赞比亚现代社会发展进程之中。

赞比亚大学副教授瓦里马·T. 卡鲁萨（Walima T. Kalusa）在其出版的契瓦族大酋长卡龙加·加瓦·翁迪十世（Kalonga Gawa Undi X）的人物传记《卡龙加·加瓦·翁迪十世：一个非洲酋长和民族主义者的传记》[4] 中也指出，以前的研究多认为酋长在非洲殖民化进程和殖民统治中充当了殖民主义的"帮凶"，成为殖民者"分而治之"政策的重要环节，而他认为酋长们臣服于殖民统治，也是为了保护本族人的利益不受损害。无论是在殖民主义到来之前的历史时期，还是在殖民统治时期，还是在

---

① Daniel N. Posner, *Institutions and Ethnic Politics in Africa*, New York：Cambridge University Press, 2005.

② 参见理查兹·霍尔《赞比亚》，商务印书馆 1973 年版。

③ G. L. Caplan, *The Elites of Barotseland, 1878 - 1969：A Political History of Zambia's Western Province*, Berkeley and Los Angeles：University of California Press, 1970.

④ Walima T. Kalusa, in collaboration with Mapopa Mtonga, *Kalonga Gawa Undi X：A Biography of an African Chief and Nationalist*, Lusaka：Lembani Trust, 2010.

赞比亚国家独立后，他们与殖民政权的斗争与合作，支持赞比亚的民族主义者的反殖斗争，独立后支持卡翁达政府的政策、拥护多党制等，这些以契瓦族大酋长为代表的赞比亚各族酋长都是以维护本族群利益为根本目的的。

此外，还有许多著作提到赞比亚不同时期的酋长制度的状况。总的来看，在国外对赞比亚酋长制度的研究中，相关研究偏多，而专门研究偏少。赞比亚大学历史系的皮里教授和卡鲁萨副教授的文章和著作对笔者颇有启发，在赞比亚留学期间，笔者曾多次向他们请教赞比亚酋长制度、各族群传统仪式的有关问题，受益匪浅。

第三节 重要概念界定及相关思考

一 酋长与酋长制度

人类社会早期经历了漫长的原始社会，人们以血缘关系为纽带结成了早期的社会组织，氏族和部落在很长的历史时期内都是人类早期的组织形式。从氏族、部落、部落联盟到国家，人类社会的组织形式经历了漫长的发展演变过程，在氏族与部落社会中，成员相互之间是一种平等而民主的关系，领导只是"魅力型"的，他们也许拥有权威，但并不拥有制度化的、强制性的权力，整个社会处于无中心的分散状态。后来发展成酋邦社会（酋长制王国、酋邦、酋长领地等），领导成为常设职位，酋长及其议事会拥有了权威，而并不是制度化的强制性权力。但是，这种社会已不同于以往的部落社会，它是一种有中心的等级制社会，整个社会一般都可以按照某种统一的意志来行事。按照马克思的五种社会形态的划分，酋长制社会已经处于原始社会末期，正在由无阶级的社会向阶级社会过渡。但酋邦社会还不同于国家，国家与其出现之前的社会的不同之处在于，它是一种以制度化的强制性质权力为中心建构起来的社会，拥有一个有组织的政府，合法地垄断了权力。诚然，无论是酋邦还是国家，其权力结构形式是不一样的，在世界各地的发展也是不平衡的。古代非洲大陆孕育了古代文明，各地先后出现的氏族、部落、部落联盟、酋邦、王国，为非洲各地留下了广博深邃的传统文化。酋长制度是非洲传统文化的重要组成部分，在非洲历史发展的长河中，酋长制度经历了传统社会、殖民统治时期、国家独立发展时期，始终在社会发展中具有不可替代的作用，成为具有非洲特色的社会现象。

"酋长"是人类早期社会组织首领的统称。《不列颠百科全书》对"酋长"（chief）一词的解释是"原始型社会群体（如宗族、部落或部落联盟）共同推举的政治首领。在许多原始民族中，酋长很少具有强制性权威，而是依据全社会多数人的意见执行职务。在这些民族中间，一些公认的酋长常常可能组织一个部落的酋长议事会。在较为先进的未开化民族中，可能存在一个有强制性权威的、至高无上的部落酋长"。[①] 这一解释只是将"酋长"的含义限定在人类社会早期，而没有将其放到整个人类历史发展过程中来看待。许多学者在使用这个名词时，通常也是专门称呼传统社会中氏族、部落共同体的首领、头人乃至早期王国的统治者和管理者。

在撒哈拉以南的非洲国家，无论是过去还是今天，酋长在国家的政治和社会生活中都有着举足轻重的作用。不同的地区，不同的部落和族群，对其首领人物或者君王都有着各自特定的称谓和具体内涵，远不是"酋长"一词所能表达的。酋长还分为若干等级，各族群不同级别的酋长又各有专门的称号。在大酋长与其他级别的酋长之间，政治地位、职责权力和社会影响存在很大的差别。本书中"酋长"的概念，是撒哈拉以南非洲的各级酋长的总称，包括传统社会各王国的国王（大酋长）和各级传统政治领导者，也指殖民统治时期和国家独立后仍存在的大酋长、高级酋长、地区酋长、村头人等，不同于当代世界其他地区"酋长"的概念。如阿拉伯联合酋长国（The United Arab Emirates）由七个酋长国（Emirates）组成，除外交和国防相对统一外，各酋长国拥有相当大的独立性和自主权。酋长国的"酋长"（Emir）的音译是"埃米尔"，这是西亚北非阿拉伯国家对上层统治者、王公、军事长官的称号，原为阿拉伯统帅的称谓，现为某些君主世袭制国家元首的称谓。历史上"酋长国"这个词曾经被用作为"埃米尔们的国家"，但是那个时期的"埃米尔国"往往要向哈里发国或者苏丹国称臣，属于从属地位，他们的权力受到限制。在当代，各个"埃米尔国"都是独立行使主权的主权国家，所以他们就都不再使用"酋长国"来

---

① 《不列颠百科全书》（国际中文版）第 4 卷，中国大百科全书出版社 2002 年版，第 137 页。

称呼自己的政权。而阿拉伯联合酋长国的七国都没有独立主权，都是联邦的加盟国，因此还保留着"酋长国"这个词的用法。而阿联酋的严格的字面意思就是"一些阿拉伯的小政权的联合"。因此至今，七个酋长国的元首依然叫作"酋长"，而不是"埃米尔"。

酋长制度是一种发端于人类社会早期的社会管理制度。在早期人类社会的不断演进过程中，先后出现过氏族、部落、部落联盟、酋邦、王国等社会组织形式。尽管世界各地文明的发展阶段、社会发展程度迥异，但是这些社会组织形式在世界各地人类的早期活动中均不同程度地出现过，而且这些社会组织形式在世界各地也千差万别。酋长制度作为传统的政治制度和社会管理方式，既区别于氏族部落首领制度，也不同于封建君主制度和现代民主制度。作为传统权力的领导者，各级酋长的权力涵盖政治、宗教、经济、军事各方面，然而酋长不同于氏族首领和封建君主，人们对他的崇敬包含着原始的敬祖观念和神灵崇拜的宗教色彩。而且，酋长制度下的"协商一致"原则和非世袭传承机制等充分体现了原始民主制度。

在非洲传统社会发展的漫长进程中，大大小小的酋邦社会出现了。酋邦社会在人与人的关系问题上，与游团、部落和部落联盟有着本质性的差异，它是一种等级制的社会组织，具有集中的权力和权威。当代人类学家一般都认为，在平等社会转变到等级社会的过程中，拥有影响力的"大人"（氏族部落首领向酋长的过渡）起着十分重要的作用。塞维斯认为，"大人"与其追随者的关系，在某些方面类似于一种萌芽状态的酋长制度：领导权是集中起来的，身份按照等级安排，并且在那里还一定程度上具有世袭贵族的特征。[1]酋邦社会是由一位最高级别的酋长统治、一些家族公社组成的自治政治单位，于是以最高级酋长为核心的社会管理制度——酋长制度在各地逐渐形成。长子继承制的出现，在酋长制度从萌芽状态走向成熟的过程中具有关键性的意义，塞维斯通观波利尼西亚、密克罗尼西亚、美国东南部、加勒比海沿岸与诸岛的情况，以及非洲社会和中亚游牧民族的情况，认为长子继承制几乎是酋邦社会的普遍特征（在母系酋邦社会中，舅父的职位传与长甥）。长子继承的倾向一旦稳定下来，便成为一种习惯或者制度，"大人"集团之领导的稳定性也会随着时间的推移而大

---

① Elman R. Service, *Origins of the State and Civilization: The Process of Cultural Evolution*, New York: W. W. Norton & Company, 1975, p. 73.

大增强，他们的权力和权威也会增长，这可能还包括，集团本身的规模也会随之增长，因为长子继承制使领导权制度化了。①

　　人类社会早期的酋长制度具有以下四个特点：一是"集中的管理"，即谢维扬所讲的"中央集权"，酋邦社会整个"权力结构呈现为一种金字塔形，即有一个人拥有整个社会的最高权力"，酋邦社会因而具有专制政治的特征，当这种"具有明确的个人性质的政治权力色彩的社会向国家转化后，在政治上便继承了个人统治这份遗产，并从中发展出人类最早的专制主义政治形式"。② 二是"世袭等级制"，这使得酋邦社会与以前平等的游团社会和部落社会根本地区别开来。酋邦是等级制社会，每一个成员都在等级结构中有一个位置。三是酋长具有神权权威。酋长是可敬畏的人物，他具有超自然的力量，这种力量来自已经成为神灵的祖先。酋长与神灵有关，他们的统治权力是神灵赐予的。这种酋长权力神授的现象，实际上是酋邦社会的首领与其始祖关系的一种映照，因为神灵往往就是祖先。四是"非暴力的组织"，即非正式而合法的强制性的暴力镇压工具，这是酋邦与国家的根本区别。所谓"国家垄断武力，强调使用武力，可以明确地宣示自己的权力"，然而，酋邦却没有合法武力支撑的政府以调解各种社会纠纷、处理各种社会问题。随着一个社会在政治、经济各方面的发展都变得更为复杂，它对正式的集中领导权的需求也就会相应增加。权力集中在一个酋长身上，他真正的权威用来在所有的事务中团结自己领导的群体。酋长可能积蓄大量的个人财富，这些财富用来扩大与巩固他的权力基础，并且传给后代。③

　　酋长制度在撒哈拉沙漠以南的非洲地区比较普遍。酋长的至尊地位和神圣权力常常是不容置疑的，非洲传统社会普遍存在的部落和族群即是以酋长为核心、依据等级原则组建起来的，这种部落和族群结构作为一种社会管理制度就是酋长制度。本书中的"酋长制度"贯穿于赞比亚社会发展的各个历史时期，是在社会生活中形成或由法律规定的关于酋长的社会地位、作用，以及执掌或参与社会管理的方式、方法、程序的制度性规定。这种制度性规定包括成文的和不成文的，在赞比亚历史发展的各个阶段均

---

① Elman R. Service, *Origins of the State and Civilization*：*The Process of Cultural Evolution*，New York：W. W. Norton & Company，1975，p. 74.

② 谢维扬：《中国早期国家》，浙江人民出版社1995年版，第182页。

③ William A. Haviland，*Cultural Anthropology*，New York：CBS College Publishing，1987，p. 286.

具有不同的特征。

二 权力、权威和传统权威

权力是一个多学科研究的范畴，是一个简单而又复杂的概念，同时也是一个十分容易引起混乱的概念。在西方学术界，有关权力理论影响较大的人物当推马克斯·韦伯，在他看来，权力是指"在社会交往中一个行为者即使在遇到抵抗的情况下，也能实现其意志的可能性，而不管这种可能性以什么为基础"。[①] 韦伯的权力定义，对后人影响极大，现代政治学有关权力的种种说法，都或多或少、直接或间接地保留了韦伯的观点。权力是影响他人政策的一种过程，在这一过程中，使那些不服从政策的人受到损失。政治权力就是在政治关系中，权力主体依靠一定的政治强制力，为实现某种利益而作用于权力客体的一种政治力量。[②]"酋邦把某个地区的各个地方群体统一安排在一种政治制度之下，由一个贵族领导或者酋长进行掌控。作为神的后裔，酋长具有特殊的权力，在所有事关群体的事务中，包括在仪式、裁决、战争和对外事务中，都拥有最终决定的权力。酋长在身份与职责上和有影响力的首领十分相似，但是他的领土更大，也更稳固"。[③] 在谢维扬阐述的氏族模式或者部落联盟模式中，部落联盟权力结构模型是以集体性质的权力为主要特征的，与此相对的是，他的酋邦模式中酋邦的权力结构模型的主要特点是，所谓个人性质的"中央集权"的专制权力或者说专制特征的权力。简而言之，所谓酋邦模式，也就是通过酋邦社会进入国家社会的模式，其主要特征是，在国家产生之前，这个社会的最高权力就已经是在"一定形式下被占据社会特殊地位的个人所掌握"了的，或者说，这个社会的政治权力就已经是"集中于一个人（酋长）"身上了的。[④] 本书中所阐述的酋长权力，是指由酋长的传统领导者身份和能力而形成的一种控制力，即权力主体（酋长）由于占有某种资源而具有的

---

① Max Weber, *The Theory of Social and Economic Organization*, London：W. Hodge, 1947, p. 152.

② 参见杨光斌《政治学导论》，中国人民大学出版社 2011 年版，第 12 页。

③ Allen W. Johnson and Timothy Earle, *The Evolution of Human Societies：From Foraging Group to Agrarian State*, Stanford：Stanford University Press, 1987, p. 318.

④ 谢维扬：《中国早期国家》，浙江人民出版社 1995 年版，第 73 页；哈维兰：《当代人类学》，王铭铭等译，上海人民出版社 1987 年版，第 476 页。

影响、制约和控制客体（属民）的能力。

权威可最简单地定义为"正当的权力"。权力是影响他人行为的能力，而权威则是发挥这种影响的权力。因此权威的基础是公认的必须服从的义务，而不是任何形式的强迫或控制。从这个意义上讲，权威是披着合法和正当外衣的权力。根据服从形成的基础，韦伯（Weber）区分了三种权威类型：传统型权威源于历史，克里斯玛（超凡魅力，charismatic）型权威来自个人的非凡品质，法理—理性（legal-rational）型权威则建立在一套非人格化的规则基础上。① 权威产生于人们组织起来进行联合活动的客观需要，它是社会生活不可缺少的条件。马克思说："许多个人进行协作的劳动，过程的联系和统一都必然要表现在一个指挥的意志上，表现在各种与局部劳动无关而与工场全部活动有关的职能上，就象一个乐队要有一个指挥一样。"② 这个"指挥的意志"就是权威。没有权威，任何一个社会要保证生产连续不间断地进行，社会秩序正常运转，都是不可能的。随着生产过程日益社会化，人们交往活动日益扩大，权威愈益深入到社会生活的各个领域。权威的表现形式和作用范围是历史地变化着的。在人类的远古时代，生产力水平十分低下，人们集体劳动和共同生活，形成了酋长的权威。这种权威并不具有国家权力的性质。权力的客观目的在于影响和制约他人的价值来为自己的生存与发展服务，因此权力是一种客观的、间接的价值形式，它必然会反映到人的主观意识之中，这就形成了权威。因此，权威是权力在人的头脑中的主观反映形式。本书"酋长的权威"即属于这种"传统型权威"在现代社会的延续。

易建平曾撰文指出，当代文化人类学相关的经典理论与主流理论表明，酋邦社会拥有的是非强制性的权威，而非合法武力支撑的强制性的权力或暴力；在酋邦社会的决策活动中，酋长虽然可以具有重大的影响力，但是参与或者影响决策的通常并非酋长一人：酋邦社会的决策活动多是"集体性质"的。③ "由于权威总是要求服从，因此大家都错误地把它当作某种权力或者暴力。然而权威排除使用外部强制力量；暴力一旦使用，权威本身即已失效。从另外一个方面看，权威又与说服不能相容；说服以平

---

① 参见马克斯·韦伯《经济与社会》第 1 卷上册，阎克文译，上海世纪出版集团、上海人民出版社 2010 年版，第三章。

② 《马克思恩格斯全集》第 25 卷，人民出版社 2008 年版，第 431 页。

③ 参见易建平《酋邦与专制政治》，《历史研究》2001 年第 5 期，第 120 页。

等关系为前提条件，通过辩论的过程起作用——在发号施令方与服从方之间确立的权威关系，既不基于共同的理由，也不基于前者的权力；双方共同拥有的是等级本身；双方都承认等级为正当与合法，双方都拥有自己预先确定在等级制结构中的稳定的位置。"① 酋邦社会合法的权威并不是得到武力支持的权力或暴力。酋邦统治者虽然也有可能使用暴力，但那并非酋邦社会权力结构的（或者不如说权威结构的）正常表现。只有当世袭制的严格规则把酋长这一职位稳定下来，神话、习惯、价值观等把它认可下来，这些规则、神话、习惯、价值观有多大效力，权威也就会有多大效力。② 到后来，酋邦社会拥有的集中的权威（centralized authority）以及相关联的辅助权威的分支，向整个社会扩展了。③

哈赞诺夫认为，权威之获得，尤其是头人权威之获得，取决于村社里的政治因素以及其他因素；一个村社里支配宗族的地位并非是从上一代那里继承下来的，支配宗族的优势取决于某个时期内该宗族对政治力量的控制，因而随着时间的变化，支配宗族也时常变化，酋长职位常常从一个宗族手中转移到另外一个宗族手中；任何一个自由人，只要能够获得足够的支持者，建立一个独立的政治单位，就有可能成为村社首领。④ 传统型权威的基础，在于人们相信常规与传统的合理性和神圣性。有权威的人之所以能赢得人们的服从，依靠的是他们的传统地位，而这种传统地位往往是承袭下来的。民众由于受某种感情的支配，因而对长期以来确认的这种权力地位往往保持忠诚并履行义务。这类权威主要存在于传统社会中，它是社会结构分化程度不高，社会相对封闭，社会联系主要以血缘、宗法及个人忠诚为纽带的社会的产物。在这种统治形式里，统治的维持是靠从古到

---

① Elman R. Service, *Primitive Social Organization*: *An Evolutionary Perspective* (2nd edition), New York: Random House, 1971, p. 151; Elman R. Service, *Origins of the State and Civilization*: *The Process of Cultural Evolution*, New York: W. W. Norton & Company, 1975, p. 11; Hannah Arendt, *Between Past and Future*, New York: Viking, 1961, pp. 92 – 93.

② Elman R. Service, *Primitive Social Organization*: *An Evolutionary Perspective* (2nd edition), New York: Random House, 1971, p. 152.

③ Ibid., p. 159.

④ Anatolii M. Khazanov, "Rank Society or Rank Societies: Process, Stages and Types of Evolution", in Henri J. M. Claessen, Pieter van de Velde, and M. Estellie Smith (eds.), *Development and Decline*: *The Evolution of Sociopolitical Organization*, Massachusetts: Bergin and Garvey Publishers, 1985, pp. 84 – 85.

今沿袭下来的风俗习惯和伦理道德。"传统权威"（Traditional Authority）的称呼，在许多英文资料中相当普遍，既是酋长所代表的传统领导者的权威，也在一定程度上成为"酋长"的代名词，本书的"传统权威"兼具这两种含义。

三　酋邦、部落、族群和民族

在文化人类学对传统社会的研究中，中外人类学家都把酋邦（chiefdom）当作传统社会的一个发展阶段，是从氏族、部落、部落联盟到国家的过渡阶段。摩尔根和恩格斯阐述了人类社会早期的氏族部落模式，并认为部落联盟是原始社会所达到的最高组织形式，部落联盟模式处于原始社会末期，是向国家转变的过渡阶段。[①] 而 20 世纪的许多人类学家都在其著作中阐述了酋邦理论[②]，如塞维斯在阐述其酋邦理论的著作《原始社会组织的演进》中探讨了人类早期社会组织进化次序上的三种类型，即游团（bands）、部落（tribes）和酋邦（chiefdoms），后来他又在《文化演进论：实践中的理论》和《国家与文明的起源》等著述中，对自己的"游团—部落—酋邦—国家"四阶段发展学说做了不少重要的修订。但总的来说，他们并未完全放弃自己的四阶段发展理论，更未放弃酋邦理论。从游团和部落发展到部落联盟、酋邦，是人类早期社会组织的一大跨越，其领导者的权力和地位也发生了很大的变化。游团社会和部落社会是平等的社会，虽然也有首领，不过他们是马克斯·韦伯所说的那种"魅力型"的首领，那种没有正式地位的权威，他们依靠的是自己的能力尤其是经验、智慧和体力等获得一种往往只是暂时性的地位。在这种社会中，权力其实只是一种影响，领导者只是一个顾问，而非手握大权的执行者。没有常设首领职位是平等社会的一个特点，没有"真正的"酋长，首领只是一个没有正式职

---

① 参见亨利·摩尔根《古代社会》，杨东莼、马雍、马巨译，商务印书馆 1977 年版；恩格斯《家庭、私有制和国家的起源》，《马克思恩格斯选集》第 4 卷，人民出版社 1972 年版。

② Elman R. Service, *Primitive Social Organization: An Evolutionary Perspective* (2nd edition), New York: Random House, 1971; Elman R. Service, *Origins of the State and Civilization: The Process of Cultural Evolution*, New York: W. W. Norton & Company, 1975; Hannah Arendt, *Between Past and Future*, New York: Viking, 1961; 谢维扬：《中国早期国家》，浙江人民出版社 1995 年版；易建平：《部落联盟与酋邦——民主·专制·国家：起源问题比较研究》，社会科学文献出版社 2004 年版。

位的权威，其权威完全依赖于他的个人品质。① 而且，"权威与平等必不相容，因为真正的权威依赖于等级制度"。② 因而在平等社会中，不同的社会环境常有不同的领导者。主持祭祀者多为老人，战争首领则多为年轻人。会议也非常设，它们只是根据不同的情况聚集或者吸引不同数量的人员而已，每次会议都暂时地起到一种政治社会的作用。③

在人类社会早期，由于人口的繁殖，氏族的一部分人向外开拓新的生存空间，于是产生了新的氏族。几个新老氏族结合在一起，便形成了一个部落。每个部落都有自己的名称，都有自己生活的地域，各部落具有共同的语言、共同的经济生活、共同的宗教与祭祀仪式。部落内各氏族地位平等，部落最高首领称为酋长，由各氏族推选产生，公共事务由各氏族首领组成的部落议事会讨论决定。部落由同一血缘的两个以上的氏族或胞族组成，形成于原始社会晚期（即旧石器时代的中期和晚期），有较明确的地域、名称、方言、宗教信仰和习俗，有以氏族酋长和军事首领组成的部落议事会，部分部落还设最高首领。部落也是文化人类学理论中的社会组织类型，由共同血统的氏族组成，在政治上暂时或永久结成一体，有共同的语言、文化和意识形态。在一个理想的部落典型里，有共同的部落名称，地域相邻；共同从事贸易、农业、建筑房屋、战争及举行各种宗教仪式活动。部落的统一并不表现为领土完整而是基于扩大的亲族关系部落通常由若干个较小的地区村社（例如宗教、村落或邻里）组成，并且可以聚集成更高级的群体，称为"族群"。"族群"通常指有共同的祖先、语言、文化和历史传统及居住在同一个区域内的居民共同体。在共同地域、独特语言和特定经济的影响下，部落之间形成了特殊的文化结构，产生了自己属于某一族群的共同意识。这样，起源相同、语言相近的各部落，或者由征服而结合的起源各异、语言不一的各部落，随着联系的不断加强而逐渐融合，就形成了族群。

民族是一个历史范畴，国外至今没有统一的认识，中国学术界理解也不尽一致。本书涉及的"民族"（Nation），借鉴了"国家民族"的含义，专门指由73个族群构成的赞比亚，作为一个统一的国家共同体——民族

---

① Elman R. Service, *Origins of the State and Civilization*: *The Process of Cultural Evolution*, New York: W. W. Norton & Company, 1975, pp. 49 – 56.

② Ibid. , p. 53.

③ Ibid. , p. 64.

国家。部落是人类社会共同体发展中的一种历史类型，本书中的"部落"一般是指古代和现代社会中同一地域的生活共同体，侧重共同体生活的位置。族群在民族学中指地理上靠近、语言上相近、血统同源、文化同源的一些人的集合体，而本书中的"族群"（Ethnic Group）是指生活在赞比亚的 73 个人们共同体，侧重共同体的性质认同和特征区分，同时也用其取代许多学者、政府部门和新闻媒体所使用的"部族"和"部落"的概念。

四　其他概念的界定

如无特别说明，本书中所论及的"非洲"，系指撒哈拉以南的非洲。"赞比亚"是卡翁达领导的民族独立运动后期出现的国家名称，文中的"赞比亚"指赞比亚获得独立后的国名和疆域，这片土地在英国殖民统治时期曾被称为"北罗得西亚"，而殖民入侵前并没有统一的名称和疆域。本书为了行文方便，在涉及赞比亚独立前的内容时，也会用"赞比亚"作为地理名称代指现在赞比亚共和国的地理范围。

对于赞比亚的历史分期，许多英文著作与文章通常按照"前殖民主义"（Pre-colonial）"殖民主义"（Colonial）"后殖民主义"（Post-colonial）三个时期将赞比亚历史划分为三个阶段。笔者在文中也是按照这三个历史阶段对酋长和酋长制度进行了论述，但是笔者不赞同这种以"殖民主义"（colonialism）为基准的称谓，这种称谓带有明显的西方中心色彩，是以西方的历史基准来划分赞比亚的历史分期。因此，笔者在行文时，没有采用这种称谓的中文翻译"前殖民主义时期"和"后殖民主义时期"，将其分别用"传统社会"和"国家独立发展时期"来称呼殖民主义时期前后的两个历史阶段。文中的"传统社会"即是指殖民主义到来之前的漫长历史时期，而"国家独立发展时期"即是 1964 年赞比亚独立以来的发展时期，包括赞比亚第一共和国时期（1964—1973）、第二共和国时期（1973—1991）、第三共和国时期（1991—　　）。

赞比亚三个共和国时期的划分分别以 1964 年独立宪法、1973 年宪法、1991 年宪法为界，1963 年 12 月"中非联邦"解体后，联合民族独立党与英国达成独立宪法。根据宪法的规定，1964 年 1 月，北罗得西亚实行内部自治，由联合民族独立党组成"内部自治政府"，卡翁达任总理。1964 年

10 月 24 日，北罗得西亚正式宣布独立，定国名为赞比亚共和国，政治上实行多党制，历史上称为"第一共和国"，卡翁达任总统。1973 年 8 月赞比亚通过新宪法，宣布进入第二共和国，联合民族独立党为唯一合法政党，取缔其余所有政党，实行一党制，卡翁达继续担任总统。1991 年 8 月赞比亚修改宪法，规定：国家的最高权力归总统。总统为国家元首和政府首脑兼武装部队总司令。由普选产生，任期五年，可连任两届；实行总统内阁制，取消总理职位，增设副总统，内阁部长由总统从议员中任命；在总统内阁制下实行立法、司法和行政三权分立的体制。恢复多党制，允许反对党存在。从此，赞比亚进入以多党民主制为特征的第三共和国时期。第一共和国和第二共和国均由联合民族独立党领导人卡翁达担任总统，时间长达 27 年，因此第一、二共和国时期也常常被合称为"卡翁达时期"。1991 年赞比亚第三共和国成立后，"多党民主运动"领导人奇卢巴（1991—2001）、姆瓦纳瓦萨（2001—2008）、班达（2008—2011）和"爱国阵线"领导人萨塔（2011—2014）、伦古（2015—　）先后担任总统。

第四节　研究方法和结构框架

一　研究方法和不足之处

酋长制度是撒哈拉以南非洲历史悠久的一种传统制度，也是非洲国家独具特色的一个现实问题。本书试图为非洲研究，尤其是非洲国别和专题研究添砖加瓦，并提供一些新的研究方法、分析视角和理论观点。本书采用历史研究的方法，系统地对赞比亚酋长制度的产生、发展、演变历程进行回顾和分析。本书将立足于"宏观审视，微观突破"，采取历史追溯与现状研究相结合，在参考一部分档案资料、借鉴他人研究成果的基础上，结合笔者在赞比亚的学习和访谈经历，展现赞比亚酋长制度历史变迁，论述其现代的政治、经济和社会功能。本书将以赞比亚酋长制度为主线，探寻这一传统制度在古代时期、殖民统治时期和国家独立后的历史变迁，研究酋长制度在赞比亚不同历史阶段的社会政治功能，论述酋长制度与赞比亚现代政治、社会、经济发展的互动与调适。最后以非洲传统文化与现代化的视角分析赞比亚酋长制度的现代职能。

本书专门论及赞比亚的酋长制度及其变迁，是以酋长制度这一传统政治制度为视角，集赞比亚历史、政治、传统文化于一体的研究。2010 年 1 月至 6 月，笔者曾作为中赞政府互换奖学金项目的留学生赴赞比亚大学学习。在学习期间，结识了一些当地教师和同学，收集了一些一手资料，特别是赞比亚大学历史系卡鲁萨副教授为笔者提供了许多宝贵的赞比亚国家档案资料。此外，笔者还对赞比亚社会进行了一定的实地考察，对赞比亚的酋长和酋长制度有了一定程度的了解。但是，由于大部分时间生活在首都卢萨卡，对酋长知识的了解、与酋长的接触都是在卢萨卡进行的。笔者与赞比亚大学历史系教授比泽克·朱博·皮里（Bizeck Jube Phiri）、副教授瓦里马·T. 卡鲁萨（Walima T. Kalusa）多次就赞比亚的酋长制度进行探讨和交流。笔者在赞比亚学习期间，东方省的恩戈尼人举行了"恩克瓦拉"（N'cwala）的传统节日，西方省的洛兹人都举行了"库姆布卡"（Kombuka）纪念仪式，笔者通过有关途径对这些传统纪念仪式进行了了解。6 月 4 日还在卢萨卡卡翁达先生在卡布隆噶的住所与卡翁达先生本人进行了两个多小时的座谈，其中谈到了赞比亚独立后对待酋长的政策。在回国前夕，笔者还有幸在卢萨卡与西北省姆富布韦地区卡温德族（Kaonde）的一位契载拉酋长（Chief Chizela）进行了面谈，并共进午餐。但是总的来讲，笔者在赞比亚留学期间大部分时间是在首都卢萨卡度过的，而没有机会和条件深入到赞比亚的乡村地区，进行相应的实地考察。因此对酋长制度的了解也停留在表层，收集的第一手素材也显得比较单薄。此外，酋长制度不仅是一个历史与现实交织、传统与现代交融的社会现象，同时涉及族群问题研究，是一个文化人类学和民族学问题，而笔者缺乏文化人类学和民族学方面的资料和专业知识，未能对赞比亚的酋长制度进行文化人类学视角的诠释和解析，不失为本书的不足之处。

二 主要内容和结构安排

第一章首先从传统社会赞比亚的酋长制度入手，系统地介绍赞比亚酋长制度的起源与传播。班图黑人大迁徙历时近千年，对撒哈拉以南非洲影响巨大，酋长制度也在班图人的大迁徙过程中传入了赞比亚。一般认为，赞比亚酋长制度起源于今天赞比亚西北部和刚果（金）东南部的卢巴王国和隆达王国。酋长制度是非洲传统政治文化的载体，非洲传统文化中的等级观念、尊重权威在酋长制度上得到充分的体现。酋长既是政治首领，也是族群或部落的最高祭司，掌握着政治和宗教大权，传统宗教信仰的神圣性使酋长的权力和地位神圣化。

第二章主要论述殖民主义时期赞比亚的酋长制度，包括葡萄牙人在赞比西河下游的殖民活动、奴隶贸易、欧洲人的内陆探险对酋长制度的影响。以英国传教士利文斯顿为代表的欧洲人内陆探险，得到了当地酋长的帮助。基督教和西方文明开始影响赞比亚的传统社会，酋长作为社会上层首先接触到了先进的西方文明。英国殖民者的到来，对当地社会造成了冲击，酋长的地位受到威胁，各地酋长纷纷率领本部落、族群进行反抗。但由于军事实力的悬殊，失败后的酋长不得不臣服于英国的殖民统治。英国南非公司统治时期和英国殖民当局的"间接统治"统治时期，对酋长的权力进行了限制和改造，将酋长的传统权威地位予以保留，酋长制度被纳入英国的殖民统治体系，同时酋长作为本地区、族群的领导者仍然发挥作用。

第三章专门论述赞比亚民族独立斗争时期的酋长角色。在第二次世界大战后风起云涌的非洲民族独立运动中，许多赞比亚酋长站在了民族主义者一边，共同反对英国殖民统治，为争取民族解放和国家独立而斗争。本章以契瓦族大酋长卡龙加·加瓦·翁迪十世为个案，探讨赞比亚酋长在民族独立斗争中的思想变动和角色转换。

第四章论述的是赞比亚独立以来酋长制度在赞比亚现代时期的地位和作用，以及赞比亚的现代化发展对酋长制度的影响，分析酋长制度与现代因素的矛盾与调适。赞比亚独立以来政府对酋长的政策包括：通过立法手段保留酋长制度，限制酋长权力；设立专门机构负责酋长事务，将酋长制度纳入国家现代政治管理框架；发挥酋长的传统权威作用，吸纳酋长参与国家政治事务。酋长掌管着本地的一些公共事务和土地管理分配权，仍然是赞比亚国家政治生活中的一支重要力量。此外，酋长制度作为赞比亚传统文化的符号和象征，对经济发展起着一定的促进作用，同时也是赞比亚的民族国家建构中的整合因素。

第五章探讨了赞比亚酋长制度的生命力，从其合法性根源、制度弹性与适应能力、历史遗存与现实需要入手，指出了酋长制度得以保留下来具有深刻的历史和现实原因，其合法性的根源一直存在。而酋长制度本身所具有的制度弹性和适应能力，使其在西方文明的影响下能够吸收新鲜血液，适应现代社会发展潮流。同时，在现代社会中，酋长的传统职能的遗存也是政治、经济、文化现实的需要。现代社会发展对传统的酋长制度造成了一定的冲击，然而外来的政治模式必须正视传统的酋长制度在赞比亚社会根深蒂固的影响。现代经济的发展同样也给传统的酋长制度带来很大挑战，然而赞比亚经济的发展并没有消除酋长制度赖以生存的经济和社会基础，现代经济发展同样离不开与传统酋长制度的互动与调适。赞比亚的现代化发展与酋长制度，包括赞比亚现代政治、经济发展对酋长制度的影响，酋长制度与现代因素的矛盾与调适。在全球化和现代文明的影响下，尽管传统的酋长制度受到一定冲击，甚至与现代化发展产生了矛盾，但是酋长制度也融入了许多现代性因素，使这一传统的政治制度不断适应着现代社会的发展，依旧具有强大的生命力。

余论部分指出，现代化是一个现代因素不断取代传统因素的历史过程，在这个过程中二者不可能是非此即彼、水火不容的关系，必然存在着传统因素和现代因素的互动与调适。而传统因素并非完全是现代化的障碍，经过与现代因素的互动与调适，同样也会成为推动现代化发展的动力。

第一章 赞比亚传统社会的酋长制度

赞比亚地处南部非洲的内陆腹地，英国殖民统治建立之前并不是一个统一的政治实体，在班图人的大迁徙过程中，那里出现了众多社会共同体，其中稍大一些的有卢巴、隆达、卡曾贝、洛兹等王国。19世纪末英国殖民者入侵该地区并逐渐取得控制权，从英国南非公司"代管"到1924年英国直接派总督管理，这片土地在"北罗得西亚"的称号下才开始作为一个统一的政治实体出现。在漫长的传统社会，班图黑人的大迁徙过程中出现了大大小小的部落和王国，逐渐形成了一些地方族群。酋长制度长期以来一直是赞比亚各族体的典型社会管理制度，直到19世纪末，每一片土地上的人都在酋长的管理之下。在赞比亚传统社会，酋长是至高无上的权威和领导者，掌握着一个部落、王国、族群的政治、经济、宗教大权。

第一节 班图人的迁徙与赞比亚
酋长制度的缘起

赞比亚居民绝大多数是班图人，这是班图人自北向南迁徙扩散的结果，这种大规模的人口迁移过程延续了近千年之久，这种大迁徙在非洲的古代历史上被称为班图人大迁徙。班图人大迁徙是以部落为单位陆续从起源地向外扩散，但各部落迁徙的时间、规模、路线不尽相同。根据国内外学者的研究，班图人大迁徙大致可分为西线、南线和东线。西线是班图人最早的迁徙路线，迁徙范围大致北起刚果北部边境地带，南至安哥拉南部边境，东至大湖地区。向南迁徙的班图人数量最多，范围最广①，也是构成今日赞比亚主体居民的主要来源。班图黑人大迁徙对撒哈拉以南非洲影响巨大，酋长制度也随着班图人的大迁徙传入了赞比亚。一般认为，赞比亚酋长制度起源于今天赞比亚西北部和刚果（金）东南部的隆达王国。

一 班图人迁徙过程中酋长制度的起源

部落和部落联盟脱胎于氏族社会，在相当长的历史时期内较为普遍地采用酋长制或王权的社会组织形式。一些强大的部落或部落联盟发展成为早期的王国，建立起来的王权是以酋长制度为政权的组织基础。在班图人迁徙过程中，非洲各地出现了一些早期的王国和酋邦。这些王国的君王和酋长，是从原始社会末期以军事民主制为传统的部落或部落联盟首领演变而来的，起初经由推举拥立，保留着氏族社会民主选举首领的遗风，后来逐渐过渡到世袭继承制。国王和酋长分别作为王国和地区的统治者，"除了继续执掌原属部落首领军事权、宗教权和裁判权以外，还逐步获得行政权、财务权、委任权和外交权，等等"。②传统社会流行多神论的原始宗教，国王和酋长代表自己的人民与神祇交往联系，在神和人之间充当中间人，他们能够传递神意，受命于神，但其人格尚未被神化，他们仍然是人，还不是神，尚不同于那些"神人合一""君权神授"的专制君主。因此，国王和酋长虽然蒙着一层神圣的宗教色彩，但是其世俗性的一面是主要的，酋长的推举或世袭的程序与仪式只有符合传统习惯，才能得到自己属民的拥戴，具有合法性的依据。他们要为自己的属民的生产和生活服务，率领他们抵御外来入侵和对外征战，在本地区或部落拥有至高无上的权威。国王和酋长身份的神圣性、合法性和权威性结合在一起，构成了他们的权力来源和统治基础。以王权或酋长权力为核心进行政治统治和社会管理，便发展成为传统社会的酋长制度。

班图人在历时近千年的迁徙过程中，形成了自己的传统文化。坦姆派尔斯神甫在谈及班图人时说："人力之下是其他的力：动物的力、植物的

---

① 班图人南迁路线，参见 R. R. Inskeep, *The Peoples of Southern Africa*, Cape Town：D. Philip；London：distributed by Global Book Resources, 1978, pp. 126 – 127。

② 参见施治生、刘欣如主编《古代王权与专制主义》，中国社会科学出版社1993年版，第3页。

力和矿物的力等。但是在上述每一等级中，还能发现按照生命力、地位、长子继承制等划分的更为详细的级别。尊重这一生活中的等级、各安其位，不搞乱秩序，这样可以帮助我们解决争论已久的关于'图腾'和'禁忌'的问题。"① 在等级思想的指引下，酋长制度成为班图黑人传统的政治管理制度，在中非地区出现过几个较为强大的酋邦。但是，并不是所有的部落都受酋长的控制，有些村庄各自为政，居民只受村里的头人管束。有些部落是父系社会，有些部落则是母系社会，风俗习惯也大不相同；有些部落主要是农民，有些部落则以畜牧业为主，但在部落社会经济发展水平上有许多共同之处，基本上处于同一发展阶段。部落是班图人的原始社会组织，由同一血缘有着错综复杂亲属关系的氏族和胞族构成，其中长辈、晚辈、同辈的辈分身份分明，在对不同辈分成员的行为举止和待人接物方面，受传统习惯和礼节约束。氏族成员同祖同姓，禁止通婚。此外，这些酋长制度的传统提供了殖民主义到来之前几个世纪赞比亚的编年史料。酋长家庭的族谱往往记得比较久远，以显示与王族现有成员的关系。因此，通过一代一代的考察就能大体估算出任职的时间。

　　班图人向南迁徙的路线和过程十分复杂，目前赞比亚人之间在容貌和风俗习惯上所存在的差别，就是这种迁徙的结果。他们虽然基本上属于尼格罗人世系，但已有不少人与其他族群混合。最先从东北方迁来的部落通常是牧民和农民，可能是穿越坦桑尼亚沿马拉维湖西侧的高地南下，有一部分在马拉维湖区定居，其后代就是通加人（Tonga）和通布卡人（Tumbuka）。通布卡人一度分布于马拉维大部分地区，并扩散到赞比亚境内的卢安瓜河。通加人沿马拉维湖及希雷河南下，再沿赞比西河西进，到达赞比亚南部。从西北向南迁徙大约始于 14 世纪，当时有些部落从刚果盆地的卢巴王国向东迁至马拉维湖和希雷河的西侧定居下来。娘加人（Nyanja）在希雷河一带定居，契瓦人（Chewa）和恩森加人（Nsenga）占据了卢安瓜河一带。在公元 1700 年以前他们建立了翁迪王国（葡萄牙人称之为马拉维王国）。公元 1500—1700 年，从刚果加丹加地区经卢巴和隆达两个王国接踵而来的一批批移民，相继定居在赞比亚，带

---

① Placide Tempels, *Bantu Philosophy*, Paris：Presence Africaine, 1969, p. 43.

来了酋长制度和王权制度。① 迁入赞比亚的族群以比萨族（Bisa）和拉拉族（Lala）最早，其后不久能征善战的奔巴族（Bemba）也迁居到此，定居在谦比西河附近，把比萨族排挤到了卢安瓜河流域。奔巴族在卡隆古河建立了酋长村，后来这里变成了奔巴人酋长的最高总部。"有些部落组成小范围的部落群，氏族的权力比酋长大；有些部落则酋长的权力很大并具有精心设计的政治组织。"② 1700—1800 年，刚果加丹加地区的族群相继迁徙而来。1740 年前后，他们在卢阿普拉河畔建立起了东隆达王国。直到 19 世纪中叶，奔巴族和隆达族仍然是赞比亚北部势力强大的族体。

二　卢巴王国的政治结构与赞比亚酋长制度的缘起

从赞比亚留存下来的宗谱和王朝年表来判断，在赞比亚土地上的多数王国成立于 17 世纪或 18 世纪早期，但是赞比亚酋长制度出现的时间更早。由于口传历史和文化的传承，在赞比亚中部和东北部，早期的酋长制度没有被记载下来，消失在历史的车轮和人们的记忆中。在赞比亚西北部，酋长制度起源和族群迁徙的故事常常用神话传说来解释，而不是对历史事件的叙述。赞比亚中部和东北部的几乎所有族群一致认为，他们的首批酋长来自现在刚果（金）东南部的卢巴王国，而赞比亚西北部族群的酋长制度则来自刚果（金）西南的隆达王国。因为，后来的赞比亚酋长制度传统在某些方面与卢巴、隆达王国的酋长制度极为相似，政治观念相似，政治制度的词汇相近，甚至酋长制度的象征物都相似，如铁铃铛、劈木符、"话语"、鼓。赞比亚酋长制度的建立是卢巴人在 1500 年前后扩张的产物，已经在赞比亚生活的族群、还没有形成酋长集权的族群都接受了酋长制度，取代了那些彼此敌对的氏族或分裂的宗族所采取的那种低水平的松散制度。③

卢巴王国的政治思想包括两个相互联系的层面，即国王的王权统治和

---

① Andrew Roberts, *A History of Zambia*, London：Heinemann Educational Books Ltd, 1976, pp. 63 - 65.

② P. E. N. 廷德尔：《中非史》，上海人民出版社 1976 年版，第 47 页。

③ Wim M. J. van Binsbergen, *Religious Change in Zambia*：*Exploratory Studies*, London and Boston：Kegan Paul International, 1981, p. 116.

酋长的地方自治，在北部边陲和东部地区，主要通过当地酋长进行统治；而在王国中心地带，则由国王直接统治。在卢巴人向北迁徙和王国扩张过程中，卢巴王国的政治结构逐渐成型。卢巴王国的政治结构是金字塔式的，在村一级，家庭与家庭之间靠父系关系维持；村与村之间的关系也是家族之间的关系，各地区都有一个拥有称号的酋长，他属于某一家族，其权威来自他与当地神灵的关系；在村级以上，王国的统治由权力最高层的都城掌握。在都城的布局结构中，既有王室的住地，又有官员的住地，并按照军用和民用分开，都城的中心设有"布罗普韦"（Bulopwe，王宫），并有"班布杰"（Bambudye，智囊团）辅佐国王进行统治。"班布杰"在宗教和世俗两个方面对王国进行掌控，对国王进行监督，并在王国号召发扬卢巴人的思想精神。[①]"班布杰"类似于现代的议会，许多官员通过他们组织的会议发挥作用，这也是酋长制度中长老会和地区理事会的来源。王位通常是由父亲传给兄弟再传给儿子，卢巴人认为这是母系家族在王位上的轮换，但国王不得专属于某个家族或氏族，因此国王可以超脱于政治冲突之外。然而，由于国王的亲属关系，他与各地区许多酋长保持联系，国王处在金字塔式亲属关系的顶端，这正是"布罗普韦"这个称谓的意义所在，它象征着不可分割的、别人无法分享的权力。[②] 这是酋长制度中权力等级制的来源。此外，举行授权仪式（例如授王权）和授予权力象征物表明统治者具有独一无二的权威，也标明其地位仅仅是任职才有的，而历代国王都被视为具有强大威力的祖先的化身，这是酋长制度中祖先崇拜的来源。

"布罗普韦"由王室家族和幕僚组成。"布罗普韦"起到了中央政府的作用，负责监督征收贡品，必要时组建军队强行收缴贡品，并通过全体议事会（tshidie）和宫廷（tshihangu）向君主提出建议。各位官员负责管理缴纳的贡税，贡税的支付方式有劳役和实物，主要的官员有"特韦特"（twite），代表国王处理非宗教事务；"纳班扎"（nabanza），负责保管王冠、服饰、宝器等宫廷用品，督导宗教仪式；"卢坎加"（lukan-

---

① T. Q. Reefe, *The Rainbow and the Kings: A History of the Luba Empire to 1891*, Berkeley: University of California Press, 1981, pp. 46 – 48.

② T. Q. Reefe, *A History of the Luba Empire to 1895*, Ph. D. thesis, University of California, Berkeley, 1975, p. 11, 转引自 B. A. 奥戈特《非洲通史》第 5 卷, 联合国教科文组织出版办公室、中国对外翻译出版有限公司 2013 年版, 第 527—528 页。

ga），高级法官；"姆瓦纳·姆韦兰巴"（mwana mwilamba），军队首领；"姆韦恩·伦杜"（mwine lundu），负责维护传统习俗，尤指不成文法规的执行；"福姆瓦·潘巴·迪约比"（fumwa pamba diyumbe），抚州编纂、保管兼王室占卜官员；"恩达兰巴"（ndalamba），负责礼仪庆典的太后。[①] 王国各地由"比罗罗"（bilolo）掌管，他们是地方大员，每个人负责一个地区，"比罗罗"通常由当地人从本地区占主导地位的家族中选出，经国王任命；有时国王也指派自己的至亲为"比罗罗"。这些由"布罗普韦"中央管理制度和"比罗罗"构成的地方管理制度，就是卢巴王国酋长制度的雏形。

赞比亚多数地区的酋长制度来源于卢巴王国，而只有少数地区来源于隆达王国。就在这少数地区中，出现了两个重要的王国：卢阿普拉河流域的东隆达王国和赞比西河上游的洛兹王国，它们与隆达王国的联系比卢巴王国更密切。一方面，赞比亚各酋邦并没有与卢巴王国保持彼此往来、贸易和朝贡关系；另一方面，所有起源于隆达王国的酋长政权都认为自己的起源地是姆瓦塔·亚姆沃（Mwata Yamvo），而且这些酋长政权还保持着与姆瓦塔·亚姆沃的联系和往来。姆瓦塔·亚姆沃政权是约1625年由卢巴王国的某一个王朝在隆达人地区建立的，1675年后逐渐扩张到距离大西洋沿岸300英里的地方，直到19世纪末一直控制着中部班图人各族群生活的广大地区。那里的统治者任命各地方官员和各地区的酋长，酋长们要向姆瓦塔·亚姆沃的军队提供兵员，并负责征收象牙、盐、铜、奴隶和农产品等贡品。酋长们都居住在都城，还具有行政管理职能，他们中职位最高的四个人组成一个咨询委员会，称为卡纳普姆巴（Kan-napumba），受"公主"（Queen-Mother）卢库克沙（Lukukesha）的领导。卢库克沙被认为是前国王的女儿，她未婚单身，拥有自己的独立领地和朝贡来源，与国王享有同样的最高权威。当国王死后，"公主"就和卡纳普姆巴的成员一起组成一个遴选小组，从国王自己的儿子或前任统治者的儿子中确定一名继承者。[②]

---

① Jan Vansina, *Les anciens royaumes de la savane：les états des savanes méridionales de l'Afrique centrale des origines à l'occupation coloniale*, Léopoldville：Institut de recherches économiques et sociales, 1981, pp. 57 – 58.

② George Peter Murdock, *Africa：It's People and Their Cultural History*, New York, Toronto and London：McGraw-Hill Book Company, Inc., 1959, p. 286.

在中部非洲，只有少数的考古遗址能够提供早期酋长制度的依据。最早的遗址就是位于刚果（金）沙巴省基萨勒湖附近卢巴王国时期的桑加公墓。考古挖掘现场展示了一种铁铃铛的碎片，而这种铁铃铛正是刚果盆地酋长制度的象征。这种铁铃铛的使用可以追溯到 12 世纪。其余相关的遗址证明，卢巴王国的冶铁技术已经很发达，明确显示出这里的权力实际上已经由富有的统治集团所掌控。其余两个遗址因贡博·爱勒德（Ingombe Ilede）和大津巴布韦（Great Zimbabwe）也可以证明部落的权力已经掌握在权贵阶层手中。同样的铃铛在更远的南部地区也被发现，时间可以追溯到晚一些的 14 世纪或 15 世纪。[①] 这种铃铛不只是一个精致的装饰物，而是被赋予权力和财富的象征意义。它们既是改进后的冶铁技术向南推广的依据，也是贸易联系和政治制度南进的标志。

刚果（金）和安哥拉的一些口传文化传统证明，酋长制度在隆达王国的大规模扩展是在 15 世纪或 15 世纪之前。隆达人传统上将王权的起源追溯到一位隆达公主与一位卢巴猎人的婚姻，据说这场婚姻使得隆达酋长制度得以向西北和南方传播，传播到现今赞比亚的西部，而酋长制度的这次大扩展可以追溯到 16 世纪。但是，根据对隆达传统后来的分析，证明"隆达爱情故事"影响到的不是个别酋长，而是引发了一场"酋长制度的大扩张"，一直延续了二三百年。[②] 这就充分证明了某种形式的王国和许多握有实权的酋长已经于 15 世纪前在隆达王国的一些地方出现，而 15 世纪卢巴人的入侵也引发了隆达人的第一次大规模扩张。到 15 世纪时，在靠近隆达王国和卢巴王国的一些地方出现了一些王国或酋邦，而根据赞比亚的口传文化的说法，在这些政权兴起之前酋长就已经出现了。在赞比亚东北部的奔巴人地区，早期的酋长被称为穆洛佩（Mulopwe），这本是卢巴语中对酋长的称呼。这一地区还有许多酋长，他们都信奉恩古鲁（Ngulu）神灵。在卢阿普拉河下游（Lower Luapula Valley），继布韦里尔人（Bwilile）之后，首批迁居到此的一些氏族就已经有了酋长，其中一个叫卢本达（Lubenda）的酋长就建立了隆达王国。在赞比西河上游，也有一些迹象表明酋长制度的出现早于洛兹人的卢亚

---

① Jan Vansina, "The Bell of Kings", *Journal of African History*, X, 1969, ⅱ, pp. 187 – 197.

② See D. P. Henige, *The Chronology of Oral Tradition*, Oxford：Oxford University Press, 1974.

那（Luyana）政权。①

三　卢巴王国和隆达王国的酋长制度传统

卢巴王国各地方都按照"布罗普韦"和"比罗罗"的模式建立了各自的管理机构，各地酋长都有了自己随身携带的圣物，他们往往为了自己的祖先同当地的地方神灵崇拜保持着联系。各地酋长坐大形成了地方割据势力，掌握着地方管理权。王国没有常备军，国王的武士们是维护国家团结的军事力量，而"班布杰"是监督国王和主导王国思想的机构。卢巴人最重要的政治观念就是相信统治的能力是天生平等的，而这种能力可以世代相传，无论男女。实际上，在任何一个王国内，所有的酋长被认为与国王属于同一个血统。早期的卢巴国王就已经有了建立王权的思想：建立一个前所未有的中央集权统治。在建立在血缘关系基础上组织起来的族群之中，产生出一个权力核心的方法就是让一个特定的家庭成为政治权威的来源，而所有的家庭关系能够将王国各部分联系在一起。如果这一观念适合国王，那么它也会给酋长带来威信：酋长的身份范围被局限在一个专门的"帝王世家"之内，酋长也可以继承王国的高级职位，包括国王的职位。酋长从此拥有了政治权威，这一观念对卢巴王国和周围地区的王权与酋长制度的产生和传播起到了重要的作用，但是其缺点就是使酋长的权力对神权形成严重的依赖。

在一个王族血统内，所有的男人都被赋予和拥有统治权。随着有继承权的人越来越多，对王位和酋长权力的争夺也在所难免。因此，卢巴王国经常被内部的派系矛盾冲突弄得四分五裂，那些失势的家族往往分离出去建立自己的王国。1780—1810 年，由于继承权危机，卢巴王国停止了对外扩张，在此期间卡尼奥克人（Carneyoak）脱离卢巴的统治宣布独立，松吉耶人（Songeye）在北方对王国的政治和文化影响也达到了相当高的程度。在卢巴王国的政治管理方面，由于刚果河上游的森林地区人烟稀少，在保持酋长和头人的对王国的忠诚方面，卢巴王国采取了特殊的做法，他们减少卢巴人担任官职的人数，建立非王室和非王室家族的联系，让非卢巴人

---

① Andrew Roberts, *A History of Zambia*, London, Nairobi, Ibadan, Lusaka：Heinemann Educational Books Ltd. ，1976，p. 84.

的酋长担任王国的重要官职。①

18世纪,隆达人的王国开始强盛,国王通过联姻的方式使新的酋长们归附到王国版图内。王国行政管理松散,除核心地区外,王国周围还有若干附属王国,这些王国统治者只是有时向隆达王国宫廷缴纳贡品。基层地方机构的核心是村镇,村镇由当地头人领导,头人仍由母系继承,头人之上都是由国王任命的地区首领"希罗尔"(Cilol)。在都城的中央机构,辅佐国王的是图邦(Tubang)与贵族官员。在此基础上发展成为隆达王国的酋长制度。

隆达人具有"亲属关系永恒不变"(perpetual kinship)的观念和"地位继承"(positional succession)的传统。② 当一个酋长或头人继承了头衔之后,他可以称呼某些其他拥有头衔的人"父亲""兄弟"或"儿子",不管他们的实际关系是怎样的。例如,如果有两个拥有酋长头衔的隆达人是父子关系,他们各自的继任者也要继续把对方当作父亲和儿子,即使他们实际上是较远的堂兄弟关系。也就是说,"亲属关系永恒不变"的观念联系着两个酋长职位,不管他们的个人关系如何。继承酋长职位的隆达统治者认为他们与前任的亲缘关系是永恒不变的,即使他们没有实际上的亲缘关系。酋长职位的继承者继承的不仅仅是权力和职责,也继承了与前任酋长某种固定的社会关系,这就是"地位继承"的习惯,其继承要获得前任的认可:从某种角度来说,他也变成了他们的前任。隆达王国有遍布各地的酋长,要靠"亲属关系永恒不变"的等级制度,让具有各种背景和血缘关系的人来担任。通过这种方式,整个亲属关系之间家族语言就超越了家族和血缘关系的界限,传播到更远的地方。在艰苦和边远地区生活的族群就被吸收到或多或少有些虚构的、以国王为中心的大家族的系统中来了。对这些族群来说,亲属关系是基本的原则,对于扩大社会交往、依靠家族统治拓展生活空间来说是一个很有效的策略。

隆达人的另一个主要贡献就是他们强调了"土地所有者"的重要性。这实际上是卢巴人的思想,但是隆达人将其用作王国扩张的思想武器。当隆达王国接管一些原来由酋长单独统治的地区时,这些酋长往往被留下来

---

① See T. Q. Reefe, *A History of the Luba Empire to 1885*, Ph. D. thesis, University of California (Berkeley), 1975, in Andrew Roberts, *A History of Zambia*, London, Nairobi, Ibadan, Lusaka: Heinemann Educational Books Ltd. , 1976, pp. 84 – 85.

② Jan Vansina, *Kingdoms of Savanna*, Madison: University of Wisconsin Press, 1966, p. 82.

继续掌管他自己的酋长领地，但是他们必须服从国王的更高权威。然而，国王也给予这些酋长特别的尊重，因为国王相信酋长祖先的神灵仍然在他统治的疆域内拥有超自然的力量。正是因为这样，酋长被称为"土地所有者"，他的酋长职位会由他自己血统的人继承。一些"土地所有者"还成为王国的贵胄，他们被赐予"永恒亲属"的地位，或者在王室的仪式上被赋予特殊的职能。他们与其他酋长和头人一起，组成一个政务会（a group of councillors），在国王和酋长的遴选、任命上发挥重要的作用。作为政务会成员，酋长也能够起到对国王必要的监督作用。就酋长而言，他们更关注的是维护王权的尊严，而不是拥护带有人类弱点的国王个人。[①] 受隆达和卢巴王国的影响，到 16 世纪时酋长制度已经被移植到了赞比亚的其他一些地区。从 17 世纪开始，酋长制度在赞比亚各地开始大规模扩展开来。这归因于卢巴王国和隆达王国酋长制度的对外传播和强大影响力，结合赞比亚各地的社会条件，使酋长制度在赞比亚各地扎根，迅速扩展开来。

第二节 酋长制度在赞比亚各地区的扩展

酋长制度从隆达王国和卢巴王国传入赞比亚后，开始向东、南、西、北各地扩展，各地酋长政权纷纷建立，酋长制度作为一种社会管理制度在各地族群、部落中落地生根。在欧洲殖民主义到来之前的传统社会，酋长代表着祖先神灵，拥有政治权威，占据着族群和部落的权力中心。酋长制度在赞比亚各地区、各族群的政治、经济和社会生活中占据着核心地位，成为传统社会的基本政治制度。

一 赞比亚东部和东北部的传统酋长制度

赞比亚历史最久远的酋长政权是东南部的翁迪（Undi）王朝。翁迪王朝隶属母系社会的皮里（Phiri）氏族，14 世纪其版图已经扩展到现在的马

---

① Andrew Roberts, *A History of Zambia*, London, Nairobi, Ibadan, Lusaka: Heinemann Educational Books Ltd., 1976, p. 86.

拉维。皮里氏族自称来自卢巴王国，从北向南迁徙而来，其首领卡龙加（Kalonga）在马拉维湖的西南侧建立了一个王国，然后逐渐扩张，许多新的酋邦都是由皮里氏族的女人与当地氏族的领导者通婚后建立的。16世纪时，第一位翁迪酋长，即卡龙加的兄弟，在一场继位之争后离开了这个王国，在西面的马诺（Mano）建立自己的统治。据葡萄牙人的记载，1614年前翁迪部落一直生活在那里，此后皮里氏族的其他人也建立了隶属于卡龙加的酋邦。翁迪也向一些皮里氏族之外的统治者征收贡赋，如姆坎达（Mukanda）就在卢安瓜河下游的恩森加（Nsenga）部落推行了酋长制度。在翁迪到来之前，求雨这类事情由最高女祭司马克瓦娜（Makewana）手下的专司此事的祭司进行。① 酋长制度带来了各部落、族群认同的变化，在赞比亚东部、马拉维和莫桑比克说契瓦语（Chewa）的群体之前被认为是布洛洛人（Bororo），但是他们归顺翁迪和姆坎达的统治之后，也被认为是契瓦人了，以区别于马拉维湖畔的娘加人（Nyanja）和希雷河流域的芒安加人（Mang'anja）。② 皮里氏族的统治者被称为马拉维（Maravi），这也是现代马拉维（Malawi）国家名称的来源。

在卢安瓜河以西的上卡富埃盆地许多族群实行的酋长制度中，酋长职位按照母系血统继承，这种传统来源于卢巴王国。在卢安瓜河和卢阿普拉河之间的东北高原地带，有两个实行酋长制的氏族强盛起来，他们是恩甘杜（ng'andu，意为"鳄鱼"）和恩古纳（ng'ona，意为"蘑菇"）氏族。17世纪末，恩甘杜氏族在其领导者奇蒂姆库卢（Chitimukulu）的带领下，建立了一个王国，王国的属民被称为奔巴人，他们的酋长制度也来源于卢巴王国。从此以后，"奔巴"被用于称呼奇蒂姆库卢所有的属民。奔巴人起初并不为人所知，他们生活在森林地带，居住十分分散，生活状况窘迫。贫穷激发了奔巴人抢夺周围地盘的意识，他们抢夺伊瓦人（Iwa）和曼布韦人（Mambwe）的牲畜，到19世纪早期已经成为有名的战争狂。③ 此外，

---

① R. J. Apthorpe, "Problems of African History: the Nsenga of Northern Rhodesia", *Rhodes-Livingstone Journal*, 28, 1967, pp. 47 – 67.

② J. M. Schoffeleers, "The Meaning and Use of the Name *Malawi* in Oral Tradition and Pre-colonial Documents", in Bridglal Pachai（ed.）, *The Early history of Malawi*, London: Longman, 1972, pp. 91 – 103.

③ Andrew Roberts, *A History of Zambia*, London, Nairobi, Ibadan, Lusaka: Heinemann Educational Books Ltd., 1976, p. 87.

由于血缘的关系，奔巴王国内部团结程度很高，他们以这种方式实行统治以防出现分裂。18世纪时，国王在王室家族的酋长面前几乎没有威信，但是这也保护了王国的重要利益，因为王权始终掌握在以酋长制度为纽带的王室血统之中。酋长职位继承战争也经常发生，但是奔巴王室家族更注重的是王国的团结。①

在19世纪上半叶，这种统治方式有了一定的改变。王室血统的某一支系独享了王位继承权。不断地进行对外扩张，为王室中的其他酋长提供了大量新的职位。一个新的酋长职位给了哥哥，而另一个职位又可以给儿子，不会再产生争夺酋长职位的现象。权力越来越集中到国王的少数近亲中，其他血统的人已经不足以对王权构成有力威胁。另一个使奔巴王国更加稳固的因素是有一批世袭的大臣，他们生活在都城地区，他们负责安排国王和高级酋长的即位仪式。他们支持的是王权，而不是国王本人。奔巴王国的南部高原地带由恩古纳氏族的酋长占据，他们的属民被称为比萨人（Bisa），但是没有形成比萨王国。到18世纪晚期，比萨人中有三个酋长功勋卓著：姆成加（Muchinga）坡地的姆昆古勒（Mukungule），契布瓦（Chibwa）湿地附近的姆万萨班巴（Mwansabamba）和班韦鲁湖（Lake Bangweulu）北岸的卢布姆布（Lubumbu）酋长，每一位酋长下面都有一些下级酋长。其中，卢布姆布酋长在18世纪晚期的领地比奔巴王国还要大。

酋长制度在比萨（Bisa）和奔巴人中扎根后，继续向赞比亚西北和东北部扩展。姆维鲁湖（Lake Mweru）南岸西拉人（Shila）的高级酋长恩库巴（Nkuba）就宣称，他的祖先来自奔巴王室。卢安瓜河上游森加人（Senga）的酋长将他们的祖先追溯到比萨人，迁徙过程使森加人有了明确的族群认同，因为从另一角度说他们曾隶属于位置更靠东的通布卡人（Tumbuka）。通布卡人从地理上分为北、南两支，北支生活在今天马拉维卡龙加（Kalonga）、奇提帕（Chitipa）和隆菲（Lumphi）地区以及赞比亚的查马（Chama）地区，南支生活在今天马拉维的姆津巴（Mzimba）、恩卡塔（Nkata）和卡松古（Kasungu）地区以及赞比亚的隆达兹（Lundazi）地区。通布卡人的历史就是许多同源氏族融合为一体的过程，他们在奇库

---

① A. L. Epstein, "Military Organisation and the Pre-Colonial Policy of the Bemba of Zambia", *Man* (n. s.), X, 1975, pp. 199 – 217.

拉马银贝（Chikulamayimbe）酋长的领导下，中央集权管理制度已经达到契瓦人、奔巴人和洛兹人的水平，而且他们的文化习俗和语言也都是统一的。[①]

在坦噶尼喀湖的南部和西部，酋长制度也是在班图人迁徙过程中形成的，这主要是由来自湖西的莱帕德氏族（Leopard）酋长推行的。他们在塔布瓦（Tabwa）和隆古（Lungu）西部之间的地带建立了母系社会的酋长政权，与奔巴人的酋长制度类似。同时，他们也在隆古东部建立了酋长政权。赞比亚中部也有许多酋长制度是由卢巴王国的移民带来的，隆加河东部盆地的卡温德（Kaonde）酋长政权就是18世纪由北方来的迁徙者建立的，兰巴（Lamba）、奥什（Aushi）和拉拉（Lala）的酋长政权也是由卢巴的移民定居到此建立的。虽然拉拉人的一些酋长政权在17世纪初就建立起来了，但是这个地区的大部分酋长政权建立于18世纪晚期。[②] 由此可见，赞比亚中部地区的政治发展不是以中央集权为特点，而是以分散和迁徙为特点，到19世纪末大量人口穿越卢安瓜中部地区向东迁移，形成了恩森加（Nsenga）和孔达（Kunda）的酋长制社会。

二　赞比亚南部的传统酋长制度

从卢巴王国传播而来的酋长制度跨越赞比亚中部，向南传播到了卡富埃河下游，在语言和习俗方面与卢巴人相近的族群盛行开来，而对南部班图—博塔特韦（Bantu Botatwe）[③] 地区说通加语的各族群几乎没有什么影响。不过这里也有几个特例，如在恩尹德瓦（Nyendwa）酋长统治下的索里（Soli）人[④]。还有卢坎加（Lukanga）沼泽东部勒尼人（Lenje）的酋长穆库尼（Mukuni）也说自己来自卢巴王国，穆库尼酋长的控制范围一直到

---

① Yizenge A. Chondoka, "The Missionary Factor, The Balowoka and the Ngoni Myth in the Tumbuka Historiography", *Zambia Journal of History*, Volume 1, Number 9, 2005, The university of Zambia, p. 78.

② Andrew Roberts, *A History of Zambia*, London, Nairobi, Ibadan, Lusaka: Heinemann Educational Books Ltd., 1976, p. 91.

③ "班图—博塔特韦"（Bantu Botatwe）意为"三个族群"，往往用来代指通加人（Tonga）、伊拉人（Ila）和勒尼人（Lenje），他们的语言大体上是相似的。

④ B. M. Fagan, "A Collection of Nineteenth Century Soli Ironwork from the Lusaka Area of Northern Rhodesia", *Journal of the Royal Anthropological Institute*, XCI, 1961, ii, pp. 228 – 250.

维多利亚瀑布附近的莱亚（Leya）。① 然而，总的来讲赞比亚南部各族群并没有受到卢巴王国酋长制度传统的影响，因为这些南方族群不仅在文化上与北方的族群差异较大。南方属于农业地区，自然条件优越，人口比北方稠密，许多族群已经占据了适宜农耕和放牧的土地。

19世纪前，伊拉人和通加人中还是见不到酋长制度的蛛丝马迹，这也是他们在殖民主义到来之前的历史鲜为人知的原因。由于缺少政治权威，血缘联系较弱，伊拉人和通加人的历史记忆都是支离破碎的。19世纪开始，绍纳族和隆达族各个支系先后在赞比西河流域崛起，占据了以往规模较小的农业社会地区，赞比亚南部大多数族群都被融入了绍纳族和隆达族的政权体系。与其他地区相比，赞比亚最南沿一带更多地受到了来自南方移民的影响，引发了相应的社会和族群结构的变化。外来绍纳（Shona）和隆达两大族系移民，导致了广泛的跨族通婚，形成了新的族群，如塞纳人（Sena）、赞比西—通加人（Zambezi-Tonga）和戈巴人（Goba）。② 很可能"通加"的名称就是仅仅用来称呼赞比西河以南的族群，他们为了躲避绍纳酋长的统治，向北渡过赞比西河，迁居到赞比亚南部，"通加"的名称被他们带到了赞比西河中游以北的高原地区，于是他们被称为"通加人"。这些通加移民原来生活在格温贝（Gwenbe）流域的班图—博塔特韦地区，但是这里经常有周期性的饥荒，不得不迁移到高原地带。由于不断迁移和分散，也使南方各族群逐渐吸收了其他族群的人。生活在赞比西河与卡富埃河汇合处的戈巴人就是南方来的移民，他们是绍纳人跨族通婚形成的新族群，仍然保留着绍纳方言，并没有被赞比西河北岸土著人完全同化。

外来移民的核心制度和价值观念影响了赞比西河两岸土著人。例如，隆达族亲属关系永恒不变和地位继承的社会机制，在赞比西河以北地区广为流行，改变了当地亲属关系的基本结构，并给统治者职位的继承带来深远影响。赞比西河南面流传的绍纳族姆瓦里崇拜和民族祖先神灵辅佐体系，同样在赞比亚南部地区产生了重大影响，绍纳族的语言和宗教体系，

① Andrew Roberts, *A History of Zambia*, London, Nairobi, Ibadan, Lusaka: Heinemann Educational Books Ltd., 1976, p. 92.

② A. F. Isaacman, *The Africanization of a European Institution: the Zambezi Prazos, 1750 – 1902*, Madison: University of Wisconsin Press, 1972, p. 4; C. S. Lancaster, "Ethnic Identity, History and 'Tribe' in the Middle Zambesi Valley", *American Ethnologist*, 1974 (1), pp. 707 – 730.

从根本上改变了赞比西河北岸居民的宇宙观。① 在外来政权和移民的影响下，赞比亚南部的酋长制度也开始出现。

三 赞比亚西北部的酋长制度

虽然卢巴人在隆达人生活地区建立了姆瓦塔·亚姆沃政权，其王位继承人采取选举方式，由一个咨询委员会进行遴选。但是，隆达人并非丝毫不接受卢巴人的传统，这从赞比亚和安哥拉边境地区的卢瓦勒人（Luvale）的酋长制度就能看出来。卢瓦勒人和隆达人的传统显示，卢瓦勒酋长制度是从隆达王国继承而来的，但实际上它们之间的差别很大。很有可能的是，卢巴王国在15世纪时入侵了隆达王国，肯古里（Kinguri）和肯亚马（Kinyama）两位酋长不得不率众向西南迁移，酋长制度遂在重奎（Chokwe）和卢瓦勒人的先人中实行了。卢瓦勒酋长制度不同于隆达王国，卢瓦勒人的酋长卡肯支（Kakenge）垄断了酋长的头衔（男女均可继承），但是就像卢巴王国的众多酋邦一样，下级酋长各自为政，具有很大的独立性。到18世纪末，一种比卡肯支更重要的新酋长头衔肯亚马出现了，19世纪又出现了许多酋长头衔来与卡肯支分庭抗礼。即使如此，卡肯支仍然统辖着众多的酋长。平民出身的人在政治上发挥着重要的作用，氏族制度仍然在一些地区实行。随着卡肯支政权的兴起，"部落认同"意识增强了。②

在卢瓦勒人东面的刚果河—赞比西河分水岭，隆达王国在那里有着更大的影响。18世纪上半叶，隆达王国对这里进行了征服。在隆达王国的威胁面前，许多小的酋邦便依附于卢巴王国，而隆达王国也通过授予小酋邦主要的领导者"隆达人"的荣誉获取他们的支持，其中一些人还成了姆瓦塔·亚姆沃"永远的儿子"。得到赐封的两位酋长伊申德（Ishinde）和卡

① D. P. Abraham，"The Roles of Chaminuka and the Mhondoro Cults in Shaona Political History"，in E. Stokes and R. Brown（eds.），*The Zambezian Past：Studies in Central Africa History*，Manchester：Manchester Uniersity Press，1966，pp. 28 – 42；T. O. Ranger，"Territorial Cults in the History of Central Africa"，*Journal of African History*，Cambridge：Cambridge University Press，1973，pp. 581 – 598.

② C. M. N. White，"Clan，Chieftainship and Slavery in Luvale Political Organisation"，*Africa*，XXVII，i，1957，pp. 59 – 73.

农格沙（Kanongesha）从姆库尔韦伊河（Mukolweji River）地区向南迁徙，在赞比西河源头的卢库尔韦人（Lukolwe）地区推行了酋长制度，酋长的头衔称为"姆布韦拉"（Mbwela）。这些已经"隆达化"的外来入侵者称呼自己是"恩得姆布"（Ndembu），这个称呼也用于其属民。然而，恩德姆布酋长们强加的统一只是形式上的，他们并没有仰仗姆布韦拉。而且恩德姆布酋长们仍然对隆达王国有很强的归属感，他们遵循隆达人父系传承酋长的习惯，不像姆布韦拉那样按照母系传承；他们仍然把"父亲"姆瓦塔·亚姆沃当作他们的领主。[1] 1802 年，恩德姆布人的酋长卡农格沙就曾向姆瓦塔·亚姆沃进贡。

在卢阿普拉河的源头地区，隆达族的探险者们遇到了一些卡温德族的酋长。18 世纪早期时，一位卡温德族酋长穆士玛（Mushima）还给隆达王国的姆瓦塔·亚姆沃进贡，希望得到隆达国王授予的"隆达人"头衔，而他并未如愿，而姆瓦塔·亚姆沃"永远的儿子"穆索坎坦达（Musokantanda）对穆士玛发动进攻并击败了他。穆索坎坦达将自己视为卡温德人北部地区的主人，他任命另一位隆达人酋长赛龙加（Sailonga），来负责征服两个卡温德人酋长卡皮伊（Kapiji）和恩坦博（Ntambo）。尽管征服了这两个卡温德酋长的领地，但是穆索坎坦达的权威局限在卡温德人生活的北部地区，他没有征服卡温德人生活的南部地区，因为那里有卡温德人中实力强大的酋长卡森帕（Kasempa）。[2]

四　卡曾贝王国的酋长制度

在姆瓦塔·亚姆沃都城以东约 800 公里的卢阿普拉河流域，隆达王国具有相当大的影响力。隆达人的势力不断向东扩张，他们东进的初衷是为了获取盐，而盐当时在中部非洲西部是稀缺物品。18 世纪初期，隆达人在卢阿普拉河上游的科西拉（Kecila）找到了许多盐田。他们得到了一个叫恩甘达·比隆拉（Nganda Bilonla）的人的帮助，作为回报，姆瓦塔·亚姆沃赐予了他"卡曾贝"的荣誉头衔。卡曾贝向东来到卢富里拉河（Lufu-

---

① See James Anthony Pritchett, *The Lunda-Ndembu*: *Style*, *Change*, *and Social Transformation in South Central Africa*, Madison: University of Wisconsin Press, 2001.

② Dick Jaeger, "A General Survey of the Historical Migration of the Kaonde Clans from Southern Congo into Zambia", *Tropical Man* (Leiden), IV, 1971, pp. 8 – 45.

rila）边，并掌管了坎博乌（Kambowe）的铜矿和穆万沙（Mwanshya）的盐场，他的继任者也被姆瓦塔·亚姆沃赐予"卡曾贝"的头衔，控制了隆达人征服的整个卢阿普拉东部地区。① 大约在1740年，卡曾贝二世入侵了卢阿普拉河下游地区，击败了西拉人的酋长，占领了布韦里尔（Bwilile），并结合当地西拉人的社会习惯，创造性地将西拉人掌管土地的酋长和负责政治的酋长职责分开。② 卡曾贝二世在姆韦鲁湖南岸建立了自己王国的新都城，现在他已经超出他的领主姆瓦塔·亚姆沃的掌控范围，但他仍然向姆瓦塔·亚姆沃进贡，包括盐和铜，因为那时姆瓦塔·亚姆沃可以从非洲的西海岸获得欧洲商品，而卡曾贝也非常想在这一贸易中分得一杯羹，获取他们想要的商品和枪支。这些隆达人说，他们带着枪来到卢阿普拉，虽然没有子弹，但是仅仅开火的声音就足以震慑当地人。③

姆韦鲁湖以南150公里，卢阿普拉河蜿蜒流淌在一片广阔的大地上。这条河盛产鱼类，在这条河流域的边缘地带，还有许多野兽和野禽出没。卢阿普拉河上游一直对其他地区的人有很强的吸引力，一种来自美洲的根系作物——木薯从西边传到卢阿普拉，到18世纪末时木薯已经成为卡曾贝都城一带的主要农作物。卢阿普拉河上游的经济支撑着卡曾贝王国的统治。自从木薯传入以后，移居潮一度兴盛，木薯对渔民来说是非常方便种植的作物，因为他们几乎没有时间从事耕作。卡曾贝王国提供的安全保护也吸引着移民，而隆达王国东部的中心地带人口已经变得非常稠密。河流便利了两个地方人们的往来，无论是水域还是陆地，出产的食物都富富有余。这一切都为建立一个中央集权的政权提供了便利条件。

卡曾贝王国的政治结构类似于姆瓦塔·亚姆沃，王位的继承只局限于王室的一支，而且通常是由父传子。王室的其他成员在领地和战场上才会受封，但是他们的职位不能世袭传承。卢阿普拉河上游是王国的中部地区，这里被划分成许多地区，每一个地区均由国王任命的总督（Governor）

---

① Andrew Roberts, *A History of Zambia*, London, Nairobi, Ibadan, Lusaka: Heinemann Educational Books Ltd., 1976, p. 94.

② Ian George Cunnison, *The Luapula Peoples of Northern Rhodesia: Custom and History in Tribal Politics*, Manchester: Manchester University Press, 1959.

③ See Ian George Cunnison, *The Luapula Peoples of Northern Rhodesia: Custom and History in Tribal Politics*, Manchester: Manchester University Press, 1959.

管理。总督的职位由非隆达王族的人担任，而且通常是世袭的。总督掌管着本地的司法机构，收受贡赋，再把这些贡赋送往王国的都城，卡曾贝再把这些贡品重新分配给各总督。总督们到都城后，很乐意去"喝啤酒"：他们不但通过与国王聚饮啤酒来讨论政事，而且也可以分享王室接收的贡品。[①] 这些总督在国王的遴选和即位之事上也起到了主要的作用。总督下面有村头人，他们也是世袭的，多数是久居此地的各母系制族群，高级头人被尊为"土地的主人"，而且被授予隆达的标志：裙子和牛皮带。在更远的地方，臣服于卡曾贝的酋长只要进贡就能保留他们的权威，有的人还成为"荣誉隆达人"。无论是隆达人，还是非隆达人，各级掌权者都是由恒定的血缘关系联系在一起。卡曾贝王国没有常备军，一旦遇到战事，总督和卡曾贝本人便会召集起许多军队。[②]

卡曾贝王国地域辽阔，保持着高度的统一。其中一个显著的特点就是卡曾贝王国境内的各族群人保留着多样性，而且他们能够团结共存。各族群统一在卡曾贝的王权之下，王国也尊重他们之间的差异。本质上讲，卡曾贝王国是一个靠对外征服建立的王国，入侵的隆达人将奔巴语作为他们属民的语言，而隆达语仍然作为法庭语言，隆达人本身也划分成了许多小的群体，享有一定特权。将隆达人的荣誉授予地位重要的属民，这是一个英明之举，而且更加证明隆达人是真正的统治者。此外，这个隆正人统治的王国管辖着许多不用文化和政治传统的族群——不仅包括布韦里尔人和西拉人，还包括奥什人（Aushi）、奇辛加人（Chishinga）、穆库鲁人（Mukulu）和奔巴人的一些群体。[③] 在王国腹地，存在着捕鱼权和狩猎权的争夺，各族群的不同氏族、部落都想占有那些具有特殊用途的土地，借此获得国王的荣誉和支持。同时，这些附属的群体从未在整体上成为隆达人，那些从高原地区迁徙来的族群还保持着一种原来部落的归属感，这就是卡曾贝王国的特殊之处。正是这些"和而不同"使各族群对本族历史传统的重视，王国提供的共同意识和族群认同都很重要。于是，卡曾贝王国

① Andrew Roberts, *A History of Zambia*, London, Nairobi, Ibadan, Lusaka：Heinemann Educational Books Ltd. , 1976, p. 95.

② See Giacomo Macola, *The Kingdom of Kazembe：History and Politics in North-Eastern Zambia and Katanga to 1950*, Munster, Hamburg and Londn：Lit Verlag, 2002.

③ Andrew Roberts, *A History of Zambia*, London, Nairobi, Ibadan, Lusaka：Heinemann Educational Books Ltd. , 1976, p. 96.

的酋长制度成为王国内各族群团结共处的纽带，而酋长制度的传统职能也延续下来，成为当今赞比亚社会各族群团结的传统文化载体。

五 洛兹王国的酋长制度

赞比西河上游的洛兹王国与卡曾贝王国有很大不同之处。两个王国都是在经济相对发达、人口密集的大河流域兴起，而且都建立了古代的帝国统治结构。但是卡曾贝王国的根源在隆达王国，而洛兹王国几乎与隆达王国没有什么关联。尽管洛兹人的传统与姆瓦塔·亚姆沃早期有一丝联系，但是洛兹的王权与卢瓦勒的酋长制度一样，是北方的族群向南迁徙的结果。17 世纪后半叶的某个时候，有记载的第一位国王定居在卡拉博（Kalabo），那里说卢亚纳（Luyana）语的土著人有一个为他们崇敬的至高神恩亚姆比（Nyambi）树立的神坛。① 而这种至高神崇拜融入了对王权的崇拜，这位国王成为第一个被广泛认可的恩亚姆比的传人。

赞比西河上游的洪水在赞比亚西部贫瘠的土地上冲积出一片沃土，对洛兹王国的经济和政治具有较大的影响。在旱季，河水水位低的时候，这片平原适宜放养牲畜，还有相当丰富的冲积土壤用于耕种，平原的边远地带也有许多条件很不错的地方。与周围森林地区分散居住的人群相比，平原地区人口稠密，而且生活稳定。在这片平原内，人们年复一年地耕种着同一块土地：当他们因洪水到来而迁走时，他们只是在永久居住地的边缘和平原上做一年一度的迁徙。当雨季临近结束而洪水水位上涨时，平原地区的定居点全都变成了岛屿，他们不得不暂时迁离。在平原的中部，这种撤离（"库姆布卡"Kuombuka）行动由国王本人亲自率领，各类船只穿越泛滥后的平原地带到东部的"冬都"。这一季节性迁徙的传统逐渐演变为后来洛兹族大酋长的传统仪式——库姆布卡。

在洛兹王国的早期，洪水泛滥的平原主要由国王的亲戚管辖，到了 18 世纪，这里已经由王国的封疆大吏来统辖了。这种统治方式在非洲任何地方都是非同寻常的，土地被当作支撑庞大族群生活的财富，对土地控制权的争夺出现了，土地像牲畜一样也被当作"政治宠物"。国王是土地的监

---

① See Mutumba Mainga, *Bulozi under the Luyana Kings：Political Evolution and State Formation in Pre-Colonial Zambia*，London：Longman，1973.

护者，通过在平原上分配地产而建立起一支官僚队伍，这些地产不是给个人，而是分给他们掌握的职位，他们一旦失势，土地和职位都会失去。这样，洛兹国王就可以根据个人品质和能力选拔地方官员，而不是根据出身来任命官员。这样就能使王国拥有强大的实力去应对王国内外的敌对力量。

洛兹王国的官员被分为三个等级。第一个等级是国王家族出身的官员，他们负责礼仪之事，类似于其他非洲地区都城的朝臣，有具体的职责，如贡品的存储和王家游船和独木舟的制造。第二个等级是封疆大吏，他们主要充当法官。第三个等级是马科洛洛酋长，每位酋长管辖这一部分人，他们负责招募军队，收集贡品和招募劳工。[①]各类官员都隶属于大的中央委员会（central council），经常在都城不定期地开会。由于王国地域广阔，各地官员不能经常来参加会议，所以大部分重大事项就由上级官员通过两个内部委员会来讨论了。在恩甘贝拉（Ngambela，"首相"之意）的领导下，高级委员会成员与国王定期举行会议。重大的政治决定通常反映出国王本人与他任命的各级官员之间的妥协。王族家庭成员与国王不同，他们的权力很小。如果王子和公主在宫廷里密谋造反，他们会被剥夺政治职位。这里有一个例外，第六位国王恩古巴拉（Ngombala）建了一个"南都"，由国王的一个儿子或者女儿行使权力。一定程度上讲，这里会成为反对力量聚集地，但是大量的财政补贴仍然能够让他们保持与北方宫廷的联系。

洛兹王国的中央集权已经到了相当高的程度。洪泛区的居民生活在中央集权的政治经济体系中，他们的命运与王国都城的政治息息相关。王国居民产生了强烈的同一族群意识，逐渐形成了赞比亚西部的一个强大族群——洛兹族。但是，洛兹王国并没有把自己局限在洪泛区及其边缘地带。在18世纪中叶，在第六位国王恩古巴拉的率领下，洛兹王国征服了周围散居、组织化程度较低的相邻族群，例如西部的恩布库束人（Nbukushur）、东南部的苏比亚人（Subiya）和托卡人（Toka）。征服的目的是让生活在林区的人定期纳贡，以强化他们对王国的归附意识。酋长领地还保留着一定程度的独立性，征收贡赋的职责由洛兹族官

① Andrew Roberts, *A History of Zambia*, London, Nairobi, Ibadan, Lusaka: Heinemann Educational Books Ltd., 1976, p. 97.

员负责并分摊到各附属酋长的领地。通过这种中央集权和地方分权的方式，洛兹王国形成了一种"帝王体制"：在王国腹地洛兹人生活的地区实行高度集权的统治，而周围附属族群生活的地区实行宽松的管理，如姆奔达人（Mbenda）、克万戈瓦人（Kwangwa）和托特拉人（Totela）。[①]

起初，洛兹王国强盛时期进行的对外扩张，中央集权得到巩固，同时依靠实施酋长制度维护着地方上的管理。而到了后期，随着洛兹王国力量的衰微，中央集权的王权逐渐将权力让渡给各地的酋长。例如，第七位国王约布亚（Yubya）因奢侈无度而声名狼藉：他的妻子常常在牛奶中沐浴。国王的挥霍无度，权力越来越大的洛兹官员都心知肚明，许多人在平原区广置地产，他们也想分享王室收来的贡赋，而不是依靠国王心血来潮的点滴赏赐。约布亚被迫允许他的官员可以保留一部分他们自己收来的贡赋。到了 18 世纪末，第十位国王穆兰布瓦（Mulanbwa）作出了更大的让步，他将一些司法和经济特权赋予高级酋长。而且官员把执行国王的意志视为执行自己的意志。为了降低这种不良影响，穆兰布瓦去寻求某些附属族群的支持，特别是姆本达。这不可避免地在王国内洛兹人和非洛兹人之间制造了新的敌意和紧张，这些紧张造成了 19 世纪洛兹王国内部的混乱。可见，洛兹王国国王的最高权力和地位不是绝对的，各级酋长的权力和职能共同构成了酋长制度的基石。随着洛兹王国王权的衰微，各地酋长的权力和地位逐渐取而代之，巩固了酋长制度洛兹王国疆域内社会管理的制度性框架。

第三节　酋长的至高地位与权力

传统社会中，赞比亚的酋长制度是一种具有等级特征的社会管理制度。各个部落、族群都由各等级的酋长来进行管理，一些基层的酋长不过是村里的头人，而权力最高的还被称为国王，他们被认为是酋长等级体系

[①] Andrew Roberts, *A History of Zambia*, London, Nairobi, Ibadan, Lusaka：Heinemann Educational Books Ltd. , 1976, p. 98.

中的高级统治者。赞比亚传统社会的酋长制度还没有发展成为成熟的君主制度，这既与历史上赞比亚生产力发展水平长期低下有关，又与黑人传统文化中的传统宗教因素有关。在酋长职位的获取方面，一些酋长是因继承而获得酋长地位，而另一些酋长是根据某种规定被选举担任的，或者仅仅因为个人的优秀品质而被选为酋长。马克斯·韦伯在《经济与社会》一书中说："在早期历史上，王的前驱——酋长——往往都担负着双重职能：他是家族或氏族的家长，但也是狩猎或战争的超凡魅力领袖、巫师、求雨法师、巫医——因而就是祭司兼医师，最后，他还是一个仲裁人。凡此种种超凡魅力，往往都是有一个专门的体现者。平时的酋长（氏族头领），其权力来源于家政，他主要承担经济职能，仅次于他的则是狩猎与战争领袖。"[①] 在殖民主义到来之前的非洲传统社会里，酋长是祭司和法术师，是统治者和立法者，是战争的指挥者和财富的赐予者，集政治、经济、军事、宗教等大权于一身，他还是祖先和神灵的代表，拥有至高地位和神圣权力。但是，酋长并不是专制的君王，没有绝对的、不受制约和监督的权力，酋长制度和酋长职位给他带来了特权，也带来了责任。而与古代许多地区的封建君主不同的是，酋长的至高地位和权力并不是无边无际的，更不能随心所欲地生杀予夺，而是要受到本部落或族群人的监督和制约。因此酋长的地位和权力不是绝对的，他有可能被赶下宝座，这也是赞比亚酋长制度沿袭到今天仍保留的一个特点。

一　酋长的宗教神权

对神圣王权的信仰是以宗教的早期形式出现的。霍卡特认为，"有一种神性环绕着国王"，也许没有神圣的国王就根本不会有任何神。公元前3000 年以前，古代两河流域的城邦之王就自称神的后裔，人民把他们视为神遣的救星。在古埃及，国王是神的儿子或者神的化身。有一种理论认为，这些"太阳的孩子"是靠自称拥有神圣头衔和具有玄妙的知识来确立其统治的。因此，在非洲许多地方人民对国王或酋长的敬畏带有宗教意

---

① 　马克斯·韦伯：《经济与社会》第 2 卷下册，阎克文译，上海世纪出版集团、上海人民出版社
2010 年版，第 1296 页。

味，就不足为奇了。① 非洲传统宗教信仰众多神灵，非洲人都相信祖先的神灵是永生不灭的，他们尊敬已故的祖先，而酋长被认为是祖先神灵在现世的代表，所以酋长被认为是具有神灵性质的人物。人们像尊敬祖先一样尊敬自己的酋长，他们对酋长的尊敬包含着与神灵之间的联系。非洲人信仰的精神力量之间的关系，可以恰当地用一个三角形来表示。三角形的顶点是象征至高神的天，世间万物皆源于他，最后还要回归于他。三角形的一边是祖先，已故国王和酋长是祖先的领袖；另一边是众神，或自然力。三角形的底边是地，有时被人格化为女神。在人类生活的地面上，酋长和国王是通天的梯级。② 在赞比亚历史上，各族群盛行祖先崇拜，酋长身上笼罩着宗教神权的光环，他们被认为是具有神性的，承担着神与人之间沟通的职能。

绝大多数班图人崇拜祖先神灵，每个家庭和同宗群体均崇拜自己的祖先，家长或头人则主持祭仪，这就是班图人的敬祖观。一般情况下，主持献祭的人是村中最年长者或者酋长，他们作为祖先在阳世最有资格的代表承担这一职责。酋长也是属民的祭司，因为他是神圣的人物，是代表部落或族群与祖先打交道的人。酋长在权力等级中仅次于祖先，是世人与祖先灵魂之间的天然纽带。不过，酋长可以找一个神职人员做助手，他负责在举行仪式、事务管理、技术问题等方面指导酋长。在一些重大的部落活动中，酋长往往代表所有的成员祈祷自己的祖灵，人们膜拜祖灵以保证活着的子孙平安无事。此外，一个地位重要的酋长死亡可能导致他所统辖的地区四分五裂。尽管酋长职位继承方面有一些摄政方式，但是酋长职位继承的争夺在传统社会里司空见惯，甚至因职位继承爆发战争，有的战争还会延续很长时间。酋长职位空缺期间，酋长所在的"都城"会有一段群龙无首的混乱时期，在这个时期里法律和命令暂停实施，这更加突出了酋长存在对于部落和族群的必要性。另外，酋长死后的葬礼要比普通人复杂，在酋长的葬礼上可能杀人殉葬，酋长死后埋葬在王室墓地或圣林里。

神性是酋长职位与生俱来的特性。非洲传统宗教实际上并不存在宗教与世俗之间的明显分界线，物质和精神是交织在一起的，物质恰似载精神

---

① 参见帕林德《非洲传统宗教》，张治强译，商务印书馆 1999 年版，第 71 页。
② 同上书，第 22 页。

之车，现世与来世之间仅隔着"一条狭窄的冥河"。[①] 酋长的职位不能被中央和地方官员取代，因为他的身上还笼罩着神性，而这种神性不受酋长人员变动的影响。如果中央政权任命一个不合格的人担任酋长职务，属民会提出反对，或者以隐秘的借口反对。例如，他们会说："不能叫这样的人当酋长，否则我们的土地将寸草不生，女人不再怀孕，老天不再下雨，所有的人都会断子绝孙。"对非洲之外的世界来说，这似乎是不可思议的，而非洲人会认为这是彻底搅乱社会秩序的直接后果。"反常的行为招来反常的灾难"。[②] 同时，人们普遍相信，酋长的健康身体和完美德行与本族群以及本王国或酋邦的繁荣昌盛之间存在着一种神秘的、默契的关联。自然灾害往往成为人民奋起反抗或废黜酋长的充分理由。[③]

赞比亚东方省与马拉维接壤，契瓦族在这里跨国界而居，皮里是契瓦族中比较普遍的姓氏，"马拉维"就是契瓦语的"火焰"之意。契瓦人与火关系密切，火在契瓦人的生产劳动、日常生活和宗教仪式以及政治管理都发挥着重要作用。契瓦人主要从事畜牧业和农业，在旱季经常进行狩猎，为了猎获更多的动物，他们常常放火烧林。在雨季契瓦人主要从事农业，在旱季行将结束时，人们要烧荒以便耕种。火与人的成长、死亡也有关系。进入青春期的人和死人的茅屋及其所用之物都要烧掉；同时还要举行化装神鬼戏仪式，之后要放火烧掉面具。在契瓦人神话里，只有酋长才能守护火并要使火永不熄灭。酋长只有在火神庙中才具有守护火的神圣力量，才会得到人们的尊敬和服从。酋长在火神庙中分发的芦苇草垫是生育力的象征，女孩子在青春期仪式结束时得不到它就不能生育。酋长去世，火也就熄灭了。圣火一灭，部落便有可能处于混乱状态。只有当新酋长即位并回到火神庙后，火才重新点燃，部落和族群便会恢复正常状态。火还是已死酋长的灵魂具有能力的象征。旱季结束时，人们在草地丛林放火，产生的浓烟与已死酋长的灵魂一起升天，烟云因灵魂的存在而化为雨云。如果需要雨，就要由酋长率领属民向已死酋长的灵魂祈求。例如，在布恩

① 帕林德：《非洲传统宗教》，张治强译，商务印书馆1999年版，第24页。
② 同上书，第28页。
③ 参见李安山《阿散蒂王权的形成、演变及其特点》，载施治生、刘欣如主编《古代王权与专制主义》，中国社会科学出版社1993年版，第183页。

达山上的契瓦人神庙，当地酋长每年9月都要上山放火"求雨"。①

总之，酋长拥有的宗教神权带有神圣性，这种神圣性直接与神灵崇拜联系在一起。祖先是人与神的中介，而酋长则是沟通人与祖先联系的渠道。各种宗教仪式（特别是求雨和祭祀祖先的仪式）使酋长职位的神圣性得到确认和强化。

二　酋长的政治军事权力

酋长的职位具有神圣性，他不仅是宗教首领或大祭司，更是军事统帅和政治领袖。酋长作为本部落、族群的领导者，在所属部落长老的协助下维护习惯法和本地传统、惩罚犯罪、保护属民不受敌人侵犯，那些处于更高地位的酋长还要负责繁重的行政管理事务。所有的酋长都负责征收贡赋，包括劳动力、猎物、粮食作物、鹿和当地的手工艺品。这通常使酋长往往比其属民生活得舒适，但是酋长也要善待自己的属民。非洲的酋长制度不同于欧洲和亚洲古代的君主专制制度，酋长也不同于传统社会的君主，他们没有"朕即国家"的观念，他的至高地位和神圣权力要为本部落和族群服务，酋长更像是一个为本部落、族群所有属民服务的"公务员"。他们要满足外来人的需要，也要迎合那些不能自食其力的属民的需要；他们保管着储备粮以应对饥荒时的需要，一个酋长接受贡赋往往会返还某些东西作为回报，这种"相互的"交换是分配稀缺物品（如盐、铁器和外来布匹）的最重要的方式之一。在赞比亚传统社会，奔巴王国之所以能保持统一，就是因为人民十分信任国王的权力。奔巴王国所有的地方酋长都是由国王家族的王公担任的，他们根据家族辈分可以从一个酋长职位调到另一个酋长职位。②

传统社会时期，在部落迁徙的过程中，各部落之间的杀伐征战经常发生，这既是维持本部落生存的需要，也是酋长维护自身地位的重要途径。在部落间的杀伐征战过程中，酋长是部落武装力量的统帅，掌握着军事指挥大权。恩戈尼人（Ngoni）是以征战闻名赞比亚的族群。1825年，恩戈

---

① 参见何芳川、宁骚主编《非洲通史·古代卷》，华东师范大学出版社1995年版，第376—377页。在原文中，作者将契瓦人称为"菲里人"（Phiri）和马拉维人。
② 参见奥德丽·艾·理查兹《东非酋长》，商务印书馆1992年版，第365页。

尼人的两大首领索尚加内（Soshangane）和兹旺根达巴（Zwangendaba）发生内讧，索尚加内击败兹旺根达巴，自立为国王，建立加扎王国（Gaza Kingdom），其属民后来改称尚加纳人（Shangana）。兹旺根达巴率部北逃，于 1835 年建立了恩戈尼王国。① 同年，1000 多名恩戈尼人在酋长兹旺根达巴的率领下，在赞比西河与卢安瓜河汇合处附近渡过赞比西河，长驱北上，横扫恩森加人（Nsenga）和塞瓦人（Sewa）生活的地区，所到之处网罗了许多归顺者。赞比西河流域原住民的生活秩序陷入了混乱，纷纷四散而逃，从赞比西河到坦噶尼喀湖北岸一带的人，在此后的 20 年中都对恩戈尼人的入侵心生畏惧。1845 年，恩戈尼人的势力已经到达马拉维湖的北端。兹旺根达巴死后，他的一个儿子姆佩泽尼（Mpezeni）酋长率领恩戈尼人横扫今赞比亚东部和马拉维一带，袭击马拉维湖沿岸的通加人，并与通布卡人以及生活在恩卡曼加（Nkamanga）的原住民交战，进攻马拉维各族群，甚至西进到奔巴人的地区，与奔巴人交战。恩戈尼人和奔巴人，这两个同样以骁勇善战著称的族群发生了激烈的战争。在姆佩泽尼的率领下，恩戈尼人向高原北部和东部的奔巴人边缘地区和归顺奔巴人的比萨族人进行攻击。此外，他们还攻打塞伦杰地区（Serenje）的拉拉族、今天铜带省的兰巴族，并沿着卡富埃河上游攻打隆吉人（Lungi）。然而，恩戈尼人的扩张并非一帆风顺，在一些地区也进攻受阻。在姆韦鲁湖附近的塔布瓦地区（Tabwa），他们被高级酋长恩萨马（Nsama）击退。② 在东南方，恩戈尼人也遭遇到了契瓦族的坚决抵抗，而奔巴族也在奇蒂姆库卢（Chitimukulu，奔巴族最高级酋长的称谓）奇尔希·切佩拉（Chilhi Chepera）的领导下团结一致驱逐恩戈尼人。奇蒂姆库卢领导的奔巴族在高原上仍然保持了霸权，而姆佩泽尼领导的恩戈尼族在 19 世纪后半期一直是赞比亚东部的强势族群，直到被英国人打败和征服。

恩戈尼人的掠夺和洗劫，破坏了赞比亚东部地区原来的社会秩序。他们对周边族群的军事征服，客观上为后来欧洲人的殖民征服铺平了道路。③ 许多恩戈尼酋长统治的地区互相不关联，而且各地都是由各个杂居在一起的臣服族群所组成。恩戈尼人抓到俘虏后，不是卖掉当奴隶，而是让他们

① 参见《世界政治史年表（1801—1850）》，http：//chowkafat. net/Chron/Chron12c. html。
② Heinrich Brode，*Tippoo*，*Tib*，London：Arnold，1907，p. 30。
③ 参见罗伯特·罗特伯格《热带非洲政治史》，上海人民出版社 1977 年版，第 365 页。

种庄稼或编入军队，新的战士受到与恩戈尼人同样的对待，并有同等机会升到领导职位。恩戈尼人是通过使被征服者依附于征服者而创立起他们的政权的。被征服者往往在数量上超过征服者，恩戈尼战士只得娶臣服族群的女子为妻。这个过程致使恩戈尼人在一定程度上被臣服于他们的族群同化，在赞比西河下游，连恩戈尼人的儿童也说他们非恩戈尼母亲的语言，恩戈尼人的语言反而不通用了，各族群之间的融合得到加强。

三　酋长的司法和经济权力

在赞比亚这片土地上，历史上各族群、部落以简单的农业和畜牧业为生，人们的生活受到神秘的传统宗教、巫术和各种行为准则的约束。除了传统宗教的约束之外，一般每个族群都有一套规定得很清楚的传统习惯法。酋长作为权威的领导者，管理着本地区传统社会的司法事务。酋长在必要时充当法官，根据部落习俗和习惯法作出判决。不过，酋长的权力是至高无上的，既有立法权又有判决权，尽管地方上的首领和头人也有权断案，但是死刑的裁决却在酋长的手里。犯法者要受到酋长法庭的审判，违法行为主要有纵火、斗殴、通奸和谋杀。通奸和谋杀被认为是极其严重的犯罪，处罚非常残酷，执行死刑时用矛刺死、用火烧死或者用水淹死。[1]对于不严重的犯罪，则普遍采用截肢等刑罚，盗窃者可能被砍去一只手，通奸者被挖掉双眼。[2] 屡犯不改者可能被驱逐出本部落，或者作为奴隶被卖给阿拉伯人或奇孔达（Chikunda）人。有时原告可以把犯法者收为家奴，即使这个罪犯是他的邻居。对小偷小摸的行窃，酋长或头人可以罚他们进行赔偿，如孔珠或粮食。[3] 如果有人认为本级酋长的法庭判决不合理，他有权向上级酋长提出上诉。但是，在赞比亚传统社会中，犯罪并不像其他地区那些更发达社会那么普遍，这或许是因为族群、部落传统宗教的神圣威力和酋长所作出的残酷惩罚，使人们习惯于遵纪守法，不敢作奸犯科。

酋长是"人民之父"，人民的福祉在很大程度上取决于酋长。酋长根

---

① W. H. G. Rangeley, *Nyasaland Journal*, No. 3, p. 18, in Richard Seymour Hall, *Zambia*, London: Pall Mall Press, 1965, p. 98.

② Cullen Gouldsbury and H. Sheane, *The Great Plateau of Northern Rhodesia*, London: Arnold, 1911, p. 126.

③ Clement Doke, *The Lambas of Northern Rhodesia*, London: Harrap, 1931, pp. 66 – 67.

据习惯法掌握着土地、牧场和鱼塘的分配权，是本部落土地的监护者，土地由酋长分配给每一个成员。在听取他的至亲及主要下属酋长的建议后，由他自己来对部落的福祉做出决定。首先，酋长有权决定土地或耕或渔，掌握着土地的使用权，他也要关心土地的产出能力，如果雨量太少或者雨季太迟，或者如果庄稼遭遇虫鸟之害，牲畜遭到有害动物的侵袭，酋长就必须代表其属民进行祈愿活动，组织祈祷仪式，向祖先或者其他被认为掌握这片土地权力的神灵提供祭品。有时，酋长的宗教功能更大，一些酋长被认为是"神圣的土王"，他们的身体被认为是整个国家状况的缩影。如果他们病了，或者不能遵守某些传统仪式，犯了禁忌（特别是有关性和火方面），这片土地及其人民就要遭殃。甚至，如果酋长的病不能康复，为了防止即将降临的灾难，酋长就会被勒死。其次，酋长有权调整住宅地和耕地的分布，掌管生产活动，如农耕时节的农业播种，收获季节收取贡品。酋长对自己的助手赏赐牛羊和其他物品以示酬谢，还要负责救济属民中的贫困者，在一些大型公众活动中还要向前来参加的人提供饭食和啤酒。无论遇到什么情况，酋长必须是宽仁大方的，如果不具有这个品质，则很快会失去民心而毫无威望。[1]

在已出现高度集权的洛兹王国，国王利通加（Litonga，洛兹族最高级酋长的称谓）在名义上是土地的最高所有者，但实际上他不能任意剥夺臣民的土地，"不能随便收回已经赐给其臣民使用的土地和鱼塘，除非为了公共事业的需要征用这块土地"，在这种情况下，"国王必须赐予另一块土地以代替被征用的土地"。[2] 酋长作为部落的最高首脑，通常以全体人民代表的身份充当公有土地的保护者、管理者和分配人的角色。族群和部落每个成员有权从公有土地中分得一份耕地，并有权使用公共的牧场、森林、猎场和捕鱼水域，但是他们对分得的土地只有占有权和耕种权，没有所有权，不能转让、出售和继承。

酋长制度对口传文化传统具有很大的影响。因为只有酋长才愿意保存和掌握过去事情的集体记录，无论是真实的还是臆想出来的。与其他统治者一样，他们需要这样的记录来为当前的掌权提供先例，也为他们主导的

① 参见葛公尚、曹枫编译《非洲民族概貌》，中国社会科学院民族研究所世界民族室亚非组，1980 年，第 176—178 页。

② 参见康查克基选编《非洲经济史》第 1 卷《前殖民时期的经济史》，伦敦，1977 年，第 57 页，转引自彭坤元《略论非洲的酋长制度》，《西亚非洲》1997 年第 1 期，第 26 页。

政治体系提供合法性依据。所以，大部分赞比亚的口传文化传统的题材都是酋长的活动：王国的兴起、酋邦的建立、征服战争或者继承权的争夺。这些传统主要在酋长的领地内或周围被保留下来，通常情况下是被官员保留下来，或者被那些已经简单地掌握了这些知识的人保留下来，作为他们在为酋长服务方面作出贡献的例证。

第四节　酋长制度的传统政治文化特征

在非洲历史的发展进程中，传统政治文化的影响根深蒂固，它对非洲各国的影响是十分深远的。在非洲各国的现代化发展进程中，传统政治文化的影响是不容忽视的。酋长制度是非洲传统政治文化的代表，是非洲大陆传统的政治制度，反映了非洲传统社会管理及其权力运作机制。酋长是非洲传统社会中的政治领袖和宗教领袖，管理着大大小小的不同部落，他们的权力和地位也是多种多样的。有的酋长权力比较集中，掌握着对他人的生杀大权；有的酋长则较为民主，公共事务要有多数人或者多数人的代表（议事会、长老）决定，酋长本人不得独断专行。在许多部落和族群，酋长的权力受到属民和长老会议的监督，受到一定的制约，而有的地方酋长的权力无边无际，他可以颐指气使、恣意妄为。由于各地生产力水平和社会发展的差异，酋长制度是极其复杂多样的，不能用一种模式来概括和解释。对于赞比亚来说，情况同样如此，在班图黑人大迁徙过程中，在赞比亚这片土地上生活的各族群、部落、王国也经历了此消彼长、兴衰交替，并且在不断的分化组合中形成了现在 73 个族群共处的局面。赞比亚在成为"北罗得西亚"之前并不是一个统一的地理概念，这里的酋长制度具有多样性，反映了非洲传统政治文化的特征，包括权力基础的神圣性、权力结构的等级性、权力性质的相对性、权力机制的民主性，这些传统的政治文化特征至今仍然在赞比亚社会中有着很大影响。

一　权力基础的神圣性

千百年来，凶险莫测的自然环境使生产力水平低下的非洲各族人民面临着严峻的生存考验。而且，部落之间为争夺生存领地时常兵戎相见，征战讨伐连绵不绝。在这种情况下，"部落、氏族及其制度，都是神圣而不可侵犯的，都是自然所赋予的最高权力，个人在感情、思想和行动上始终是无条件服从的"。① 在非洲人民看来，共同的祖先造就了部落共同体，共同的祖先是形成同一个族群的根据，这个共同的祖先就是神话传说中的英雄始祖，以及那些对共同体有重大贡献的先辈，尤其是部落酋长。在非洲人的传统信仰中，酋长被视为是祖先神灵的使者和化身，他沟通着氏族、部落属民与祖先，并代表祖先统治本氏族、本部落。因此，传统的非洲人对酋长的敬畏是同宗教信仰、特别是同祖先崇拜联系在一起的。这种宗教与政治、神权与政权的结合使酋长手中的权力日益膨胀并最终被推向权力的顶峰，成为凌驾于共同体之上的神圣统治者。宗教信仰赋予权力以神圣的起源，而源于宗教的权力是一种神圣的权力，后者构成了非洲传统社会政治合法性的基础。因此作为最高祭司，酋长是本氏族、部落团结的象征，并通过祭祖的宗教活动和仪式使这种团结得到加强和巩固。

在非洲传统社会，祖先崇拜是与宗法制度联系在一起，并通过祭祀仪礼来表达的。从某种程度上来说，祖先崇拜无非是氏族、部落成员将其对酋长的敬畏之情移植到祖先神灵身上的结果，但其目的还是巩固氏族、部落的团结和强化酋长的地位。在祖先崇拜的祭祀活动中，并非所有氏族、部落成员都有祭祀权。根据非洲传统宇宙观中存在的力量法则，即等级观念及宗法制度中的"长子继承法"原则，只有酋长及其指定或认可的祭司拥有祭祀权。② 因为在非洲人的传统观念中，酋长是"有形世界"中生命力最强大的人，是祖先在阳世最有资格的代表，被视为祖先神灵的使者和化身，他沟通着氏族、部落属民与祖先并代表祖先统治着本氏族、本部落。简而言之，"首领之所以成为首领就在于他是祖先的后裔"。③ 由于酋长具有深刻的宗教特性，因而其至尊地位和权力都是不容置疑的，酋长集政治和宗教的双重身份，体现了政治与宗教或权力与神圣的紧密结合。人们认为，如果酋长权威遭到侵犯，不仅会引起人间混乱而且会使乾坤颠

---

① 恩格斯：《家庭、私有制和国家的起源》，《马克思恩格斯选集》第 4 卷，人民出版社 1995 年版，第 96 页。

② Placied Temples, *La Philosophie Bantoue*, Paris：Présence Africaine, 1949, pp. 43 – 47, 转引自张宏明《多维视野中的非洲政治发展》，社会科学文献出版社 1999 年版，第 188 页。

③ 帕林德：《非洲传统宗教》，张治强译，商务印书馆 1999 年版，第 104 页。

倒：地不产粮，天不下雨，女人不生孩子。

酋长既是氏族、部落的政治首领，也是宗教首领和最高祭司。人们对酋长的敬畏往往是与祖先崇拜联系在一起的，祖先崇拜虽然以鬼魂观念为基础，但仍然是对人的崇拜。神人关系，即祖先与氏族、部落成员特别是酋长的关系是血缘上的同族关系。据此，祖先无非是血亲先辈的神化。这种由氏族、部落成员对酋长的敬畏溯及祖先崇拜；又由祖先崇拜及至膜拜其在阳世的代表——酋长的轮回，遂使酋长被神化并在本氏族、本部落享有神圣不可侵犯的至高权威。因为酋长是"有形世界"生命力最强大的人，是"祖先在阳世最有资格的代表"。[1] 非洲传统宗教在非洲人的精神世界和世俗生活里有着相当的影响力。尽管传统宗教五花八门，但其核心价值是"万物有灵论"。非洲人相信太阳、星辰、风暴、河流、岩石和树木都有自己的生命和性格，即"精神力"或"生命力"。正是传统的宗教信仰赋予非洲传统社会的政治权力以神圣的起源，而源于这种传统宗教信仰的权力则是一种神圣的权力。两者的结合遂构成了非洲传统社会权力的来源和合法性的基础。[2]

二　权力结构的等级性

酋长制度诞生于原始社会末期，氏族制度逐渐瓦解，社会分化逐渐显现。酋长制度的等级特征明显，在非洲的古代王国中，国王就是王国的最高酋长，地方分别由各级大小酋长来统治。作为沟通人民和祖先的使者，酋长持有的权力带有一定的神圣性，但是在世俗层面他们的权力则是从国王或上一级酋长那里获得。在上一级酋长的授权下，下一级酋长可以裁决、收取贡品、发布法令，甚至可以发动战争，他们一般被认为是他的属民及其劳动产品和土地的"主人"，下级酋长以同样的方式从上级酋长那里获得授权，他们再进一步将权力授予村头人。如果王国较小，那么这种授权在国王之下最多三级，有的两级甚至一级可能足够，这样国王可以直接授权给村头人。[3] 酋长或头人对国王或其他大酋长政治依附关系的确认，

①　徐济明、谈世中主编：《当代非洲政治变革》，经济科学出版社 1998 年版，第 250 页。
②　参见张宏明《多维视野中的非洲政治发展》，社会科学文献出版社 1999 年版，第 186—187 页。
③　参见凡西纳《非洲王国之比较》，郑克军译，载中国非洲史研究会编《非洲历史研究》总第 28 期，1997 年 7 月，第 84—85 页。

是以传统仪式进献贡品和宣誓效忠的方式进行的。国王或大酋长接受贡品，就是对于酋长或头人地位和权力的认可，虽然宣誓效忠和进献贡品的经济价值很有限，但其更大的意义在于其象征性，象征着酋长的神圣地位和至高权力，以及酋长制度的等级特征。

各级酋长均拥有政治、经济、军事等权力，其中酋长的经济权力主要表现在对土地的掌管和分配上，而土地的分配具有明显的等级特征。"地产的等级制度像一个地产管理团队：从国王或最高酋长到地区酋长，再到专区酋长，再分到区头人，甚至村庄头人。……它的主要后果是：像公民权给予一种要求土地的权利一样，如果一个人开始使用土地，那么上层地产持有者也可以根据权力要求他效忠。"① 同样，在赋税征收上，上级酋长都要求下级提供贡品、劳动力和各种税目。一般来说，贡品包括食物或各种地方特产，下级酋长一旦收集了贡品，就上交给上级酋长，然后沿着金字塔的结构依次而上，直至拥有最高权力的大酋长或国王。非洲国家独立后，酋长的权力结构仍然带有明显的等级性，赞比亚从上到下依次分为大酋长、高级酋长、地区酋长和村头人，每一个等级的酋长权威和作用仍然有较大差距，酋长制度的等级特征一直延续至今。

历史上，生活在赞比亚西北省姆维尼隆加（Mwinilunga）地区恩德姆布人（Ndembu）的酋长卡农格沙（Kanongesha）是一个强有力的统治者，他控制隆达人和姆布韦拉人（Mbwela）生活的地方。恩德姆布人的政治体制是一个复杂的金字塔式的权威体系，卡农格沙占据着最高位置，其下面依次是高级头人（Senior Headmen）和村头人（Chiefs of the village），高级头人的头衔包括伊克林治（Ikelenge）、姆维尼尼伊兰巴（Mwininyilamba）、恩亚科瑟亚（Nyakaseya）和姆坎噶拉（Mukang'ala）。有时卡农格沙也被称为大酋长，而高级头人被称为小酋长。根据传统习惯，高级头人有权在本地区向下属的头人收取贡品，在其统辖地区猎杀的猎物也要有一部分上交，而且其中的一半还要上交给卡农格沙。高级头人们可以展示某种权力象征，如短剑、带有珠子的王冠、细长的勋章、木琴和镯子。他们也可以主持上诉法庭，开庭审理本地区的上诉案件。他们比村头人有更繁琐复杂的就职仪式，某些头人还给他们贡献"妃子"。他们拥有特殊的药物，在

① 格拉克曼：《土地占有状况：集团和个人的权利》，李安山译，载中国非洲史研究会编《非洲历史研究》1983年第2期（总第12期），第64页。

自己所在的村子里可以不受巫术的制约，他们掌握着许多秘密手法来惩罚那些冒犯他们的人。[①]

三　权力性质的相对性

非洲传统社会的酋长制度属于传统一元集权制政治体制，远未发展到现代性质的多元分权结构。在这种政治制度下，酋邦、王国等政治实体的权力是统一的，并未明晰地分解为行政、立法、司法等各个部门，政治权力集中控制在国王或酋长手中。国王或酋长掌握着起草和发布诏令的立法大权，掌握着处理政治、经济、军事和外交等事务的行政权力，还把持着审理案件、裁决刑罚的司法权力。国王或酋长是权力的主体，他们及其主要公职人员不是通过定期普选产生，而是因为血缘关系世袭，并且往往终身任职。[②] 但是，酋长拥有的这些权力并非绝对和不受限制的。

塞内加尔前总统阿卜杜拉耶·瓦德（Abdoulaye Wade）曾说："我认为，决不能不加反驳地任凭西方流传黑人文化没有自由观，只有长官意志的权力观念。……事实上这个论点是错误的……在权力层面，非洲并没有其他大陆那么多的专制君主。"[③] 对于班图人来说，酋长就是一个慷慨的首领，一个给人民带来福利的人，"当庄稼绝收，他要分发礼物给属民，还要救济挨饿的人。在一个无法长时间储藏食物的社会里，慷慨大方就是真正最好的政策。"[④] 酋长的权力取决于他的个人能力，通过能够确保其宗亲的忠诚和其他属民的拥护。酋长的权力也带有一定的经济性质，酋长经常从事短期的义务劳动，以保证遇到灾害时能够储备一定的余粮。作为一个有权力的领导者，酋长经常收取贡赋，但这最终还要以礼物的形式返还给自己的属民。虽然酋长的地位是至高无上的，掌握着政治、经济、宗教等权力，但这些权力远没有达到专制君主所拥有的绝对和无限权力的程度，其权力性质是相对的，而且权力的实施还受多方面限制，不能和世界

① V. W. Turner, *Schism and Continuity in an African Society: A Study of Ndembu Village Life*, Oxford and Washington, D. C.: Berg, 1996, pp. 323 – 324.

② 参见李保平《传统与现代：非洲文化与政治变迁》，北京大学出版社 2011 年版，第 61 页。

③ 阿卜杜拉耶·瓦德：《非洲之命运》，新华出版社 2008 年版，第 31—32 页。

④ L. H. Gann, *The Birth of a Plural Society: The Development of Northern Rhodesia under the British South Africa Company 1894 – 1914*, Manchester: Manchester University Press, 1958, p. 3.

其他地区的专制君主相比。

虽然酋长的权力日益扩大，地位日渐上升，但在传统社会的历史条件下，酋长的角色更像是其所在的村庄、部落或族群的"秘书长"和军事指挥官，负责召集部落会议或长老会，指挥军事行动。首先，酋长的权力受习惯法的约束，必须遵循祖先流传下来的传统习惯和行为规范行使权力，对本地区或部落进行统治，若违反传统习惯自行其是、独断专行，便被认为是逾越法度，人们可以通过类似长老理事会的机构对酋长进行处罚，甚至罢黜他。因此，"依法行政"是酋长权力的特点，这就限制了酋长权力的无限膨胀。其次，酋长权力在不同程度上受到与其同时并存的公民大会、贵族会议或元老院之类的权力机构以及宗教的制约。再次，酋长与其所在的政治共同体成员的关系，虽然在政治、经济和社会地位上存在着明显的差别，但由于尚未完全形成上下级附属关系，因而在法理上还或多或少地带有平等的意味。① 赞比亚传统社会的生产力不发达，酋长在经济上虽然很富有，但是没有庞大的财产，税收还没有制度化，酋长所掌管的国家机器尚不完备，没有一套政治管理体系及其机构，军事上也没有常备军，全体属民"平时为民、战时为兵"。因此，酋长的地位与权力不仅受制度本身的限制，也受当时社会条件的制约，没有发展成为拥有绝对权力的君主。

四　权力机制的民主性

在殖民主义到来之前，氏族、部落、部落联盟等血缘共同体是非洲主要的社会组织形式，这些原生形态和次生形态的血缘共同体也是非洲普遍的和基本的政治单位。在早期的黑人传统社会里，部落成员权利平等，往往没有固定首领，一切事情在全体氏族、部落成员中协调解决，年高德劭的长者起到一定的调解、仲裁作用，权力运行机制带有氏族社会和部落组织的平等原则和原始民主色彩。在传统社会发展过程中，部落议事会或长老会成为议事机构和最高权力机构，酋长的地位和作用也凸显出来，他们指挥军事行动，负责召集部落会议，为属民的政治、经济利益服务。但酋

---

① 参见施治生、刘欣如主编《古代王权与专制主义》，中国社会科学出版社1993年版，第3—4页。

长的权力是受到制约的，重大问题的决策权在部落会议或长老会，酋长只是这些决议的执行者和属民利益的代言人。

19世纪后半叶，西非民族主义先驱爱德华·布莱登认为，非洲传统社会的基础是社会主义的，在传统社会中，土地、水源等财富为村社所有，强调集体主义原则和合作互助精神，有公正民主的管理系统，不存在剥削现象，没有互相对立的社会集团。几内亚首任总统塞古·杜尔认为："非洲从本质上来说是个村社共同体，我们的社会联合、社会利益优于个人利益的观念，共同的责任感，规定并支配村落生活的真正的民主主义传统——所有这些都构成了我们社会生活的基础。"[1] 塞内加尔首任总统桑戈尔说："我们非洲社会是一个无阶级的社会……是一个以公社为基础的社会。其等级制度（权力）是建立在精神和民主价值之上的，是建立在长子继承制和选举之上的。在这样的社会里，所有各种决定都要在请示祖先神灵后拿到议事会上进行讨论。"[2] 在这样的传统社会里，酋长的角色更像一个部落议事会协商决定的实施者，而不是一个拥有绝对权力的专权者。酋长在几个可信赖的参事和各个地方的首领组成的"领导班子"协助下行使权力，酋长遇有重大事项还需与部落中广大成员"集体协商"。在部落会议上，属民可以就共同体的大小事务展开讨论，大家可以畅所欲言，讨论没有时间限制，直到最终达成一致意见为止。由于非洲各地天气炎热，人们喜欢在户外进行公共活动，枝繁叶茂的大树下是举行部落会议的理想场所，故这种政治参与和决策方式被称作"大树下的民主"。[3] 这一传统政治文化特色在现代非洲社会仍然被保留下来。

---

[1] 《几内亚民主党争取民族解放的政治行动》，《塞古·杜尔文集》第3卷，第69页，转引自李保平《非洲传统文化与现代化》，北京大学出版社1997年版，第190页。

[2] 桑戈尔：《非洲社会主义》，美国非洲文化研究学会1959年版，第32页，转引自李保平《非洲传统文化与现代化》，北京大学出版社1997年版，第190页。

[3] 参见李保平《传统与现代：非洲文化与政治变迁》，北京大学出版社2011年版，第59页。

第二章　殖民主义时期赞比亚的酋长制度

　　殖民主义给非洲历史发展带来了重大的影响，它改变了非洲历史发展的进程，把非洲带入现代资本主义世界体系。15世纪初，西欧殖民列强开始染指非洲大陆。在随后的几个世纪内，葡萄牙、西班牙、荷兰等殖民强国相继占领非洲大陆沿海地区及附近一些岛屿，从事贩卖黑奴和掠夺当地财富的活动。赞比亚地处非洲内陆，17世纪起葡萄牙人开始涉足赞比亚的土地，打破了当地千百年来的对外隔绝状态。18世纪60年代后，以英国工业革命为开端的科技革命及其成果在西欧各国扩展，机器大工业逐步代替了工场手工业，大机器生产逐步代替了手工劳动，资本主义进入自由竞争阶段。19世纪英国殖民者随着探险活动来到赞比亚，英国南非公司逐渐确立了在赞比亚的殖民统治。到19世纪末，世界资本主义从自由竞争过渡到垄断资本主义阶段，西欧列强对殖民地的争夺也日趋激烈，以1884—1885年柏林会议为标志，列强掀起了瓜分非洲的狂潮。到20世纪初，非洲已经被瓜分完毕，列强通过征服、"有效占领"，在非洲各地建立了殖民统治。1924年英国政府也取代英国南非公司，确立了在赞比亚的殖民统治，称其为"北罗得西亚保护地"。随着欧洲殖民者的到来和英国殖民统治的确立，打破了赞比亚这片土地传统的政治结构和社会生活，传统的酋长制度受到很大的冲击。然而，英国在赞比亚实行的"间接统治"制度，并没有废除酋长制度，而是通过限制、利用和改造，将酋长制度完整地保留了下来并为殖民统治服务。而酋长们对殖民主义的反抗失败后，被迫接受了英国的殖民统治。在20世纪五六十年代非洲民族解放运动的浪潮中，赞比亚许多酋长加入由民族主义者领导的独立运动，为赞比亚的独立作出了应有的贡献。

第一节　早期殖民影响下的赞比亚酋长制度

赞比亚地处中非内陆，由于受地理和交通条件的限制，在殖民主义到来之前受到的外部影响较小。16 世纪以前，赞比亚间接地受到了在东非沿海活动的阿拉伯人的影响。从 16 世纪初葡萄牙人来到非洲至 19 世纪末英国殖民统治确立的近 400 年间，葡萄牙人和英国人在非洲各地主要从事商品贸易、传教、开矿和奴隶贸易等活动。在赞比亚开拓殖民地的种种活动中，某些地区由于殖民者的劫掠和贩卖黑奴，土著人的生活陷入混乱状态，但还没有从根本上动摇班图人传统的社会基础，他们大都仍然过着祖辈沿袭下来的生活。酋长制度也是如此，尽管近 400 年的时间里不断有葡萄牙人和英国人纷至沓来，但是没有动摇酋长制度这一传统制度。

一　早期阿拉伯人和葡萄牙人的贸易活动对酋长制度的影响

尽管赞比亚地处南部非洲的内陆，但很早就通过赞比西河与东非沿海有了贸易往来。随着阿拉伯帝国的兴起，阿拉伯商人逐渐控制了东非沿海的商埠，甚至沿着赞比西河深入内地。考古发掘表明，大约从 9 世纪后，这里就同东非沿海，主要是和阿拉伯人发展起了贸易。[①] 古代赞比西河流域盛产黄金，公元 10 世纪以后，阿拉伯作家已经有关于赞比西河口及其附近地区输出黄金的报道。通过对今卡里巴水坝下游约 30 英里处的伊贡比伊莱代（Ingombe Ilede）遗址的发掘，证实这里是产金区西部的贸易前哨站，这里可能跟赞比西河以北进行象牙和铜的贸易，跟高原的西南方进行黄金贸易。[②] 其中部分黄金和其他商品向东顺赞比西河而下出海，许多商品如玻璃珠、海贝、印度纺织品等从东海岸输入，赞比西河成为重要的

---

① D. N. Beach, *The Shaona and Zimbabwe 900 – 1850*, London, 1980, p. 37.
② Ibid. , pp. 48 – 49.

贸易通道，12—13世纪阿拉伯商人寻找黄金至少已深入到太特。① 赞比西河流域与东非沿海的黄金贸易、东非沿海城镇的兴起、以大津巴布韦石头城为中心的莫诺莫塔帕（Monomutapa）王国的发展，对赞比西河中游以北地区（今赞比亚）的社会发展起到了推动作用。

葡萄牙人1505年9月在索法拉（Sofala，今莫桑比克沿海商埠）登陆，1506年5月夺取了这个城市，取代阿拉伯人控制了赞比西河黄金水道的这个重要出口。1514年，葡萄牙人首次进入赞比亚的土地。16世纪初，莫诺莫塔帕的统治者积极开通向索法拉的陆上商路，同葡萄牙人直接交往，葡萄牙人开始深入赞比西河内陆。大约1684年，位于赞比西河中游以北的罗兹韦王国（Rozwi Empire，1684—1834）将葡萄牙人驱逐了出去，葡萄牙人回到了赞比西河下游的太特和塞纳。此后，罗兹韦王国把持了赞比西河以南的黄金贸易。葡萄牙人开始向赞比西河北岸寻找新的利益。到1694年，从太特出发的葡萄牙商人到达了伦塞姆瓦河下游、卢安瓜河以西和卡富埃河口，带回象牙、黄金和铜。几年以后，从印度西部葡属殖民地果阿来的商人在卢安瓜河与赞比西河汇流处东侧建立了一个商贸站——宗博，1732年又越过卢安瓜河建立了另一个商贸站——费腊。葡萄牙人通过宗博和费腊的代理商跟罗兹韦王国重开了黄金贸易。从近年来考古遗址发掘得知，葡萄牙人的贸易站在宗博以西的崇圭河和卡富埃河汇入赞比西河的交汇点一带均有分布。从内陆勘察的文字记载可知，葡萄牙人在贸易集市上以布匹、珠子等换取当地人装在小管内的金粉或金块。这种贸易利润很大，有些葡商就定居在这些集市地区。② 葡萄牙人的到来带动了赞比亚各族群的对外贸易。从1780年到1830年洛兹族的利通加（国王）穆兰布瓦（Mlanbuwa）大酋长曾经定期派出独木舟逆赞比西河而上，到卢瓦勒族（Luvale）去采购欧洲人的布匹、陶器和孔珠。③

然而，葡萄牙人越发彰显的侵略行径不断遭到当地人的反抗，双方冲突不断。1836年，葡萄牙人不得不将两个商业据点都放弃了。自16世纪葡萄牙人入侵以来，特别是18世纪以后，东非沿海的黄金贸易急剧下降

① Andrew Roberts，*A History of Zambia*，London：Heinemann Educational Books Ltd.，1976，p. 59.

② 参见郑家馨主编《殖民主义史·非洲卷》，北京大学出版社2000年版，第172页。

③ David Livingstone，*Livingstone's Private Journals*，London：Chatto & Windus；Berkely：University of California Press，1960，p. 41.

了。象牙和奴隶贸易逐渐取代黄金贸易，成为东非沿海贸易的主要内容。①早期阿拉伯人和葡萄牙人的贸易活动，给赞比亚各部落、族群带来了代表先进物质文化的外来商品，酋长也在这些早期的对外贸易中，巩固了自己的权力和地位，使酋长制度的经济地位更加突出。

二 奴隶贸易对酋长制度的影响

在非洲最早进行奴隶贸易的是阿拉伯人。随着阿拉伯帝国的兴起和伊斯兰教的传播，阿拉伯人的足迹已经到达东非。印度洋贸易走向兴盛，除了黄金、象牙、木材等天然产品外，奴隶也被当作商品从非洲东海岸输往阿拉伯、伊朗、印度等地。但是，这个时期东非奴隶贸易的规模不大，尽管每年有1000只航船航行于阿曼和东非之间，但每年从东非运到阿曼的奴隶只有200人。② 黑人奴隶在阿拉伯和伊朗从事劳役、商业、建筑、农业和其他工作，受到较为温和的对待，可以结婚、成家，有的黑人还可以发挥自己的才能，成为神学家、音乐家等。阿拉伯人的奴隶贸易与后来欧洲资本原始积累时期的商品奴隶贸易不可同日而语。

奴隶贸易制度是资本主义原始积累时期资本运动的一种特殊方式。它要求非资本主义社会向它提供大量奴隶制劳动力，而不管采取何种形式和手段。欧洲奴隶贩子的贩奴活动是建立在非洲部落社会原有的奴隶制基础上，他们从当地酋长或奴隶贩子那里去购买奴隶。部落间的战争变为永无休止的掠夺奴隶的战争，战争中失败的一方，会被卖为奴隶。奴隶贸易也促进了部落社会的迅速分化，初步西化的部落酋长成为依赖于外来殖民势力的特殊阶层，同时也出现了一大批依靠贩奴起家的非洲商人。奴隶贸易所及的地区，传统的社会形态开始解体。欧洲殖民主义者在非洲贩卖黑奴的奴隶贸易有400多年的历史，给非洲各地人民带来了巨大的灾难。奴隶贸易波及的地方，一片残破凄凉的景象。在18世纪时期，奴隶已经取代黄金和象牙，成为赞比西河流域所出产的最主要的商品了。"葡萄牙商人和混血商人已带着枪支深入内陆进行劫掠，例如，19世纪著名的奴隶贩子

---

① 参见何芳川、宁骚主编《非洲通史·古代卷》，华东师范大学出版社1995年版，第450页。

② 参见联合国教科文组织召开的专家会议报告和文件《15—19世纪非洲的奴隶贸易》，黎念等译，中国对外翻译出版公司1984年版，第179页。

马塔肯亚就常常在卢安瓜河流域四周的广泛地区劫掠奴隶。"① 19 世纪 30 年代，葡萄牙人在安哥拉和莫桑比克之间横跨内陆连成一片的梦想破灭，直到 19 世纪末，他们与赞比亚人的接触几乎仅通过往返的奴隶贩子来进行。

　　1841 年 3 月，英国著名的旅行家、传教士利文斯顿踏上了南非土地。在向北进行传教的旅行中，他看到了当地盛产的象牙、兽皮等珍贵物品，更看到了由于奴隶贩卖使当地非洲人民蒙受了巨大的苦难。他经利尼扬蒂（今纳米比亚境内）到达塞谢凯（今赞比亚境内），在赞比西河地区沿途传教旅行过程中，他目睹了普遍存在的奴隶贸易的残酷现实，使他"震惊"和"愤慨"。万恶的奴隶贸易已经能够深入非洲内地，马科洛洛部落的酋长把从邻近部落掳掠来的年轻人卖给葡萄牙的奴隶贩子，以交换枪支和欧洲华丽的印花布等物品，葡萄牙奴隶贩子则定期来此交易。仅马科洛洛部落（后并入洛兹族）每年最少向他们提供 200 个奴隶，而奴隶的价格十分低贱，平均每 30 个奴隶才能换到 3 支英国的旧式步枪。② 其他一些的部落酋长也和葡萄牙奴隶贩子勾结在一起，从奴隶贸易中各得其利。

　　在奴隶贸易的影响下，部落间的战争成为"掠奴"战争，导致许多地方人口大量逃亡，大片田地荒芜。1740 年左右，隆达族的国王卡曾贝沿着卢阿普拉河东岸征服当地酋长时，没有遇到什么困难，一个重要的原因就是他手下的人都有火绳枪或燧发枪，而这些枪就是从混血商人那里用奴隶或象牙换来的。到了 19 世纪中期，在恩戈尼人强大的进攻面前，契瓦族大酋长翁迪（Undi）就是用从尊博地区奇孔达奴隶贩子那里得来的燧发枪武装了自己，抵挡住了恩戈尼人的攻势。奔巴族大酋长奇蒂姆库卢认为在卢阿普拉河和卢安瓜河之间抓奴隶是他们的特权，有时他们往南出击远达今天的卡布韦（旧称"布罗肯—希尔"），在伦吉人中抓俘虏卖为奴隶。③ 1855 年起，奔巴族在抵抗恩戈尼族入侵的一系列战斗中逐渐取得胜利，因为奔巴族有很多从阿拉伯人那里用奴隶换来的枪支。

　　奴隶贸易剥夺了非洲最有创造力、适应力和生产力的人力资源——健

---

① 　P. E. N. 廷德尔：《中非史》，上海人民出版社 1976 年版，第 88 页。

② 　David Livingstone, *Missionary Travels and Researches in South Africa*, London：John Murray, 1857, p. 79.

③ 　See Andrew D. Roberts, *A History of the Bemba：Political Growth and Change in North-Eastern Zambia before 1900*, London and Harlow：Longman, 1973.

壮的年轻人，给当地传统生活生产、生活方式带来了消极影响。奴隶贩子还怂恿非洲人用廉价的各种本土产品换购外来商品，导致本地的贸易活动衰落，某些古老技艺失传。非洲过去赖以建立在牢固基础上的一些传统的政治秩序，与新的战争体制相比则居于次要地位了。① 奴隶贸易给非洲传统社会带来的冲击也波及了赞比亚，在外来的冲击面前，为了本部落和族群的生存，酋长制度作为传统的政治制度得到巩固和加强。奴隶贸易客观上加剧了赞比亚各部落、族群之间的杀伐征战，强化了酋长作为土著军事首领的作用，同时他们成为直接受到外来先进技术和文化影响的人，军事权力和地位得到加强。

三　欧洲人内陆探险和传教活动对酋长制度的影响

随着人口的增长、新崛起的强大族群迁入和欧洲殖民者侵入，以及先进工业品和武器（特别是火枪）的引进，各族群、部落之间原先的平衡状态被打破了。1830—1840 年，本土和外来的各种势力在赞比亚的土地上竞相逐鹿，首先是从南方而来的恩戈尼人，他们北迁以寻求新的居住地；其次是从东北桑给巴尔苏丹领地来的阿拉伯人，他们迫切需要奴隶；最后还有英国维多利亚女王时代初期从英格兰伦敦传教会派来的探险家和传教士。这三股力量——非洲人、阿拉伯人、欧洲人——在赞比西河和坦葛尼喀湖之间的这一块没有划界的广阔地区中，纵横捭阖，相互交织，相互影响。② 在纷至沓来的欧洲探险家中，首屈一指的是英国传教士利文斯顿。他通过自己的旅行记载，使神秘的中部非洲成为维多利亚时代英国所关注的一个焦点。

利文斯顿在非洲进行的三次地理考察活动中，都得到了当地酋长和土著居民的欢迎和支持。当他第一次去非洲西海岸旅行时，当地酋长指定他的属下 27 人充当利文斯顿的脚力同他一起出发。利文斯顿的探险活动得到了马科洛洛族酋长塞比图安的支持，同时也得到了沿途其他族群酋长的支持，如 1851 年 6 月 18 日探险队抵达乔贝河时，受到塞比图安下属的一个高级酋长庞万的欢迎，而他是一个洛兹人而不是马科洛洛人。探险队还在

① 参见罗伯特·罗特伯格《热带非洲政治史》，上海人民出版社 1977 年版，第 325 页。
② Richard Seymour Hall, *Zambia*, London：Pall Mall Press, 1965, p. 28.

沿途经过的不少地方受到当地土著人的热情接待，利文斯顿在他的日记里作了详细的记载。例如，在赞比西河上游，当地一位酋长专门为他们的到达举行有一千多人参加的欢迎仪式，临走时送给他们粮食，提供行进的向导。[①] 在赞比亚西部的巴罗策兰地区（现在的西方省），"各村的人民极其慷慨地找到了我们，除了送给我们食用公牛以外，还送给我们奶油、牛奶和食物，多到我们的独木舟都装载不下。"[②] 在渡过赞比西河后，探险队从两个当地酋长姆瓦南瓦里和蒙尼博塔勒那里听到了关于维多利亚瀑布的介绍，利文斯顿从而将这一天然奇观写在日记里介绍给了世人。

利文斯顿死后的 20 年中，许多传教士陆续进入赞比亚。[③] 耶稣会传教士从南方来，许多同伴在传教过程中死去了，剩下来的人在班图—博塔特韦地区定居下来。白神甫教会的教徒在北方博得了一位奔巴族酋长马卡萨的好感，尽管最初有奇蒂姆库卢大酋长的反对，但是他们还是将教会的影响传播到赞比亚高原地区。普利茅斯友爱会在北部和西北部设立了传教站，巴黎传教会的法国新教徒在巴罗策兰的洛兹族中扎下了根，1880 年伦敦传教会在坦噶尼喀湖周围很活跃。当奔巴人和曼布韦人激战的时候，教会的房子成为老百姓躲避袭击的地方。但是奔巴人总是注意避免损坏传教士的东西，而且在攻打一个村庄之前先把白人的财物整齐地堆积起来。[④] 而南方的伊拉人对传教士没有什么好感，他们最初还威胁要杀死任何进入他们领地的欧洲人。很有可能的原因是，伊拉族酋长认为传教团损害了他们的权威，因为基督教徒可以拒绝参加体力劳动、星期日的觐见、一年一度的村庄庆典等传统活动。受过教育的基督教徒可以不再向酋长行大礼，甚至在酋长面前也不必脱鞋。[⑤] 在现在的卢萨卡附近，有一个名叫埃米尔·霍勒布的奥地利传教士和他的妻子罗莎一起遭到伊拉人的包围，他们丢掉了所有的财物才逃了出来，得以存活，而他们的一个伙伴奥斯瓦尔

① 参见陆庭恩《评价戴维·利文斯敦》，载陆庭恩《非洲研究问题论集》，世界知识出版社 2005年版，第 58—59 页。

② David Livingstone, *Missionary Travels and Researches in South Africa：Including a Sketch of Sixteen years' Residence in the Interior of Africa*，London：Ward, Lock and Co., 1857, pp. 214 – 215.

③ 对教会进入赞比亚的简要叙述，见 L. H. Gann, *The Birth of a Plural Society：The Development of Northern Rhodesia Under the British South Africa Company 1894 – 1914*，Manchester：Manchester University Press, 1958, pp. 19 – 43。

④ 参见理查德·霍尔《赞比亚》，史毅祖译，商务印书馆 1973 年版，第 119 页。

⑤ 参见帕林德《非洲传统宗教》，张治强译，商务印书馆 1999 年版，第 154 页。

德·佐尔德则被杀死了。①

综合来看，赞比亚各地对传教士的态度不同，有的欢迎，有的敌视。但是，影响传教活动深入的最大障碍并不是当地人的敌对态度，而是疟疾和黑水热这些热带疾病，19 世纪末有几十个欧洲人在赞比西河北部地区传教时死于这些疾病。正是因为如此，欧洲的传教士使用当地人充当传教士和教师的现象才越来越多。赞比亚的第一批非洲人传教士中有一个人是从尼亚萨兰（今马拉维）利文斯顿尼亚苏格兰教会总部派来的，他就是赞比亚开国总统肯尼思·卡翁达的父亲——戴维·卡翁达。

当地人充当传教士和教师，打破了他们在酋长领导下的传统生活方式，也给传统的酋长制度带来了一定影响。在欧洲人的传教活动中，许多酋长皈依了基督教，成为基督徒，酋长的思想和身份发生了变化。尽管这并没有影响到酋长权力的神圣性和地位的崇高性，但是外来的思想和文化开始波及闭塞的赞比亚传统社会，酋长制度也在外部的影响下逐渐产生了变化。随着殖民统治的建立，传统的酋长制度遭遇到了空前剧烈的冲击，但是英国殖民当局并没有废除这一传统政治制度，而是对其加以限制、利用，使其成为殖民管理体系的一环，为其殖民利益服务。

第二节　英国南非公司统治下的赞比亚酋长制度

英国殖民主义是随着传教活动和内陆探险来到赞比亚这片土地的。19世纪末，在列强瓜分非洲的狂潮中，赞比亚成为英国、葡萄牙、德国、比利时争夺的对象，英国在争夺中逐渐占据了上风。1889 年 10 月 29 日，英国南非公司获得维多利亚女王颁发的皇家特许状，开采林波波河以北的矿产资源。1890 年，英国政府授予英国南非公司在今赞比亚、津巴布韦、马拉维的土地上开采矿产、分配土地和移居白人的全权。实际上，直到 1924 年英国南非公司将殖民管理权移交给英国殖民部之前，英国南非公司在赞比亚就是代表英国政府的殖民管理当局。1890—1924 年，英国南非公司统治赞比亚 30 多年的时间里，通过与酋长签订不平等条约、军事征服等手

① 霍勒布的叙述见 Richard Sampson, *So This Was Lusaakas*, Lusaka, 1960, pp. 6 – 10.

段，瓦解了赞比亚的传统社会生态，逐步建立了殖民统治。同时，将酋长制度保留了下来，成为为殖民利益服务的重要一环。英国南非公司的殖民统治给赞比亚酋长制度带来了前所未有的巨大冲击，主要表现在削弱了酋长的权威和权力、分化了酋长阶层，同时为酋长打开了了解外部世界的窗口。

一　酋长的传统权威被严重侵蚀

英国南非公司来到赞比亚后，对当地酋长软硬兼施，采取欺骗的手段，甚至不惜动用武力，与各地酋长签订了一系列不平等条约，占领了酋长统治下的大片土地，严重侵蚀了酋长的传统权威。为了便于管理，英国南非公司把这里划分为9个省，每一个省由一个地方长官负责，并在此基础上又划分成34个地区，每个地区由一位土著事务专员负责。每个地区包括约250个村庄、1万人口，酋长和头人领到的津贴微不足道，每年只有10先令到10英镑不等。酋长法庭负责解决当地纠纷，并对殖民当局的土著事务专员负责，但是有一个特例，就是巴罗策兰的酋长法庭具有独立的司法权。[①] 巴罗策人就是后来赞比亚的洛兹人，在赞比亚西南部定居已有300多年，19世纪初形成了巴罗策兰王国，兴盛一时。19世纪末，巴罗策兰王国的人口有几十万人，由国王勒万尼卡（Lewanika）进行管理。勒万尼卡与贝专纳兰的卡马酋长和马塔贝莱的洛本古拉酋长都是当时南部非洲的著名人物。

1890年6月27日，英国南非公司的创办者罗得斯派遣代理人洛克纳，诱骗勒万尼卡签订了租让书（Lochner Concession，洛克纳租让书），要求勒万尼卡划给英国南非公司的租让地包括巴罗策兰国家的全部领土和所有附属领地，以及它将来能扩张到的任何地方，而且给予英国南非公司在其全部领土内的矿业独占权和商业独占权。洛克纳租让书使赞比亚西部的大片土地归入英国南非公司的管辖之下，而对勒万尼卡的"回报"仅仅是每年2000英镑的年金。4个月之后，勒万尼卡发现上当受骗，遂向英国南非公司提出强烈抗议，但是已经于事无补。洛克纳租让书签订后，一位曾经做

① Raymond Leslie Buell, *The Native Problem in Africa*, New York：The Macmillan Company, 1928, pp. 237 – 238.

过传教士的英国商人乔治·米德尔顿（George Middleton）指责英国南非公司不过是一家普普通通的采矿公司，洛克纳租让书是对巴罗策兰王国的大出卖。[1] 在他代表勒万尼卡给英国首相索尔兹伯里的信中写道："国王万万没有想到，这个文件竟构成对自己国家全部自然资源的巨大垄断，并把行政、商业和工业权力转让给了一家贸易和商业机构，这就完全违背了国王及其人民的意愿……国王还表示，他本不愿用上述抗议来打扰（索尔兹伯里）勋爵阁下，但是他认为自己被人欺骗了……"这封信还强调指出，"为了微不足道的2000英镑年金，而在永远出卖国家的矿产和资源的协定上签字。他（勒万尼卡）坚决反对这种施展的欺骗手段"。[2] 可见，勒万尼卡国王还没有看清在殖民者面前"人为刀俎，我为鱼肉"的局势，他对英国首相的善意和对英国南非公司的抗议，不可能挽回巴罗策兰王国沦为英国殖民地的命运。

与此同时，罗得斯还派遣他的代表夏普（Sharp）和汤姆森（Thomson）到赞比亚北部活动。夏普采取欺骗手段与一些部落酋长签订租让条约，奔巴族大酋长奇蒂姆库卢因拒绝签约，遭到罗得斯私人军队的进攻。双方的战争持续了4年，最后奇蒂姆库卢战败，不得不屈服于英国南非公司的殖民统治。赞比亚东部的恩戈尼族酋长姆佩泽尼拒绝签订条约，夏普便不顾恩戈尼人的反对，向西跨过卢安瓜河，宣布卢安瓜河以西的地区处在"英国的保护之下"。[3] 接着，夏普转向西北，与他所到之处的酋长签订了条约，其中有一个是塔布瓦族（Tabwa）的酋长恩萨马（Nsama）签订的，恩萨马被荒唐地称为"奔巴族人民和伊塔瓦国（Itawa Country）的大酋长或国王"。[4] 而实际上，真正的奔巴族大酋长奇蒂姆库卢从没有与这些殖民者签订过任何条约。在条约中，恩萨马答应英国南非公司有权"调查、勘探、开发、采掘并占有所有矿产和金属"，有广泛的业务经营范围，包括制造和进口"各种武器和弹药"；有权"进行必要的各种活动，以有

---

[1] James Johnston, *Reality Versus Romance in South Central Africa*, 1893, p.145; and *Coillard's Journal*, June, 1891, in Richard Seymour Hall, *Zumbia*, London: Pall Mall Press, 1965, p.73.

[2] No.245, Correspondence of the Colonial Office Concerning Southern Africa (White Books), p.414, in Richard Seymour Hall, *Zambia*, London: Pall Mall Press, 1965, p.74.

[3] T. W. Baxter, *Occasional Papers of the National Archives of Rhodesia and Nyasaland*, No.1, Salisbury, 1963, p.27. This paper gives texts of some of the treaties.

[4] Ibid., p.29.

助于行使、实施和保护已经取得租让书规定的一切或某一权利、权力"。
而夏普对恩萨马的"回报"中，有一项是给他"英国居民待遇，有一定数
量的英国随从，还有英国警察保护……"紧接着又照搬老一套做法，答应
给恩萨马每年 25 英镑或"相当于这一价值的商品"。这项协议和与其他族
群酋长签订的协定，在措辞方面几乎同洛克纳租让书一模一样，所有这些
可能都来自罗得斯提供的原稿。①

　　夏普同东隆达王国的卡曾贝也达成了类似的协定。② 这个协定与同恩
萨马签订的协议一样，被当作"该国（东隆达）和英国维多利亚女王政府
之间的盟约"。后来卡曾贝国王反对英国南非公司的掠夺行径，率领隆达
人进行反抗，已经升任英属中非专员的夏普派遣军队从尼亚萨兰（今马拉
维）攻打卡曾贝。"他（卡曾贝）几次攻打那些同行政当局妥协的部落，
还向住在卡隆维锡河（Kalungwesi）附近的村民课税，并拒绝让布莱尔·
沃森（Blair Watson）医生进入他的领地，来商讨有关向殖民当局屈服的问
题。……因此，1899 年 10 月由英国官员和锡克人组成的小分队带着发射
七磅重炮弹的大炮到达卡曾贝的驻地……从此在姆维鲁湖地区再也没有产
生过麻烦。"③ 卡曾贝领导的对英国殖民征服的反抗最终失败了，东隆达王
国也屈服于英国的武力之下。1896—1898 年，酋长姆佩泽尼率领恩戈尼人
发动一系列的反抗斗争，反抗夏普的殖民侵略行为。但是与奔巴人和隆达
人的反抗一样，在这场实力悬殊的较量中，骁勇善战的恩戈尼人也不得不
臣服于英国南非公司的殖民统治。

　　罗得斯的另一个代表汤姆森的活动范围在夏普的南面，最远到达了东
部兰巴族酋长姆西利（Msiri）的领地，但是他历尽磨难取得的租让书，却
是一本荒唐的糊涂账。他从没有见过兰巴族最高统治者姆西利酋长，但是
他还是同另外两个"姆西利"订立了协定，一个是所谓的"包西族、伊拉
族和卡温达族地区的大酋长"，另一个是"儿子染上天花而死去的那个酋
长"。汤姆森还搞到十余个条约，其中两个是同所谓的"伊兰巴（Iramba）
的素丹"签订的。这些目不识丁的人，为了获取欧洲人的商品，不惜交出

①　Richard Seymour Hall, *Zambia*, London：Pall Mall Press, 1965, p. 82.

②　T. W. Baxter, *Occasional Papers of the National Archives of Rhodesia and Nyasaland*, No. 1, Salisbury, 1963, pp. 35 – 37.

③　Michael Gelfand, *Northern Rhodesia in the Days of the Charter*, Oxford：Blackwell, 1961, p. 87.

大片土地上的权力。① 现代史学家甘恩写道："无论是汤姆森还是夏普，这两个人都从来没有到过现在的铜带或布罗肯—希尔（今卡布韦）地区的矿藏地带……但是，约翰斯顿却以女王陛下专员的资格，批准了这个国家的矿产权利可以扩大到卡富埃。"② 汤姆森同那些酋长签订了协定之后骄傲地宣称："我们仅仅以微小的代价和将来承担很少的义务，取得了 4 万平方英里土地上的全部政治、贸易和矿产权利。"③

赞比亚的殖民化是借助当地酋长和殖民者英国南非公司之间的不平等条约来实现的。尽管英国南非公司的征服行动遇到了一些酋长的率众抵抗，但由于实力相差悬殊、各地的反抗斗争"各自为政"，反抗斗争纷纷失败。酋长们对殖民统治的臣服，通常是抵抗失败后不得已的被迫选择。通过诱骗签订不平等条约和武力镇压，1901 年赞比亚东北部成为英国殖民下的"被保护地"，即"东北罗得西亚保护地"。不久，以巴罗策兰王国为基础的赞比亚西部也成为"西北罗得西亚保护地"，国王勒万尼卡和各级酋长的权威受到了挑战。英国殖民者成为凌驾于本地酋长之上的殖民统治势力，赞比亚传统社会形态逐渐被打破，酋长的传统权威地位已经威风不再。英国殖民者在酋长臣服后并没有废除酋长制度，而是将酋长制度保留了下来，并将其纳入殖民统治体系中来。

二 酋长的权力被大大削弱

19 世纪的最后 10 年里，英国南非公司在当时被称为"北赞比西亚"的广大地区建立了一些零散的殖民据点。到 1897 年，"北赞比西亚"以卡富埃河为界分为两部分，河西是西北罗得西亚，包括勒万尼卡统治下的巴罗策兰王国；河东是东北罗得西亚，二者均由英国驻开普敦高级专员负责管理。东北罗得西亚的行政长官先后是帕特里克·福布斯（Patrick Forbes）和罗伯特·科德林顿（Robert Codrington），他们在 7 年的时间里建立白人行政管理体系、废除阿拉伯人的奴隶贸易和征服土著酋长。关于征服酋长的策略，约翰斯顿作了简要的说明："尽力挑拨各种各样的土著酋长和阿

① Richard Seymour Hall, *Zambia*, London: Pall Mall Press, 1965, p. 84.

② L. H. Gann, *The Birth of a Plural Society: The Development of Northern Rhodesia Under the British South Africa Company 1894 – 1914*, Manchester: Manchester University Press, 1958, p. 57.

③ A. J. Hanna, *The story of the Rhodesias and Nyasaland*, London: Faber, 1960, p. 115.

拉伯苏丹，使他们各自的利益产生矛盾，鼓动他们彼此敌对（当然，一旦他们之间要进行战争时，就马上出面叫停），用少量的钱资助比较有影响的人物，让他们为英国的利益服务……"① 经过多次战争和谈判之后，东北部的奔巴族投降了，但是东南部的恩戈尼族还在酋长姆佩泽尼的率领下坚持反殖民斗争。1897 年 12 月，英国军队在一位德国商人维泽（Wiese）的配合下，从尼亚萨兰攻入了姆佩泽尼的领地。手持长矛的恩戈尼武士抵御不了机关枪和大炮的进攻，村庄被大片焚毁。1898 年 1 月 25 日，姆佩泽尼所在的城池陷落，率众抵抗的姆佩泽尼的儿子恩辛古被枪杀，姆佩泽尼本人也在投降后被关进了监狱，恩戈尼族的牛群也被作为"战利品"劫走了。1898 年初恩戈尼族曾经有 12000 多头牛，而到 1900 年只剩下不到1250 头牛。② 打败姆佩泽尼后，1900 年英国政府签署条例，将东北罗得西亚的所有土地都划归英国南非公司，公司在东北罗得西亚的最高权力得到正式的权威确认，而姆佩泽尼的对恩戈尼人的统治权力也被英国南非公司剥夺。

与东北罗得西亚 1890 年就已经开始建立殖民行政机构不同，西北罗得西亚的巴罗策兰王国在勒万尼卡的统治下继续维持了长达 10 年之久。尽管英国政府已经于 1891 年将英国南非公司的势力范围扩大到赞比西河以北，但是根据 1890 年洛克纳租让书的条款，南非公司并不享有在巴罗策兰的行政管理权。1895 年，南非公司要求勒万尼卡签订一个新的租让书，这个新租让书将要求勒万尼卡交出行政大权，并取消洛克纳对非法贸易的垄断。同时，授权南非公司管理当局：可以裁决"白人之间或白人与土著人之间"的案件，并可"把伊拉族巴托卡（Batoka）和马舒库伦布韦（Mashukulumbwe）地区的任何一块土地，经国王利通加批准分配给白人耕种"。③ 1900 年 10 月 17 日，勒万尼卡在新租让书上签了字，英国南非公司不仅拥有了更广泛的经济和社会权力，而且拥有了行政管理权，西北罗得西亚的殖民化进一步加深，酋长权力进一步被削弱。当时在场的西北罗

① Richard Seymour Hall, *Zambia*, London: Pall Mall Press, 1965, p. 89.
② 对英国人推翻姆佩泽尼的详细叙述，见 James A. Barnes, *Politics in a Changing Society*, Cape Town and New York: Oxford University Press, 1954, especially pp. 83 – 94。
③ See T. W. Baxter in *Occasional Papers*, Central African Archives, Rhodes-Livingstone Museum, June 1963, pp. 12 – 19, also in Richard Seymour Hall, *Zambia*, London: Pall Mall Press, 1965, p. 93.

得西亚代理官员哈丁写道："勒万尼卡国王感到，条约对他的要求远远超出了他的预料，同时感到其中的几项新条款，不仅大大影响到他作为巴罗策兰大酋长的地位和独立权，而且大大影响巴罗策兰王国未来的命运。"①在随后的几年中，英国南非公司与勒万尼卡又签署了几个租让书，在几个租让书中勒万尼卡的头衔不断被"矮化"。当英属南非公司建立的北罗得西亚殖民当局感觉到自己的统治已经很稳固时，就开始削减勒万尼卡的权力，规定勒万尼卡见到殖民当局高级专员时必须行洛兹人的王室礼，还规定勒万尼卡本人将不再被称为"国王"，因为这使他高居于其他酋长之上，并且与英国国王产生"一种完全不恰当的相似性"。②

在西北罗得西亚殖民化逐渐加深之际，勒万尼卡的传统地位与权力遭到严重侵蚀，其在巴罗策兰王国的下属酋长和附属族群中的传统地位与影响也发生了动摇。1900年，蒙泽酋长（Chief Monze）就公开宣称："既然我们在白人女王的保护之下，为什么我还要向勒万尼卡纳贡呢？"③虽然英国南非公司坚持说勒万尼卡统治着整个西北罗得西亚，但实际上勒万尼卡的权力日益萎缩，后来仅仅局限在巴罗策兰河谷一带。与此同时，白人特别是南非的阿非利卡人，越来越多地移居到西北罗得西亚，他们在巴托卡高原上的卡洛莫和马扎布卡之间获得了土地。1909年的租让书规定勒万尼卡不再被称为"巴罗策兰国王"，被降级为"巴罗策兰国大酋长"，勒万尼卡的权力随着西北罗得西亚殖民化的加深而不断被削弱。

1904—1909年，勒万尼卡丧失了对巴罗策兰本土以外的全部土地的控制，这些土地被英国南非公司转给了白人移民。勒万尼卡的权力被削弱，统治基础日渐动摇，甚至连勒万尼卡死后酋长的继承问题都要受殖民当局操纵。1907年，英国殖民部土著事务秘书沃辛顿（Worthington）就曾发出警告说：如果勒万尼卡因暴力致死，所有白人居民都要到芒古（Mongu，巴罗策兰王国都城，后来赞比亚西方省省会）城堡去，白人的来福枪协会也要去那里待命。即使勒万尼卡自然死亡，他位于利卢伊的住宅也要由巴罗策兰本土警察占领，殖民当局将召见恩甘贝拉（Nganbela，巴罗策兰王国首相职位）并告诉他，任何骚动都将被毫不犹豫地进行镇压。然后殖民

---

① Colin Harding, *Far Bugles*, London：Simpkin Marshall, 1933, p. 97.

② See M. R. Doornbos, *Regalia Galore：The Decline and Collapse of Ankole Kingship*, Nairobi：East African Literature Bureau, 1975.

③ Colin Harding, *In Remotest Barotseland*, London：Hurst & Blackett, 1905, p. 277.

当局将召集国民委员会，选举产生一位新的大酋长。1916年当勒万尼卡去世时，其下属酋长"敢怒不敢言"，只得默认殖民当局的安排。[①] 在英国南非公司对赞比亚的殖民化逐渐加深的过程中，随着酋长权力的不断被削弱，赞比亚各地传统的社会结构逐步瓦解。在所有的族群中，新的形势很快使酋长们在属民心目中的形象不再像以前那么高大了。[②]

三　酋长成为英国殖民利益的工具

19世纪90年代开始，英国南非公司对赞比亚的殖民活动不断深入，酋长们逐渐丧失了他们的大部分权力，英国南非公司派出的土著事务专员掌握了乡村地区的行政和司法大权。尽管英国南非公司通过一系列强加的不平等条约和武力征服，占领了大片酋长的领地，严重削弱了酋长的势力，但是英国南非公司并没有想要废除酋长制度，而是通过与各地酋长签订租让书后，还象征性地给酋长一些"年金"及小恩小惠，继续利用这一传统政治制度，为其在赞比亚的殖民利益服务。英国南非公司在赞比亚30余年的统治期间，为了节省行政开支、压缩殖民地财政预算，不得不利用当地原有的传统政治结构为英国的殖民利益服务。而且，来到这里的白人移民并没有形成当年在美洲那样足以取代土著居民的压倒性规模，相反由于各种原因白人移民始终为数极少，并且几乎全部集中在布罗肯—希尔到利文斯顿的铁路沿线和铜带矿区，不足以取代大多数黑人组成一个白人移民社会。罗得斯在对北罗得西亚两块殖民地的治理政策中已经包含有间接统治的成分，他欺骗性地指出，间接统治是为了逐渐提高土著人参与政治的能力，让他们从处理涉及自身的、当地的小问题开始，从而不断积累经验。[③] 他还说："我们将他们（土著人）置于当地官员的管辖下，并且我们将允许他们掌握他们自己的地方事务。"此外，罗得斯认为应允许土著人拥有地方性的议事机构，其好处是在简单的地方性事务上训练他们的思

① National Archives of Zambia, Northwest Rhodesia, 3/19/40, in Richard Seymour Hall, *Zambia*, London: Pall Mall Press, 1965, pp. 95 – 96.
② Edward Clegg, *Race and Politics: Partnership in the Federation of Rhodesia and Nyasaland*, London: Oxford University Press, 1960, p. 30.
③ Vindex, *Cecil Rhodes: His Political Life and Speeches, 1891 – 1900*, London: Chapman and Hall, 1900, p. 374.

维和脑力，从而不断提升他们未来的参政能力。① 罗得斯的这一思想，也为英国南非公司保留传统的酋长制度提供了理论依据。

于是，在采取政治和军事手段征服当地土著人之后，英国殖民当局保留了当地传统的酋长制度，利用酋长为其殖民利益服务。"逐渐逐渐地，酋长们被用之于行政部门，大部分作为政府的事务人员：征收捐税、汇报犯罪和疾病情况、捉拿罪犯、张贴布告，普遍地使土著人循规蹈矩。政府根据酋长部下的人数和本人的品质，发放津贴。"② 巴罗策兰国王勒万尼卡一直想寻求英国女王的"保护"，洛克纳租让书的签订，并不是如勒万尼卡所希望的"同女王陛下政府友好和政治优厚的条约③"，而是以丧失大量主权的代价换取了所谓的"保护"，而自己和属下的各级酋长也成为英国南非公司在西北罗得西亚殖民利益的工具。1890 年洛克纳租让书签订之后，洛克纳 9 月 8 日在赴金伯利途中发给英国南非公司的电报中说："勒万尼卡，他的酋长们和国家，已在全体国民大会上表示接受英国南非公司的保护。他们懂得，公司的权力是通过国王和酋长统治人民。"④

尽管 1890 年勒万尼卡就与英国南非公司签署了洛克纳租让书，但与洛兹族长期敌对的马塔贝莱族 1893 年被英国人击败后，勒万尼卡担心自己会遭受同样的命运，而这时的巴罗策兰王国已经沦为英国殖民者的"刀俎之肉"。1893 年 5 月，英国和葡萄牙达成一项临时协议，把赞比西河的中心线定为巴罗策兰的西部边界。⑤ 赞比西河以西的广大地区成了葡属安哥拉的一部分，这就把过去属于勒万尼卡控制的一大片土地划给了葡萄牙人。罗得斯和勒万尼卡联合起来反对这种划分协议，英国南非公司坚持认为巴罗策兰的版图应该向西扩展到东经 20 度（赞比西河以西 150 多英里），因为在 19 世纪的最后几年里，英国南非公司向利卢伊（Lealui）以北和以西地区都派驻了代理人（主要是吉本斯少校和科林·哈丁上尉，Major A. St-H Gibbons and Captain Colin Harding），目的是扶植勒万尼卡对隆

---

① Vindex, *Cecil Rhodes*：*His Political Life and Speeches*, *1891 - 1900*, London：Chapman and Hall, 1900, pp. 388 - 390.

② P. E. N. 廷德尔：《中非史》，上海人民出版社 1976 年版，第 437 页。

③ No. 245, Correspondence of the Colonial Office Concerning Southern Africa（White Books），414, in Richard Seymour Hall, *Zambia*, London：Pall Mall Press, 1965, p. 75.

④ No. 317, Correspondence of the Colonial Office Concerning Southern Africa（White Books），392, in Richard Seymour Hall, *Zambia*, London：Pall Mall Press, 1965, p. 75.

⑤ A. J. Hanna, *The story of the Rhodesias and Nyasaland*, London：Faber, 1960, p. 132.

达族、卢瓦勒族和其他族群的统治。① 哈丁还断言卢瓦勒族的卡肯吉酋长（Chief Kakengi）是"勒万尼卡的孩子"，女酋长恩亚卡托雷（Chieftainess Nyakatore）与洛兹族大酋长利通加有血缘关系。② 而当时葡萄牙人已经在卢瓦勒族地区建立了几个城堡，可见欧洲殖民者在瓜分非洲时几乎完全没有考虑族群之间的血统关系。在英国南非公司和勒万尼卡的努力下，英国和葡萄牙于 1903 年请意大利国王伊曼纽尔来进行仲裁，1905 年 5 月 30 日，伊曼纽尔将东经 22 度作为英属西北罗得西亚和葡属安哥拉的边界线，这也成为独立以后安哥拉和赞比亚的国界线。这样，1893 年失去的近 4 万平方英里的土地又重归为巴罗策兰的领土，勒万尼卡在"收复"的土地上继续为英国殖民利益服务。

英国南非公司是遵照皇家特许状代表英国女王行事的，但当时该公司还不能对巴罗策兰进行行政管理，而是由英国女王派驻英属中非的专员哈里·约翰斯顿（Harry Johnston）通过他在尼亚萨兰的总部来掌管巴罗策兰的行政事务。约翰斯顿认为，非洲"必须由白人来治理，由印度人来开发，由黑人来劳动"。③ 为了推进这个计划，他提倡同传教士合作，鼓励白人在他的管辖区内定居，引入锡克教徒和其他亚洲人来治理与组织这些"保护地"的经贸活动。约翰斯顿在锡克教徒的帮助下，征服了许多拒不接受英国宣布"保护"的酋长和族群。

在赞比亚东部生活的通布卡人在奇库拉马银贝酋长的领导下，已经建立政治上统一的中央集权王国，与周围族群和平共处了几百年。后来，巴洛沃卡人（Balowoka）和恩戈尼人入侵通布卡人地区，逐渐瓦解了统一的通布卡王国。尽管恩戈尼人摧毁了通布卡王国，但是仍然在行政上保留了许多土著头人和一些本地酋长，维护他们在各自地区的统治。但是，许多具有重要影响的通布卡人酋长被恩戈尼人酋长取代，他们的姆尼亚加（M'nyajagha，通布卡人国王的称号）被恩戈尼大酋长代替，高级酋长全部换成了恩戈尼人，只有在当地人反抗激烈的地区还保留通布卡人做酋长，还有少数地方的反抗被恩戈尼人迅速、残酷地镇压下去了。因此，恩戈尼

---

① 　Richard Seymour Hall, *Zambia*, London：Pall Mall Press, 1965, p. 92.

② 　Colin Harding, *In Remotest Barotseland*, London：Hurst & Blackett, 1905, pp. 83 – 85, 110, 118.

③ 　英国外交部 2/55 号档案：1893 年 10 月 10 日哈里·约翰斯顿致珀西·安德森爵士函，转引自 ［美］罗伯特·罗特伯格《热带非洲政治史》，上海人民出版社 1977 年版，第 565 页。

人虽然瓦解了通布卡王国，但是并没有破坏奇库拉马银贝酋长制度建立起来的稳定局面，恩戈尼人所做的只是削弱通布卡人的中央集权和政治统一。后来，新的入侵者英国人到来，也启用奇库拉马银贝酋长制度作为通布卡人"政治统一"的象征，让他代表英国政府继续对通布卡人进行统治。英国殖民当局从 1907 年起便恢复了奇库拉马银贝酋长制度，由英国政府任命通布卡人酋长对当地进行管理。①

第三节　英国间接统治下的赞比亚酋长制度

19 世纪末 20 世纪初，英国、法国、葡萄牙、比利时、德国等西方列强完成了对非洲的瓜分和对非洲殖民地人民的征服，确立了其统治地位，殖民地政治体制的轮廓逐渐清晰。西方国家派遣总督、行政长官作为其代表，全面掌控非洲殖民地的权力，包括立法、行政、财政、司法和军事大权，建立了以西方派驻的总督为最高行政长官和权力中心的殖民统治体系。西方殖民者在瓜分非洲、尚未有效地确立殖民统治之初，虽然没有废除传统的酋长制度，但是对非洲的传统权威一般采取不承认的态度，而且剥夺了其统治权之后将其"弃置一旁"。而殖民政治体制确立之后，宗主国开始对传统酋长不再排斥而是予以利用，对其原来的权力在不同程度上予以保留或恢复，使之成为维护殖民统治的工具。1924 年之后英国派驻总督取代英国南非公司，对"北罗得西亚保护地"进行直接管理，推行间接统治制度，酋长制度被纳入英国殖民统治体系。

一　英国间接统治制度与酋长地位的变化

19 世纪 90 年代初，英国占领并控制了尼日利亚北部广大地区。鉴于该地原有的政权机构比较完整齐备，当地的英国总督卢加德设计了利用当

---

① Yizenge A. Chondoka, "The Missionary Factor, The Balowoka and the Ngoni Myth in the Tumbuka Historiography", *Zambia Journal of History*, Volume 1, Number 9, 2005, The university of Zambia, p. 79.

地上层人物及固有的行政组织进行"间接统治"的方案并付诸实施。英国殖民政府把原来的小地区合并成为大地区，把种类庞杂的小政治实体统一改为酋长管理区，并且按照等级划分为第一级、第二级和第三级酋长管理区。英国殖民当局利用原有政治体系的官员，操控世袭制度，挑选他们所满意的酋长，或者对挑选酋长的事务施加影响，或者采用新的挑选行政官员的方法。[1] 间接统治制度是由英国老牌殖民主义者卢加德主持制定的，他所著的《英属非洲的双重委任统治》是英国间接统治的经典。卢加德在书中写道："这一制度的关键是土著酋长成为行政管理机构一个不可或缺的组成部分。无论英国人和土著酋长行使各自职权，还是相互合作，都只有一个单一的政府，而不是两类统治者。在政府中，土著酋长与英国官员一样，具有明确的职权和公认的身份，他们的职责绝不能相互冲突，更要避免相互重叠。"[2] 卢加德将酋长分为5个等级，第一、二级酋长由总督任命，其余等级的酋长由第一级酋长任命。各级酋长的主要职责是维持社会治安、征收税款、传达和执行殖民当局的政令，并可根据习惯法、伊斯兰教法审理有关民事案件，但无权过问涉及全国性的军事、外交和财政等重大问题的决策。

非洲的情况不同于美洲，土著黑人始终在各地占据着人口的绝对优势。英国殖民当局并不希望通过不断运用武力来进行统治，虽然非洲土著人处于被统治的附属地位，但是殖民当局需要与土著人进行范围更广的合作。他们尤其需要与乡村地区的酋长、村头人和长老合作，这种合作本质上是一种非常实际的互惠行为。[3] 英国在北尼日利亚采用的政策后来逐步推广到其他英属殖民地，法国、比利时也效法英国，逐步利用当地的传统统治机构，恢复当地传统的酋长制度和传统法庭。在农村、基层事务的管理方面，传统的权力机构起到很大作用，它们实际上成为殖民当局的重要组成部分，这些就是殖民宗主国所谓的"指导非洲人自己管理自己的事

---

[1] 参见奥德丽·艾·理查兹编《东非酋长》，蔡汉敖、朱立人译，商务印书馆1992年版，第359页。

[2] Frederick Lugard, *The Dual Mandate in British Tropical Africa*, Edinburgh and London: William Blackwood & Sons, 1929, p. 203.

[3] 对于殖民当局与当地酋长之间相互合作的解释，参见 Ronald Robinson, "European Imperialism and Indigenous Reactions in British West Africa, 1890 – 1914", in H. L. Wesseling (ed.), *Expansion and Reaction: Essays in European Expansion and Reactions in Asia and Africa*, Leiden: Leiden University Press, 1978。

务"。英国在非洲的殖民地推行的间接统治制度，是一种维护传统的行政管理制度和土著统治者的地位的殖民管理制度。该制度以尼日利亚北部为"试验场"，后来推广到包括赞比亚在内的英属非洲殖民地。

1924 年，英国政府将西北罗得西亚和东北罗得西亚合并为"北罗得西亚保护地"，并由殖民部派驻总督进行直接的殖民统治，取代了英国南非公司对该地区的"代管"。随着间接统治制度在英属非洲各殖民地的推广，英国南非公司在赞比亚的殖民统治政策也逐渐被间接统治制度所取代。1924 年以前，英国南非公司的土著事务专员没有意识到在当地政府中树立酋长的权力是自己的职责所在，"这种（直接统治）政策的总的效果是，保留土著传统政治结构的外壳，而实际上破坏了酋长的权威，推行的办法就是使酋长依附于殖民当局官员，同时用税收的办法迫使大批人长期地远离自己的家乡"。① 这种统治方式的结果就是导致酋长地位的边缘化，但是第一次世界大战期间，英国在从殖民地征集民夫的行动中，感觉到离不开酋长的协助。"在备战期间，尤其是在战争时期，（英国殖民）当局竭力争取非洲人的支持，特别是部落上层分子的支持。他们甚至给非洲土著酋长制定特等勋章。"② 当地的殖民官员也感觉到，在制定法律法规和收取税金方面，酋长的角色更是不可替代。于是，英国殖民当局在间接统治的名义下寻求与酋长们的合作，在这一制度框架下，传统的政治结构非但没有被废除，反而得到进一步强化，酋长制度在一定程度上被英国殖民当局强化。殖民主义到来的初期削弱酋长权力，对酋长的"弃置不用"，部落、族群等传统政治组织的逐步瓦解，而这种情况在间接统治的殖民政策下又发生了改观。

然而，间接统治制度在赞比亚的推行并不像在尼日利亚北部那样顺利。由于尼日利亚所在的西非地区酋长势力较大，殖民政府利用传统政治架构管理殖民地各项事务比较得心应手，而且节省了行政开支。而在赞比亚，白人移民认为殖民当局应该把权力授予白人，而不是那些传统的酋长。赞比亚许多地方传统政治管理制度发展得不成熟，酋长势力不像西非酋长那样强大，加上赞比亚经济和文化发展比较滞后，当地人（包括酋长）文盲和贫困现象突出，承担殖民政府授予的管理权难度比较大。殖民

---

① William Malcolm Hailey, *An African Survey*：*A Study of Problems Arising in Africa South of the Sahara*, London：Oxford University Press, 1957, p.452.

② 苏联科学院非洲研究所编：《非洲史：1918—1967 年》，上海人民出版社 1974 年版，第 858 页。

统治在赞比亚确立之前，"部落处于一种非常无序的状态"，而自从殖民统治确立后，部落组织"被制造"出来了。① 也就是说，殖民统治在一定程度上强化了传统的政治管理制度——酋长制度。从 20 世纪 20 年代起，赞比亚铜带地区采矿业蓬勃发展起来，使更多的人离开了家乡去矿区工作。随着基督教的传播和西方文化教育的推广，少数黑人接受了西方教育，知识分子阶层开始出现，他们更是不赞成这种"恢复部落统治"的做法。②

1929 年 3 月，北罗得西亚殖民当局土著事务秘书莫法特·汤姆森（Moffat Thomson）在立法会议上介绍《土著权威条例》时说："这个新法案在土著事务管理上采取了更为先进的方法，它授权酋长在自己的部落区域内管理自己的事务，希望它能保持土著习俗和部落组织中一切好的东西。"③ 1930 年 4 月 1 日，《土著权威条例》和《土著法院条例》开始生效，标志着间接统治制度在赞比亚正式实施。间接统治制度在赞比亚的推广和实行，强化了人们对"前殖民主义权威"的忠诚度④，在一定程度上恢复了酋长的传统地位和权威，使之成为殖民统治链条上的重要一环。

二　酋长制度被纳入英国殖民统治体系

间接统治的实施，在一定程度上使赞比亚传统的酋长制度得以复苏，但是这时的酋长已经不再是殖民主义到来之前的那种至高无上的传统权威了，殖民宗主国更不是要在殖民地"复辟"传统的酋长制度，而是将酋长制度纳入殖民政策，成为殖民统治的一个重要环节。在英国的间接统治下，随着殖民地政治、经济和社会各项事业的发展，酋长的作用有了双重变化：在属民中的地位和作用不断下降，而在殖民政权中的职能却不断稳固。铜带地区采矿业的发展，大批黑人来矿区做工。为了保持稳定的劳动力，矿业公司采取了矿工住地制度，并在矿区周围建立市镇。这样，赞比

---

① Martin Chanock, *Law, Custom and Social Order: The Colonial Experience in Malawi and Zambia*, Cambridge, New York: Cambridge University Press, 1985, p. 112.

② Richard Seymour Hall, *Zambia*, London: Pall Mall Press, 1965, p. 105.

③ Hansard No. 9, March 1929, in Richard Seymour Hall, *Zambia*, London: Pall Mall Press, 1965, p. 105.

④ William Malcolm Hailey, *An African Survey: An African Survey: A Study of Problems Arising in Africa South of the Sahara*, London: Oxford University Press, 1957, passim.

亚许多黑人及其家庭离开了祖祖辈辈生活的部落地区，摆脱了传统部落的影响和酋长的约束，在一定程度上削弱了酋长的传统影响力。"很多人也许永远不再回家了，即使有人回家，也很可能变得完全不再适应那里的部落社会了。"① 20世纪30年代席卷欧美资本主义国家的经济大危机也波及了赞比亚，英国经济在大危机的冲击下出现了大萧条。赞比亚铜带地区的采矿业也受到了影响，一批矿井被迫关闭，在那里工作了多年的数千名赞比亚黑人失去了工作，这一方面是由于经济危机矿井开工不足，另一方面是由于需要将工作机会让给失业的白人。这些失业的"工业化的土著人"成为城市中的流浪者，成为社会不稳定的潜在隐患。这些人在机器大生产的资本主义企业做工，同本族群、部落的联系逐渐减少。

英国殖民当局土著事务秘书莫法特·汤姆森在1929年的《土著事务报告》中指出，"与其他地区的土著人经常性的交往，同时与各种各样的欧洲人接触也越来越多，眼界的开阔使黑人矿工的思想发生了变化"。② 一部分赞比亚土著人对西方先进的工业文明和政治事务了解得也越来越多，看到了西方社会与处于殖民统治之下的赞比亚社会的巨大反差，加上受过西方教育的人越来越多，这些已经"睁眼看世界"的黑人知识分子自然会对传统酋长制度产生疏离，动摇了酋长制度的民众基础。外来强加的殖民统治极大地削弱了原有的权威结构，酋长和头人不再是属民获得保护的唯一来源，他们本身不能再代表权威，其势力受到殖民当局的强力掣肘，殖民当局剥夺了他们以前所拥有的、与生俱来的统治权。但是，在殖民统治之初，尽管殖民当局在乡村地区派驻了少量的官员，殖民统治所涉及的范围毕竟还很有限，殖民当局也需要与当地权威人物合作。殖民官员想当然地认为所有的非洲社会都是"部落性的"，对于酋长和头人来说，最重要的就是"部落"本身的认同，殖民当局唯一需要解决的问题就是如何最佳地利用这些原有的当地传统权威服务于殖民统治，因此殖民当局在削弱和限制酋长权力的同时，需要对传统的酋长制度给予利用和改造，以服务于

---

① 摘自殖民当局首席秘书邓达斯所写的备忘录，记录了前任总督罗纳德·斯托尔斯1933年和里奥—廷托公司董事长奥克兰·格迪斯的一次会晤。见 National Archives of Zambia，C. Dundas to Sir Hubert Young in SEC/LAB/177，in Richard Seymour Hall，*Zambia*，London：Pall Mall Press，1965，p. 109。

② National Archives of Zambia，*Native Affairs Report 1929*，in Richard Seymour Hall，*Zambia*，London：Pall Mall Press，1965，p. 115.

英国在当地的殖民利益。

各族群酋长的政治权威与英国这样的现代资本主义国家政权有着根本的不同，传统酋长权威的强制性和权力的掌控力，凸显的是传统政治体制中的个人权力，很不容易转化为英国殖民官员所定义的良好治理和那种官僚政治的公共权力。[①] 1920 年，有一位殖民官员指出，酋长和头人"继续尽最大努力提供我们所期望得到的帮助"，"修路和征税只是例行公事，在这些事务中酋长和头人给予了我们大力的协助。"[②] 但是，殖民主义到来之前的赞比亚以各族酋长和头人作为权力中心的酋长制度，是特定历史和传统社会的政治产物。而在完全不同的殖民统治背景之下，尽管表面上看酋长制度被延续下来，但是已经发生了根本性的变化。殖民当局以两种角色看待他们：恭顺的殖民者奴仆和当地人真正的合法领导者。当殖民官员赞扬酋长和头人们在修路和收税方面给殖民当局提供的帮助时，带有一点不满地说："如果各村的这些头人不那么明显地被看作'博玛'（Boma，赞比亚的地方殖民政权机构）的奴仆，那么我想他们的作用会更大。他们不想把自己当成酋长的仆人，也不希望别人认为他们是酋长的仆人。"[③] 殖民当局要提升村头人的地位，卡森帕就有 10 位村头人被"戴上了红毡帽，穿上了信使或邮递员穿旧的大衣"。[④] 然而，在当地人的观念看来，他们只不过是"博玛的奴仆"，只是为殖民当局服务的"鹰犬"。

1931 年，随着间接统治制度在赞比亚的推行和土著权威制度的确立，酋长和头人在殖民统治下的作用得以加强。1933 年卢安瓜和卡森帕省的《年度地区情况报告》指出："自从土著权威们首次被任命起，已经过去三年的时间了。……这些土著权威们被任命之时，似乎发现除了执行地区专员给他们提供的建议之外，没有必要再去发号施令了。"[⑤] 根据殖民当局赋

① Kate Grehan, *The Fractured Community: Landscapes of Power and Gender in Rural Zambia*, Berkeley, Los Angeles and London: University of California Press, 1997, p. 109.

② National Archives of Zambia, 7/1/4/6, *Annual Provincial Report*, Kasempa, 1920. Notes from Dr. Walima T. Kalusa.

③ Kate Grehan, *The Fractured Community: Landscapes of Power and Gender in Rural Zambia*, Berkeley, Los Angeles and London: University of California Press, 1997, p. 110.

④ National Archives of Zambia, 7/1/11/6, *Annual Provincial Report*, Kasempa, 1927. Notes from Dr. Walima T. Kalusa.

⑤ National Archives of Zambia, 7/1/16/2, *Annual Provincial Report*, Luangwa and Kasempa Province, 1933. Notes from Dr. Walima T. Kalusa.

予土著酋长的权限，他们的军事权力被剥夺，同时也丧失了掌管远距离贸易的权力，而殖民当局重新赋予了酋长刑事司法权。酋长们还可以掌管"武器的引进和运输权，可以自由出行的权力"，负责"村庄的清洁和卫生管理、传染病控制、防火、修路、伐树、征税、报告人的死亡、烧荒、捕猎和其他的行政管理事务"。①《土著权威法令》对这些工作的细则作了描述，如伐树就要求树径达到一定的宽度，并且要离道路和河流有一定的距离，"规定的细节越严格，证明酋长的管辖权越真实客观，酋长的权威越可靠有效。"② 1937 年，殖民当局通过了《土著法庭法令》和《土著议会法令》两项法令，给予酋长们更大的权力。《土著法庭法令》规定建立酋长法庭，根据习惯法审理非洲人之间较小的民事纠纷，如果不服判决，则可向土著事务专员所设的法庭上诉。不过，酋长法庭对刑事案件没有审判权。实际上，土著事务专员重视酋长们对部落习俗的了解和掌握，酋长们在此之前即已时常在专员的许可下审理案件。《土著议会法令》规定建立包括酋长、头人及其传统幕僚在内的议会，通常由土著事务专员担任议会主席，吸纳酋长参与殖民地事务管理。③ 1943 年，殖民当局授权土著议会用征收地方税和公共设施收费的办法募集基金，由此可见酋长在征收税款和募集资金上发挥着关键的作用，其在英国殖民统治中的地位重新得到重视和提升。

三　英国殖民当局对酋长制度的改造

在 1953 年"中非联邦"建立之前长达半个世纪的英国殖民统治中，赞比亚的传统社会在英国的殖民统治下发生了深刻的变化。英国的政治、经济、技术、生产方式和价值观念，强制性地移植到赞比亚，打破了传统部落社会固有的社会秩序，赞比亚社会在政治、经济、社会、文化的结构上发生了质的变化。这些变化给赞比亚带来社会发展和进步的同时，也给传统的酋长制度带来了巨大冲击。

---

① Chanock, Martin, *Law, Custom and Social Order：The Colonial Experience in Malawi and Zambia*, Cambridge, New York：Cambridge University Press, 1985, pp. 113, 108, 213.

② Mamdani, Mahmood, *Citizen and Subject：Contemporary Africa and the Legacy of Late Colonialism*, Princeton, New Jersey：Princeton University Press, 1996, p. 123.

③ 参见 P. E. N. 廷德尔《中非史》，上海人民出版社 1976 年版，第 438 页。

首先，英国殖民当局通过文武兼施的手段，迫使赞比亚沦为自己的殖民地，瓦解了酋长的权力结构。白人成为至高无上的统治者，殖民政权取代了酋长的传统政治地位和王国的中央集权。酋长制度成了为殖民统治服务的政治制度，广大黑人沦为无权决定自己命运的被统治者。英国殖民政权先后颁布一系列削弱酋长权力的立法，1894 年南罗得西亚殖民政府开始派驻土著专员替代酋长统治，1896 年又颁布土著事务条例，所有酋长都需要经殖民政府任免①，这些做法也在赞比亚所在的北罗得西亚推广实施。英国殖民统治带来的重要后果之一就是对当地传统生活方式的冲击，对于地处内陆的赞比亚来说，外来因素对传统生活方式的影响是逐渐产生的。其中一些部落受到的影响是巨大的，如恩戈尼人的政治组织已经在殖民者的军事征服中被消灭，兰巴人的部落领地已经被白人定居者占据。在所有的部落或族群中，殖民主义都使酋长在各自属民中的名望迅速下降。② 殖民者早期在酋长的村庄附近设立的"博玛"，在殖民统治确立之后，继续作为殖民统治权力机构对当地进行管理。在殖民统治下，酋长仍然继承了祖先的神灵，身上拥有超自然的力量，能够为农作物带来雨露，他还是土地的分配者和象牙的拥有者。但是"博玛"拥有大量实权，往往无所顾忌地将自己的意志强加给酋长。

　　其次，现代经济形式的出现，打破了部落社会传统的自然经济结构，冲击着传统酋长制度赖以生存的经济基础。殖民统治为了宗主国和殖民当局的自身利益，通过与王国和部落酋长签订的一系列不平等条约，大肆侵吞黑人的土地和矿山，利用廉价的劳动力发展种植园经济和矿业，力图把北罗得西亚变为英国的农产品和矿产品供应地，将赞比亚强行拉入资本主义世界经济体系。铜矿业的兴起和大型种植园农场的出现，就是在这种背景下形成的。

　　最后，基督教的传播和教会学校的建立，揭开了传播西方文化和价值观念的序幕，培养了一批具有现代思想意识的黑人知识分子。现代经济的发展也培养了一批适应现代经济的知识技术人才和黑人无产阶级，改变了酋长制度下的人口结构，而且使酋长也逐渐受到现代经济、文化因素的影响。从殖民统治中孕育出来的一些酋长具有比一般民众更强烈的民族和民

---

① 参见何丽儿《津巴布韦酋长访问记》，《西亚非洲》1988 年第 1 期，第 67 页。
② Richard Hall, *Zambia 1890 - 1964*: *The Colonial Period*, London: Longman, p. 43.

主意识，其中有些酋长还成为反对殖民统治、推动民族解放运动的领导人物。酋长在现代经济和思想意识的影响下，其身份和地位也逐渐向"现代化"方向转变。

殖民主义的到来和白人统治的建立，对赞比亚各族产生的影响在各地区、各族群是不相同的，许多族群的传统社会结构没有受到多大影响，而对一些反抗强烈的族群，影响则非常巨大。如恩戈尼族传统的酋长制政治结构已经被英国人的武力征服所破坏，酋长姆佩泽尼的权力被严重削弱，甚至一度被废黜。[1] 总的来看，在赞比亚所有的族群中，殖民主义的到来削弱了酋长的传统权威和固有权力。此后到 20 世纪 30 年代，英国的间接统治制度在其非洲殖民地逐渐得到巩固。英国殖民当局通过间接统治将他们的政治、社会和经济影响强加给殖民地，而通过当地的传统统治者和传统政治机构来满足他们经济方面的需求。[2] 殖民当局尝试将酋长所代表的传统权威制度改革成为一种民主管理制度，能够承担更广泛的殖民地管理和政治建构，但并没有根据非洲传统给予传统酋长实权。当地的传统权威在这种帝国控制制度下成为政治上的附庸，他们的职责包括从其属民中收税、维护法律和秩序、执行殖民宗主国在其管辖地区的指令。[3] 然而，在执行方面，酋长在政治上并没有实权，他们在宗主国殖民地的行政系统中处于较低的级别，不过是领取薪水的小官吏。[4]

为了提高传统酋长的领导能力和行政效能，鼓励他们参与殖民政府的规划项目，英国殖民当局从 20 世纪 20 年代开始，鼓励赞比亚各级酋长接

---

① 关于恩戈尼人酋长姆佩泽尼被英国人推翻的详细过程，详见 J. A. Barnes, *Politics in a Changing Society*, Cape Town and New York：Oxford University Press, 1954, especially pp. 83 – 94。

② 对英国在非洲的间接统治制度进行深度分析的著作，参见 Mahmood Mamdani, *Citizen and Subject：Contemporary Africa and the Legacy of Late Colonialism*, Princeton, New Jersey：Princeton University Press, 1996；Giacomo Macola, *The Kingdom of Mwata Kazembe：History and Politics in North-Eastern Zambia and Katanga to 1950*, Munster, Hamburg and London：Lit Verlag, 2002。

③ 对英国间接统治下赞比亚酋长的地位和作用，参见博士学位论文 Kusum Datta, "The Policy of Indirect Rule in Northern Rhodesia (Zambia), 1924 – 1953", PhD dissertation：University of London, 1976；硕士学位论文 Ben C. Kakoma, "Colonial Administration in Northern Rhodesia：A Case Study of Administration in Mwinilunga District, 1900 – 1939", MA dissertation：University of Auckland, 1977。

④ Walima T. Kalusa, in collaboration with Mapopa, Mtonga, *Kalonga Gawa Undi X：A Biography of an African Chief and Nationalist*, Lusaka：Lembani Trust, 2010, p. 20.

受西方教育,特别是在政府的公办学校。① 殖民当局认为接受了西式教育
的非洲传统统治者除了接受欧洲价值观之外,会更容易掌握现代行政管理
的知识。这样,他们就会成为启蒙的灯塔,在非洲传播现代价值观,逐渐
削弱这片"黑暗大陆"的"异教"文化。② 20 世纪 30 年代以来这一政策
被英国殖民当局在赞比亚各地实施,力图将那些保守、封闭的传统权威改
造成为受过西式教育的现代酋长。对酋长进行培训的历史可以追溯到 1939
年,当时在非洲教育部(African Education Department)的支持下就在卢萨
卡以东 32 英里的查里姆巴纳(Chalimbana)的金斯学校(Jeans School)开
设了试验课程。这次培训只进行了 6 个月,为未来的培训提供了模式,
设置的科目有当地历史和地理、市政学、农业、卫生、村庄整饬与乡村
发展。到 1943 年,每年举办两期,每期培训 12 名酋长。后来,培训分
为两个层面进行。在地区层面,有 8 个地区发展培训中心,当时的 8 个
省份每省一个,讲授的课程符合当地环境,重在进行实际管理培训。③ 在
全国层面,查里姆巴纳金斯学校成立土著权威发展中心(Native Authority
Development Centre),为全国的酋长提供培训。这个中心成立于 1951 年,
为酋长和议员提供核心培训设施,比地区培训中心所提供的培训更为
高级。④

　　酋长和头人们被纳入殖民地行政管理体系,扮演着对属民和殖民当局
的双重角色,尽管处于边缘地位,但客观上已经成为殖民当局推行殖民统
治的工具。1921 年,一位殖民官员说:"酋长和头人们的控制力已经降
低,并且仍在继续降低,而且一年比一年降低得更快。"他对一位死亡的

① Giacomo Macola, *The Kingdom of Mwata Kazembe*: *History and Politics in North-Eastern Zambia and Katanga to 1950*, Munster, Hamburg and London: Lit Verlag, 2002, pp. 213 – 214.

② See Frederick Cooper, *Decolonization and African Society*: *The Labor Question in French and British Africa*, Cambridge: Cambridge University Press, 1996, p. 213; Sara S. Berry, *Chiefs Know their Boundaries*: *Essays on Property*, *Power and the Past in Asante*, *1896 – 1996*, Portsmouth: Heinemann; Oxford: James Curry and Cape Town: David Philip, 2001, p. 36.

③ A. C. North, "Rural Local Government Training in Northern Rhodesia: An Account of the Work of the Native Authority Development Centre, Chalimbana", *Journal of African Administration*, 13 (2), 1961, p. 67.

④ Bizeck Jube Phiri, "Traditional Authorities and National Politics in Independent Zambia: A Historical Review", in Lars Buur, Terezinha da Silva and Helene Maria Kyed, *State Recognition of Local Authorities and Public Participation*: *Experience*, *Obstacles and Possibilities in Mozambique*, Maputo: Centro de Formação Jurídica e Judiciária-Ministréio da Justiça, 2007, p. 39.

酋长给出了以下评论："卡里勒里酋长（Chief Kalilele）一月因年老去世，他旗帜鲜明地反对白人，但是他也是能够对属民实施有效管理的少数酋长之一。"① 殖民当局和土著酋长在维护酋长的合法性方面的意愿是一致的，他们引入间接统治制度来继续保持酋长的合法性，并没有让酋长制度发生实质性转变。② 到 1964 年赞比亚独立之前，酋长制度已在英国殖民统治下延续了 60 多年。

---

① National Archives of Zambia, 7/1/5/6, Annual Provincial Report, Kasempa, 1920 – 1921. Notes from Dr. Walima T. Kalusa.
② 殖民政权与"部落"权威之间复杂的互动，导致了"习惯法"的产生，对这一内容的深入分析，详见 Martin Channock, *Law, Custom and Social Order: The Colonial Experience in Malawi and Zambia*, Cambridge, New York: Cambridge University Press, 1985。

第三章　赞比亚反殖斗争中酋长的角色

——以东方省契瓦族大酋长卡龙加·加瓦·翁迪十世为例

　　英国殖民主义势力来到赞比亚，采取欺诈的方法与各地酋长签订"租让书"，用武力征服的方式击败率众抵抗的酋长。英国殖民主义改变了赞比亚的历史发展进程，反殖斗争贯穿了整个殖民统治时期。但是，赞比亚各地的反殖斗争都是各自为战、自发进行的，没有发生类似苏丹马赫迪反英起义、坦噶尼喀马及马及反德起义、埃塞俄比亚抗意斗争、津巴布韦恩德贝勒人与绍纳人起义、肯尼亚茅茅运动这样大规模的反抗斗争。但是作为传统领导者的酋长，在赞比亚的反殖斗争中一直发挥着一定的领导作用。19世纪末20世纪初，恩戈尼人酋长姆佩泽尼和隆达人的国王卡曾贝都率领本族人民反抗英国强加的不平等条约，各地的奔巴人也在当地酋长的带领下抗击英国南非公司对其传统领地的入侵。赞比亚对殖民主义的早期反抗是零星且小规模的，就连政权组织系统非常强人的洛兹族和奔巴族，也没有爆发有组织的大规模反抗。[①] 不过，这些零星的、由酋长领导的早期反殖斗争成为第二次世界大战后赞比亚民族解放斗争的历史渊源。赞比亚的民族解放斗争是非洲民族解放运动浪潮的组成部分，这场斗争不只是对殖民统治的被动反抗，而且是为了摆脱英国殖民统治、争取国家的

---

① Ian Henderson, "The Origins of Nationalism in East and Central Africa: the Zambia Case", *Journal of African History*, Vol. 11, 4 (1970), p. 592.

独立。这时，酋长不再是民族解放斗争的领导者，而是转变为重要的参与者。1943 年起，英国殖民当局开始改变间接统治的政策，加速了现代民族主义思想向部落地区渗透，越来越多的酋长受民族主义思想和运动的影响参与到反殖斗争中。

第二次世界大战后，赞比亚出现了民族主义政党。1946 年，卡翁达参与创建北罗得西亚非洲人国民大会，先后担任组织书记和总书记。1958 年10 月卡翁达退出该党，另行组建了赞比亚非洲人国民大会①并任主席。民族主义政党的领导者主要是受过西方教育的黑人知识分子，在民族主义的旗帜下，他们不仅要与殖民政权作斗争，而且还要应对传统社会的利益集团。北罗得西亚非洲人国民大会和赞比亚非洲人国民大会敦促各地酋长拒绝执行殖民当局法律，号召酋长鼓励其属民坚决对抗殖民当局，并告诫那些仍然拥护殖民统治的酋长，一旦国家实现独立，他们将会受到孤立。民族解放运动的领导者希望把传统统治者转化为反对殖民主义的力量，瓦解殖民宗主国的权威，最终令宗主国屈服。② 到 20 世纪 50 年代中期，非洲人国民大会成功地在东方省争取到了更多追随民族解放运动的人，其中就有在翁迪十世大酋长所属几个酋长领地的村头人。③ 越来越多的酋长加入到民族主义政党领导的民族独立斗争中来，令东方省的欧洲殖民官员们感到非常惊讶。由于害怕民族解放运动的发展会削弱本地行政当局的效能，殖民当局官员开始运用"强有力的武力措施来对付非洲人国民大会，逮捕和监禁其追随者"。④ 从东方省的情况看，酋长逐渐成为民族主义政党进行民族独立斗争的一支同盟力量。

---

① 赞比亚非洲人国民大会党是联合民族独立党（UNIP）的前身。1959 年 3 月赞比亚非洲人国民大会被英国殖民当局取缔，1960 年 1 月卡翁达组建了联合民族独立党并任主席。联合民族独立党自赞比亚 1964 年 10 月独立至 1991 年执政，1991 年赞比亚推行多党选举后成为在野党。

② 对这一问题的详细描述，参见 David C. Mulford, *Zambia*：*The Politics of Independence*，*1957 - 1964*，London：Oxford University Press, 1967；David C. Mulford, *The Northern Rhodesia General Election*，*1962*，Nairobi，London：Oxford University Press, 1964；Goodwin Mwangilwa, *Harry Mwaanga Nkumbula*：*A Biography of the "Old Lion" of Zambia*，Lusaka：Multimedia Publications, 1982。

③ National Archives of Zambia, EP 2/708, Katete Tour Report No. 2 of 1956；EP 2/709, Katete Tour Report No. 1 of 1956. Notes from Dr. Walima T. Kalusa.

④ National Archives of Zambia, EP 2/694, Fort Jameson Tour Report No. 11 of 1952；Northern Rhodesia, *African Annual Report for the Year 1953*，p. 62；EP 2/708, Katete Tour Report No. 56 of 1956. Notes from Dr. Walima T. Kalusa.

第一节 酋长与殖民政权的合作与对立

在殖民统治时期，酋长是英国殖民当局实施间接统治制度的重要环节。无论从政治、经济和国际关系的角度，英国在赞比亚的殖民统治都是为了其自身的殖民利益服务的，它想要把赞比亚塑造成自己的原料产地和商品市场。除了间接统治的政策之外，英国在赞比亚也相继推行了一些经济政策，发展当地矿业和农业。这些政策在酋长看来也是有利于提高其属民福祉、巩固自身地位和权威之举，于是酋长积极配合英国在赞比亚推行这些经济政策。而在政治管理方面，酋长与殖民当局既有合作，又有斗争。无论是酋长的合作还是斗争，其根本的出发点仍然是维护属民利益，巩固酋长的传统地位和影响。契瓦族大酋长卡龙加·加瓦·翁迪十世在英国殖民统治后期与殖民政权的关系就是合作与斗争的集中体现。

一 酋长与英国经济政策的合作

第二次世界大战结束后，殖民地遍布全球的大英帝国元气大伤，英国开始酝酿在英属非洲殖民地进行经济改革，希望以此重振国内遭受战争破坏的经济。① 具体到赞比亚来说，执行的经济改革政策是扩大冶铜生产和鼓励乡村地区的食品生产，以满足赞比亚铜带地区日益增长的矿业人口。这是英国在北罗得西亚实施的一项双重经济战略，既能够提高殖民地人民的健康水平，同时把殖民地转变成其铜矿和其他原料来源地。英国政府和北罗得西亚的英国殖民当局都希望采取措施提高日益增加的城市黑人的生活水平，以促进农产品向城市的销售，提高乡村地区的农业生产能力。此外，英国殖民当局在赞比亚出台了很多经济振兴方案，希望获得新生的非

---

① See Samuel N. Chipungu, *The State*, *Technology and Peasant Differentiation in Zambia*: *A Case Study of the Southern Province*, Lusaka: Historical Association of Zambia, 1988, Chapter IV; Tiyambe Zeleza, "The Political Economy of British Colonial Development and Welfare in British Africa", *Trans African Journal of History*, 15 (1985), pp. 139 – 161.

洲精英阶层的拥护。① 英国的战后经济发展计划还体现在 1945—1963 年英国殖民当局制定的农业政策中。总的来看，这些政策是要通过引进科学的耕种方法、安置居民计划、合理利用和保护自然资源、采用先进技术来提高农畜产品产量。②

卡龙加·加瓦·翁迪十世（Kalonga Gawa Undi Ⅹ）是 1953—2004 年赞比亚东方省契瓦族的大酋长。1953 年他继任大酋长后不久，就鼎力拥护英国努力提高北罗得西亚现代农业生产的政策措施，因为这些措施与他想提高契瓦族人社会经济福祉的愿望一拍即合。他命令其属民摒弃传统的耕作方法，推广现代农业技术：作物轮作、控制烧荒、顺地势修建道路以保护土质肥沃度。为了学到新的农业耕作方法，这位契瓦族大酋长还督促他的属民参加一年一度的农业展览会。③ 20 世纪 50 年代末，卡龙加·加瓦·翁迪十世成功地劝说恩亚韦姆博（Nyaviombo）、奇皮里（Chipili）和卡戈罗（Kagoro）三个地方的契瓦族土著权威委员会发布法令，对于违反土壤保护以及有类似行为的人，监禁 3 个月或罚款 1—2 英镑。④ 配合英国政府振兴殖民地农业的经济改革，翁迪十世大酋长实施的战后农业计划颇有成效。

翁迪十世大酋长本人和其下属酋长把市场性的农业生产提到了更高的程度，他称自己已经成为"先进农民"。他认为 20 世纪 50 年代末 60 年代初那种划分乡村农民的方法是不成功的，市场性农业生产者拥有大量犁、苏格兰马车、粉碎机，甚至卡龙加·加瓦·翁迪十世还有拖拉机。⑤ "先进农民"能够出售更多袋玉米，拥有唱片，生活在更大的房子里。他们穿西

---

① See Peter Calvocoressi, *World Politics since 1945*, London and New York：Longman, 1991.

② See Samuel N. Chipungu, *The State, Technology and Peasant Differentiation in Zambia：A Case Study of the Southern Province*, Lusaka：Historical Association of Zambia, 1988.

③ National Archives of Zambia, EP 2/7/5, Katete Tour Report, No. 2 of 1951；EP 1/1/13, Katete Development Area Headquarters Quarterly Report, March 31, 1952, in Walima T. Kalusa, in collaboration with Mapopa Mtonga, *Kalonga Gawa Undi X：A Biography of an African Chief and Nationalist*, Lusaka：Lembani Trust, 2010, p. 61.

④ National Archives of Zambia, EP 1/1/36, Kuunika [Newsletter] No. 3 of 1957, 1 March 1957, in Walima T. Kalusa, in collaboration with Mapopa Mtonga, *Kalonga Gawa Undi X：A Biography of an African Chief and Nationalist*, Lusaka：Lembani Trust, 2010, p. 62.

⑤ Interview with Mama Nyangu [Queen Mother to Kalonga Gawa Undi], Mkaika Palace, Katete, 12 November 2005, in Walima T. Kalusa, in collaboration with Mapopa Mtonga, *Kalonga Gawa Undi X：A Biography of an African Chief and Nationalist*, Lusaka：Lembani Trust, 2010, pp. 62 – 63.

装，驾驶豪华汽车，将他们的儿子和女儿送进教会或政府的学校，这也显示出他们对于现代化的偏爱。1954年时，卡龙加·加瓦·翁迪十世就有了自己的汽车。契瓦族土著权威高级委员会酋长们的财富从1957年的一件事中可见一斑，他们花费450英镑扩建了恩亚韦姆博的上诉法庭，这在当时是一个十分惊人的数目。① 到20世纪60年代，卡龙加·加瓦·翁迪十世掌管的三个土著权威委员会拥有大量牲畜，他们还把牲畜销往东方省内外。他们用这种经营获得的收入为酋长委员会所办的学校购置桌椅用具。②

翁迪十世大酋长及其下属酋长日益富足，也使东方省的其他商品生产者受益，特别是在卡泰特的姆班贡贝酋长和卡万扎酋长所辖地区，20世纪50年代就推行了农业居民安置计划。卡万扎酋长的领地是非洲人国民大会的重要根据地，而非洲人国民大会与当地酋长的意见相左，他们反对英国殖民当局的居民安置计划和殖民地的经济改革，认为这是殖民当局为了维护殖民统治而采取的举措，不利于赞比亚民族独立斗争的开展。但是，当地酋长配合殖民当局推行的农业生产政策，通过加强农产品的生产和销售，客观上提高了当地的农业生产水平，改善了农民的生活。卡万扎酋长所辖地区的农民，仅1954年一年就生产了12612袋玉米，销售出1515袋带皮花生。③ 到了1957年，姆班贡贝酋长所辖的地区也成为玉米的主产区，成为东方省卡泰特地区的"发展样板"。④

然而，卡泰特之外的其他地区，农业发展仿佛要逊色一些，这是由多种因素造成的。那里不仅市场环境和交通设施欠缺，更重要的原因是当地农民坚决反对使用新的农业技术，特别是梯田耕作和作物轮作。⑤ 号召农民反对殖民当局出台的农业发展计划，很大程度上是赞比亚非洲人国民大

① National Archives of Zambia，EP 2/710，Katete Tour Report，No. 5 of 1957. Notes from Dr. Walima T. Kalusa.

② National Archives of Zambia，EP 1/1/19，Record of a meeting of the Chipili Sub-Council of the Chewa Native Authority held at Chadiza on March 25，1960. Notes from Dr. Walima T. Kalusa.

③ National Archives of Zambia，EP 2/708，Katete Tour Report，No. 2 of 1954. Notes from Dr. Walima T. Kalusa.

④ National Archives of Zambia，Northern Rhodesia，*African Affairs Annual Report for the Year 1957*，p. 70. Notes from Dr. Walima T. Kalusa.

⑤ National Archives of Zambia，EP 2/710，Katete Tour Report，No. 5 of 1957；on the same file see Katete Tour Report，No. 11 of 1957. Notes from Dr. Walima T. Kalusa.

会和后来的联合民族独立党精心策划的。尽管遭到民族主义政党的反对，但是卡龙加·加瓦·翁迪十世本人仍积极地拥护殖民当局制定的农业政策，他和民族主义政党在对待英国推行的农业政策方面存在根本分歧，为此北罗得西亚非洲人国民大会和联合民族独立党的高层领导人仍然把这些酋长当作殖民当局的附庸。然而，翁迪十世大酋长执行殖民当局农业政策，既是为了属民利益和自身地位，同时客观上也为后来参加民族独立斗争做了必要的物质准备。

尽管卡龙加·加瓦·翁迪十世公开执行殖民当局战后的农业政策，但是他似乎并没有因此受到指责。20世纪50年代末和60年代非洲人国民大会和后来的联合民族独立党加强了反对殖民主义经济政策的斗争，而这时这位契瓦族统治者已经与主要的民族独立斗争精英们一道，在国家层面和基层破坏殖民统治机构，反对英国的殖民统治。他支持民族解放事业，20世纪50年代末他坚决拥护卡翁达领导的民族主义斗争。在投身民族解放斗争的同时，这位大酋长仍然继续推广科学种田，发展市场性农业，实现他提高属民经济福祉的愿望。这也让他的那句格言更加切合实际，靠"空肚子"开展反殖的独立斗争是不能成功的。[1]

二 酋长与殖民政权的对立与斗争

殖民主义的到来和殖民统治的建立，始终与当地人民的反殖斗争如影随形。作为传统社会的领导者，酋长站在了反殖斗争的最前沿。殖民主义侵犯了传统酋长和当地人民的生存权益，酋长早期领导的武装抵抗失败后不得不臣服于英国的殖民统治，但是无论是在经济方面还是政治方面，非暴力的反抗斗争时有发生，酋长与殖民政权的合作与矛盾始终并存于整个殖民统治时期。20世纪20年代起，非洲殖民地人民的反殖运动再度高涨，酋长除了依靠自己的身份和地位进行反抗之外，还支持本地人民自发组织起来的反殖政治斗争。

第一次世界大战结束后，南部非洲土著人的政治组织大量涌现，这些组织是为应对地方性问题而组织起来的，包括一些"土著人协会""土著

---

[1] Walima T. Kalusa, in collaboration with Mapopa, Mtonga, *Kalonga Gawa Undi X: A Biography of an African Chief and Nationalist*, Lusaka: Lembani Trust, 2010, p. 65.

人大会"以及"福利团体",后来逐渐扩大了活动范围,成为反映土著人诉求的组织。他们收集并向殖民当局递交申诉、请求和表示不满的呈状,逐步把土著人拉入反对殖民主义的政治活动。北罗得西亚第一个"福利协会"成立于1923年,创建者中就有赞比亚开国总统肯尼思·卡翁达的父亲戴维·卡翁达。[①] 1930年,在北罗得西亚行政中心利文斯顿也成立了一个反殖政治组织,创建者中甚至有殖民当局的两位文职雇员艾萨克·尼伦达和爱德华·坦博(二人均为尼亚萨兰血统),该组织发展到拥有会员350人,并得到了当地通加族酋长的支持。此后,各类反殖斗争协会在北罗得西亚各地纷纷涌现,特别是在铜带地区和铁路沿线的城镇,例如卢萨卡、马扎布卡、布罗肯-希尔、恩多拉、乔马、卢安夏、钦萨利、阿伯康、卡萨马、詹姆森堡以及许多其他城市和村庄都有类似协会。[②] 这些组织都或多或少地得到了当地酋长的支持。1930年6月,世界黑人进步联合会[③]还在利文斯顿分会举行了一次会议,卡洛莫(Kamolo)地区的4名通加族酋长受邀参加,其中一个叫穆索科特瓦尼(Mosokotwani)的酋长,在讲话中抨击了殖民当局的"皇家领地和土著保留地法令"[④],认为"他们要把我们从祖先长眠的土地上驱赶到陌生的土地上去"。[⑤]

到了殖民统治后期,酋长对于侵犯其利益的殖民政策仍然是公开反对的。为支持英国的战后经济发展计划,卡龙加·加瓦·翁迪十世在东方省契瓦族生活的地区贯彻实施殖民当局的农业发展政策,于是在独立之前东方省出现了一批乡村市场性的生产者。市场必然会受生产价格波动的影响,由于缺乏完善的市场环境,市场性的生产者与农耕者一样,其农业收益具有很大的不确定性。此外,他们还受欧洲白人农民对非洲黑人农民歧

①　H. S. Meebelo, *Reaction to Colonialism*: *A Prelude to the Politics of Independence in Northern Zambia*, *1893 - 1939*, Manchester: Manchester University Press, 1971, pp. 235 243.

②　Robert I. Rotberg, *The Rise of Nationalism in Central Africa*: *The Making of Malawi and Zambia*, *1873 - 1964*, Cambridge, Massachusetts: Harvard University Press; London and Nairobi: Oxford University Press, 1966, pp. 115 - 134.

③　世界黑人进步联合会(Universal Negro Improvement Association)成立于1920年,由著名牙买加黑人马库斯·加维(Marcus Aurelius Garvey)在美国纽约创立,该组织首次提出了"非洲是非洲人的非洲"(Africa for the Africans)的口号。

④　"皇家领地和土著保留地法令"(Crown Lands and Native Reserves Order-in -Council)由英国殖民当局于1928年在立法会议上制定出台,法令要求将利文斯顿和布罗肯-希尔(今卡布韦)之间铁路沿线土地上的土著人(主要为通加族)赶到偏远的"保留地",而将土地让给白人农民。

⑤　Richard Seymour Hall, *Zambia*, London: Pall Mall Press, 1965, p. 117.

视性价格政策的影响。在 20 世纪 50 年代末和 60 年代，卡泰特地区的农民用激烈的民族主义言辞，表达了对歧视性价格政策的不满。[①] 于是，由非洲人国民大会和联合民族独立党发起的反对殖民当局种族主义经济政策的斗争，在卡泰特地区获得了广泛的支持，各酋长和农民强烈反对将奇帕塔周围的土地转让给白人农民，还抨击殖民当局不给乡村地区修路，更不修建对促进乡村农业经济至关重要的基础设施。[②] 翁迪十世大酋长带头反对这种歧视性的价格政策，在联合民族独立党的号召和酋长的抗议下，卡泰特农民反对殖民统治的浪潮高涨起来。

除了经济领域的合作与斗争之外，翁迪十世大酋长在政治管理特别是传统事务管理方面，与殖民政权展开了斗争。他还是东方省契瓦族候任酋长时，就在一封回复给地区专员的信中披露，殖民当局的地区专员严厉斥责他解决当地婚姻纠纷的方法。在这封于 1952 年 8 月 7 日用英文写的信中，他提醒奇帕塔（旧称詹姆森堡）的地区专员，调解属民的婚姻纠纷，他依靠的是本地的婚姻习俗，而不是根据英国的殖民地法律。[③] 坦白地说，这位候任酋长极力维护他作为契瓦族最高酋长的地位，拒绝接受殖民当局对地方传统习俗的干涉。1943 年 11 月，北罗得西亚总督韦伦斯基建议南北罗得西亚在完全自治的条件下立即合并，西方省和南方省的区议会（其中有酋长代表）则作出决议，一致反对北罗得西亚与南罗得西亚（后来的津巴布韦共和国）进一步联合。1953 年 8 月，由北罗得西亚、南得西亚和尼亚萨兰殖民地组成的"中非联邦"成立，之后的 10 年时间里，非洲人国民大会和联合民族独立党相继领导了反对"中非联邦"、争取黑人多数统治的民族主义斗争。1958 年和 1960 年，翁迪十世大酋长还作为殖民地代表参加了分别于卢萨卡和伦敦举行的制宪谈判，制宪谈判的结果就是英国同意解散"中非联邦"，同意北罗得西亚脱离英国独立。1963 年 12 月，"中非联邦"解体。1964 年 10 月，北罗得西亚脱离英国殖民统治成为独立国家，正式定国名为"赞比亚"。

① National Archives of Zambia, EP 2/7/12, Katete Tour Report, No. 11 of 1959. Notes from Dr. Walima T. Kalusa.

② Jotham C. Momba, "Peasant Differentiation and Rural Party Politics in Colonial Zambia", *Journal of Southern African Studies*, 11, 2 (1985), pp. 281 – 294.

③ National Archives of Zambia, EP4/7/13, Paramount Chief Undi to District Commissioner, Fort Jameson, 7 August 1952. Notes from Dr. Walima T. Kalusa.

第二节　酋长对赞比亚民族独立斗争的态度

作为属民利益的维护者和自身地位的捍卫者，翁迪十世大酋长在风起云涌的民族解放运动中，对殖民当局的态度经历了由拥护到反对的过程，并以自己的特殊身份和地位从事反殖斗争，他对民族独立斗争的态度也由敌视和反对转变为支持和参与。他对民族主义斗争的态度，均是以属民权益和自身地位和影响为出发点作出的选择。这种转变，是与其个人经历、殖民当局的镇压、属民与自身利益的维护、民族独立斗争形势的变化密切相关的。可以说，翁迪十世大酋长对民族独立斗争从反对到支持和参与的态度转变，一定程度上反映了赞比亚酋长在历史潮流中经历着传统和现代性因素的互动与调适。

一　酋长最初对民族独立斗争的反对

卡龙加·加瓦·翁迪十世大酋长就任伊始，就对非洲开始出现的民族解放运动持敌对态度，反对民族主义政党领导的民族独立斗争。1953—1956 年，他在东方省多次发表公开言论，反对非洲人国民大会的领导人。1956 年年底翁迪十世大酋长在圣诞节发给下属酋长的信中，严厉谴责非洲人国民大会在东方省的活动，将非洲人国民大会视为"心胸狭隘和险恶"的暴发户，认为他们"煽风点火却让人民来承受灭火的后果"。他警告其下属酋长和所有属民，不要被非洲人国民大会的反殖宣传所蛊惑。他还认为，民族主义者的花言巧语，既不能提高人民的生活水平，也不能使社会得到发展，酋长才是人民唯一的合法领导者，只有维护酋长的地位与权威，才能促进社会经济发展。翁迪十世大酋长还多次告诫其下属酋长们，要"与北罗得西亚政府团结一致"来想办法解决当地的社会经济困难。①

---

① National Archives of Zambia，EP1/1/36，Paramount Chief Undi's Christian Message to（Chewa）Chiefs，28 November 1956 and Northern Rhodesia，*African Affairs Annual Report for the Year 1956*，p. 52. Notes from Dr. Walima T. Kalusa.

翁迪十世大酋长起初对于非洲各地民族解放运动持敌对态度，原因之一是他不满民族主义政党高层官员的个人专断作风，北罗得西亚非洲人国民大会主席哈里·姆万加·恩孔布拉独断专行令他感到不快，使他对非洲人国民大会的反殖斗争持反对意见，拒绝接受非洲人国民大会和恩孔布拉的领导。在 1953 年非洲人国民大会领导的反对"中非联邦"的斗争中，赞比亚各地不少酋长给予了支持，其中有 120 名酋长不顾殖民当局的威逼利诱，坚决拥护非洲人国民大会的领导，在反对成立"中非联邦"的请愿书上联合签名，而这 120 位酋长中没有翁迪十世。除了独断专行的领导方式之外，更加让翁迪十世不能接受的是非洲人国民大会的斗争方式。北罗得西亚非洲人国民大会、赞比亚非洲人国民大会及联合民族独立党相继组织了抗议、罢工和示威活动，宣称追求国家的独立和自由，对殖民当局进行口诛笔伐，甚至发生了肢体冲突。翁迪十世一向反对与殖民当局针锋相对的尖锐斗争方式，即使他后来参加了反殖运动，仍然将这些对立性的斗争视为没有必要的举动，认为这不利于维护其酋长的身份和地位。[1] 此外，由于恩孔布拉不愿（或者可能是没有能力）制止那些在反殖斗争中将斗争扩大化的激进分子，包括抨击那些谋求不同政治目标、与非洲人国民大会持有不同见解的传统酋长，导致翁迪十世对非洲人国民大会斗争方式的不满情绪不断加深。[2]

正是由于这些原因，翁迪十世公开反对 20 世纪 50 年代早期的民族主义政党领导的反殖斗争。他敏锐地察觉到，民族主义政党的独断专行对酋长的权威和权力是一种比殖民主义更大的潜在威胁。于是，他要求下属酋长和属民与殖民当局全面合作，协助殖民当局镇压民族独立斗争。他秉承反对民族独立斗争的立场，为他从东方省殖民当局那里赢得了大量的荣誉。例如，1956 年东方省专员赞扬翁迪十世是一个具有永恒智慧、声望和权威的非洲酋长典范。[3] 然而，翁迪十世的这一立场，把自己推到了民族主义政党的对立面，引起了非洲人国民大会的不满，省内外一些非洲人国

---

① Mama Nyangu, interview cited, in Walima T. Kalusa, in collaboration with Mapopa Mtonga, *Kalonga Gawa Undi X: A Biography of an African Chief and Nationalist*, Lusaka: Lembani Trust, 2010, p. 62.

② Ibid.

③ National Archives of Zambia, Northern Rhodesia, *African Affairs Annual Report for the Year 1956*. Notes from Dr. Walima T. Kalusa.

民大会的激进分子甚至多次威胁要杀死他。①

翁迪十世即位早期的政治立场完全是从本族群利益出发的，思想上具有利己主义的狭隘性，而没有能够站在全局的视角，没有顺应非洲殖民体系即将瓦解、民族解放运动蓬勃开展的历史潮流。他认为，在英国殖民统治的制度框架内来提高契瓦族属民的福祉是最好的选择，因此他需要利用而不是反抗殖民当局。这种思想明显与民族主义政党摆脱殖民统治、争取国家独立的斗争目标相悖，而且他认为民族解放运动的斗争路线不仅毫无来由，而且民族主义政党领导人的独断专行更会损害酋长和自己属民的利益。因此翁迪十世在即位初期反对民族主义政党领导的民族独立斗争，选择与殖民当局合作。从他发给各下属酋长的圣诞节信函②中可以看出，这位大酋长既担心削弱传统领导者的权威和权力，又担心民族独立斗争会让北罗得西亚脱离英国的管理，因为他认为非洲的经济和社会发展不能脱离宗主国的殖民主义制度框架，更离不开与宗主国的合作。

翁迪十世反对民族独立斗争还有一个原因，那就是他认为民族主义政党所进行的政治宣传、发动群众、街头抗议、罢工游行是低级行为，与他大酋长的地位很不相称。他认为，作为传统酋长，自己的主要职责是针对契瓦族人，提高他们的福祉，改善他们的生活，他并没有责任去管理其他族群，更没有义务去解放殖民统治下的全体北罗得西亚人。因此，翁迪十世在即位初期坚决抵制非洲人国民大会在东方省的活动，还对他管辖的所有12个契瓦族酋长领地进行了"大量的亲密之旅"。无论他到哪里，他都始终敦促他的下属酋长与宗主国合作。这些"亲密之旅"也包括用自行车长途骑行穿梭于各酋长领地，虽然会弄得极度疲惫，但是后来这位大酋长将这些行程回忆视为他作为一个年轻领导者时一种极其兴奋的体育锻炼。③从翁迪大酋长起初对反殖斗争的敌对态度和在履行酋长职责方面的尽职尽责可以看出，为了保护自身的传统权威和契瓦人的利益，他更愿意维持殖民统治的现状，反对民族主义政党领导的反殖斗争，不愿打破北罗得西亚

① National Archives of Zambia，Northern Rhodesia，*African Affairs Annual Report for the Year 1958*，p. 48. Notes from Dr. Walima T. Kalusa.

② National Archives of Zambia，EP 1/136，Paramount Chief Undi's Christian Message to（Chewa）Chiefs，28 November 1956. Notes from Dr. Walima T. Kalusa.

③ Kalonga Gawa Undi X，"Speech during the Golden Jubilee Celebrations"，*Mkaika Traditional Headquarters*，Katete，3 March 2003.

的殖民统治秩序。然而，仅仅在他继任契瓦族大酋长职位3年之后，翁迪十世就参加了恩孔布拉领导的北罗得西亚非洲人国民大会，加入到赞比亚民族解放运动的洪流中。以后，他便由一个愿意与殖民当局合作的人，转变成为一个强烈反对英国殖民统治的人。

二 酋长对民族主义斗争由反对到支持的转变

1955年，北罗得西亚非洲人国民大会有党员4万多人，其中酋长有105人，村头人3000人。[①] 随着民族独立斗争形势的发展，从1957年起翁迪十世对殖民主义的认识发生了根本转变，他对赞比亚风起云涌的反殖斗争也由反对转向支持，而且竭尽全力致力于民族主义斗争。促使这位大酋长对殖民统治和民族独立斗争态度转变的主要因素有两个：一是自身因素。1956年底至1957年底，翁迪十世访问了英国。在英国一年的学习与见闻，促使他看清了殖民主义的本质，对非洲民族解放运动及赞比亚的民族独立斗争也由反对转向支持、参与；二是外部因素。20世纪50年代后期赞比亚各地包括他所在的契瓦族各酋长领地，反殖斗争日益高涨，这种新的斗争形势促使翁迪十世大酋长顺应了这一形势，开始支持民族独立运动，并身体力行地进行反殖斗争。

自身因素是影响翁迪十世大酋长对殖民统治和非洲民族解放运动态度转变的关键。从反对到拥护赞比亚的民族独立运动这一转变，是1957年他从英国接受培训完毕回到赞比亚之后发生的。他1956年在英国托尔基（Torquay）的南德文学院参加了英国政府主办的地方政府管理课程的学习[②]，这次学习在影响这位传统统治者的政治思想方面起到了重要作用。托尔基的课程学习连篇累牍地强调英国地方政府管理制度中的民主原则。这使得这位年轻的酋长清晰地意识到英国在北罗得西亚殖民统治的残酷性，欧洲的殖民官员在那里统治着当地土著人，用他们垄断的权力去委任和罢黜酋长。而且，殖民当局不允许土著黑人在殖民当局的立法机关里拥有发言权，立法会议和执行委员会都没有土著黑人的代表。因此，英国并

---

① 参见肯尼思·戴维·卡翁达《卡翁达自传：赞比亚必将获得自由》，上海人民出版社1976年版，第58页。

② National Archives of Zambia, EP 1/1/36, Kuunika〔Newsletter〕, No. 3 of 1956; Northern Rhodesia, *African Affairs Annual Report for the Year 1956*, p. 51. Notes from Dr. Walima T. Kalusa.

没有把殖民地的臣民当作与本国人一样的平等公民，宗主国在北罗得西亚的殖民统治也不是为了造福当地人民，而是为他们自己的殖民利益服务。这些新的认识，促使翁迪十世对他在东方省掌管的土著权威委员会进行改革，将自己掌控的这些土著权威机构改造成为东方省一股不可忽视的反殖斗争力量。

翁迪十世在英国期间，除了接受英国政府主办的地方政府管理课程培训之外，他在课堂之外的所见所闻对他影响也是颇为巨大的。英国和欧洲大陆国家都没有种族歧视政策，翁迪十世在英国也没有感受到在北罗得西亚所存在的欧洲人对非洲人的种族歧视。1956 年 12 月 21 日至 1957 年 1 月 14 日，翁迪十世本人被邀请与赫斯顿、米德尔塞克斯的白人神父们一起过圣诞节假期，后来他还与爱尔兰默里的 J. P. 莫兰神父（自奇帕塔来休假）及其家人一起度假。他还与英国女王一起参加了白金汉宫的花园聚会。这些礼遇令他感到非常荣幸，也感到非常惊奇①。1957 年底，他从欧洲返回北罗得西亚的途中，造访了罗马和梵蒂冈。翁迪十世大酋长看到，欧洲的黑人可以与白人一样在餐馆吃饭、在宾馆睡觉，可以去任何白人经常光顾的地方，他更被深深地震撼了。这些经历必然会对这位来自殖民统治下的北罗得西亚契瓦族大酋长的思想带来深刻的影响，因为殖民统治下的北罗得西亚土著黑人被排除在"欧洲人主导一切"的空间里，没有个人和公民自由，在自己出生和生活的土地上被外来的欧洲人当成"二等公民"。②

在英国接受培训期间，翁迪十世与来自大英帝国其他殖民地的"同学"结交，建立了彼此的沟通与联系，多数"同学"一致反对英国的殖民统治，这也在客观上促进了他思想的转变。他们的反殖民主义立场，源自 1957 年在英国南威尔士卡迪夫学习时形成的一种坚定的信念，在那次英国议会主办的学习班上，翁迪十世遇到了 34 个来自 15 个英属殖民地或前殖民地的学生。在这些新结识的人中就有一些酋长，他们强烈反对英国对殖

---

① National Archives of Zambia, EP 1/1/36, Kuunika［Newsletter］, No. 3 of 1957. Notes from Dr. Walima T. Kalusa.

② 20 世纪五六十年代去过欧洲的其他黑人也有这样的经历。参见 Andrew J. DeRoche, *Andrew Young: Civil Rights Ambassador*, Washington, DC: SR Books, 2003, pp. 7 – 8。

民地的殖民统治，而且他们都有"清晰的、缜密的经济和政治思想"①，他们甚至要求立即解散大英帝国，强烈反对罗得西亚和尼亚萨兰组成的"中非联邦"。甚至，令他的一些"同学"非常不理解的是，罗得西亚和尼亚萨兰联邦的非洲人为什么不拿起武器，赶走给他们带来痛苦的白人殖民者。②

莫里斯·卡特瓦（Morris Katwa）酋长也是一位来自北罗得西亚的"学员"，他反对殖民主义、要求解散"中非联邦"的立场，给翁迪十世留下了深刻的印象。莫里斯·卡特瓦曾经是一位教师，第二次世界大战之后被英国殖民当局任命为北罗得西亚南方省查马地区通加族的马潘扎酋长（Chief Mapanza）。20 世纪 50 年代早期，莫里斯·卡特瓦加入北罗得西亚非洲人国民大会，坚决反对成立"中非联邦"，他的这一转变令英国殖民当局感到非常惊讶。事后看来，他参加非洲人国民大会是深谋远虑的"一箭双雕"妙招。首先，他积极参加非洲人国民大会的政治活动，希望把自己作为传统酋长的影响施加到民族独立斗争中来。其次，他想利用自己参加民族独立斗争的机会，来抵消非洲人国民大会内部对战后殖民当局推行殖民地经济发展计划的反对声浪。因为，他作为通加族的酋长，认为殖民当局推行的经济发展计划对其属民是有益的，而非洲人国民大会和后来的联合民族独立党强烈反对这一经济发展计划，认为这是殖民当局拉拢当地人的伎俩，将其作为反殖斗争的内容来加以抨击。③

莫里斯·卡特瓦于 1957 年下半年在英国托尔基认识翁迪十世时，已经是非洲人国民大会查马地区的支部书记了，这使他的酋长身份一直面临着被殖民当局废黜的风险。这位马潘扎酋长一边参加反殖民主义的政治活动，一边在其领地内大刀阔斧地推行经济发展计划。他热衷于推行改革措施，推动本辖区经济发展，还在自己的"王宫"附近建立了健康护理中心和学校等公共设施。20 世纪 60 年代初，马潘扎酋长掌管的领地是当时北

---

① National Archives of Zambia, EP 1/1/36, Kuunika [Newsletter], No. 3 of 1957, 1 March 1957. Notes from Dr. Walima T. Kalusa.

② Walima T. Kalusa, in collaboration with Mapopa, Mtonga, *Kalonga Gawa Undi X: A Biography of an African Chief and Nationalist*, Lusaka: Lembani Trust, 2010, p. 41.

③ Ibid. , p. 42.

罗得西亚最富有的酋长领地之一。① 马潘扎酋长集传统酋长、政治家和现代化的开拓者身份于一身，而殖民当局却没有因为他从事的反殖政治活动而废黜他，这明显打消了翁迪十世萦绕心头已久的顾虑，他开始思考酋长在民族独立斗争中能够发挥怎样的作用。翁迪十世和马潘扎酋长回到北罗得西亚殖民地后，保持着密切的联系和交往。20 世纪 50 年代末，他们联合一致，强烈要求殖民当局取消"中非联邦"和支持乡村经济发展。后来，这两位酋长也作为北罗得西亚的酋长代表参加了 1960 年 10 月在卢萨卡和 12 月在伦敦兰开斯特宫举行的北罗得西亚制宪谈判。②

翁迪十世在欧洲所建立的社会联系和所受的教育，对塑造他的政治思想意识和改变他对殖民主义的态度，起了关键的作用。1957 年底，翁迪十世刚从英国回来后不久，殖民当局一位有名的白人官员在詹姆森堡（今奇帕塔）会见了他，这位官员察觉到翁迪十世回来后"政治和经济见识宽广了许多"，他把大酋长的这一情况变化归因于"海外教育"。③ 他的这一察觉很快得到了证实。在通加族马潘扎酋长莫里斯·卡特瓦的影响下，在 1957 年底回到北罗得西亚之后不久，他就表达了对英国在东方省殖民统治的不满，并加入了非洲人国民大会，用殖民官员的话说就是"迷失在民族主义政治的旷野"。④ 此后，翁迪十世逐渐转变成了一个殖民主义的反对者，抨击殖民当局，要求解散"中非联邦"。他回来后的立场转变，让东方省的殖民官员感到非常费解，殖民当局以前把翁迪十世当作镇压民族独立斗争的同盟者，现在他却已经转变成为民族独立运动的一位领导人物。此后直到 1964 年，翁迪十世强烈谴责殖民主义的意识和行为，坚决要求殖民当局立即解散"中非联邦"，同意北罗得西亚独立，将权力转交给占人口大多数的黑人。

① See Samuel N. Chipungu, *The State, Technology and Peasant Differentiation in Zambia: A Case Study of the Southern Province*, Lusaka: Historical Association of Zambia, 1988, Chapter V.

② National Archives of Zambia, EP 1/1/54, Clerk of the House of Chiefs to Provincial Commissioner, Eastern Province, 8 January 1963. Notes from Dr. Walima T. Kalusa.

③ National Archives of Zambia, Northern Rhodesia, *African Affairs Annual Report for the Year 1957*, p. 55. Notes from Dr. Walima T. Kalusa.

④ National Archives of Zambia, Northern Rhodesia, *African Affairs Annual Report for the Year 1958*, p. 50. Notes from Dr. Walima T. Kalusa.

第三节 酋长的反殖斗争策略

在反殖斗争中，卡龙加·加瓦·翁迪十世利用自己传统酋长的身份，将殖民主义的制度框架为己所用，把自己掌管的殖民权力机构——土著权威委员会改造成了反殖斗争的大本营，使土著权威委员会成为民族独立斗争的一支生力军。他20世纪50年代末加入反殖斗争的洪流后，开始通过土著权威制度以及其他殖民主义的制度设计来反抗英国的殖民统治。具有讽刺意义的是，英国殖民当局力图通过强化土著权威委员会的权力来镇压北罗得西亚的民族独立运动，翁迪十世大酋长却利用"职务之便"将其打造成了支援反殖斗争的阵地。翁迪十世的反殖斗争与联合民族独立党领导的民族独立斗争遥相呼应，为赞比亚摆脱英国殖民统治、走向国家独立作出了贡献。在非洲民族解放运动的历史大潮面前，英国在北罗得西亚的殖民统治变得风雨飘摇，不得不同意以制宪谈判的手段推动北罗得西亚"自治"。翁迪十世作为传统酋长的一位代表，还与联合民族独立党的代表一起参加与英国政府的谈判，与联合民族独立党共同推动赞比亚走向国家独立。

一 将土著权威机构打造成反对殖民统治的阵地

1957年后，翁迪十世作为一位传统统治者，开始加入到民族主义政党领导的民族独立运动中，为争取民族解放和国家独立而奋斗。英国作为北罗得西亚的殖民宗主国，千方百计想要扑灭民族独立斗争之火。为了达到这一目的，保住其殖民利益，英国殖民当局出台一系列新政策，压制民族独立斗争。在乡村地区，土著权威委员会和土著法院是两个由殖民当局设立、由传统酋长掌管的机构，旨在发挥酋长的传统影响来维护英国在乡村地区的殖民统治。自20世纪30年代以来，殖民当局只是通过这两个机构来进行征税和贯彻殖民当局的法律与法令。到了50年代末，英国计划将这两个机构转化成为一个镇压民族独立斗争的殖民权力机构，借此利用酋长的力量镇压民族独立斗争。首先，英国殖民当局不断请求他们制定法令，让他们干预和压制本地区任何不合法的政治活动，将参加过民族独立斗争的人驱逐出本地区。殖民当局对土著权威委员会及其法庭施压，让他们逮捕、审判和关押非洲人国民大会和联合民族独立党的"鼓动分子"。其次，殖民当局毫不留情地解除或威胁解除那些支持民族独立运动的土著权威委员会人员和酋长的职务。①

为了填补解除一些酋长职务之后留下的空缺，殖民当局开始把另一些酋长和议员吸收到土著权威机构中来，选择这些酋长和议员不是根据他们是否拥护间接统治制度，而是根据他们的个人素质，更准确地说，就是他们对殖民政权的忠诚度。无论如何，这都明显违背了间接统治制度，至少理论上在招募酋长委员会成员时更加重视对殖民政权的忠诚度了。② 英国殖民当局的目的是把拥护殖民当局的人安置在土著权威委员会，但是这项政策在执行过程中也会出现这种情况，即任命的酋长对殖民政权的忠诚度微乎其微，甚至这种忠诚度根本就不存在。

一些酋长在殖民当局的要挟下屈服了。例如，为了取悦东方省殖民当局的专员比令（M. G. Billing），卡泰特地区的姆班巩博酋长（Chief Mbangombo）1957 年开始禁止非洲人国民大会的领导人在其领地内举行会议，并将他们驱逐出其领地，另有东方省的几个其他酋长也采取了同样的举动。③ 但是，翁迪十世在殖民当局的恐吓和要挟面前没有屈服，1957 年底至 1958 年，他公开支持北罗得西亚非洲人国民大会，1958 年该党分裂后，他转而支持赞比亚非洲人国民大会和后来的联合民族独立党。首先，翁迪十世按照间接统治制度和土著权威制度的要求，充分利用法律允许大酋长可以任命本地土著权威委员会成员的权力，来任命契瓦族土著权威委员会的成员，阻止了殖民当局官员想要在契瓦族土著权威委员会安插亲信。其次，翁迪十世坚持将对自己的忠诚作为土著权威委员会成员最重要的素质，这样他给自己留出充分的空间，将那些具有民族主义思想的人员和酋长吸收到土著权威委员会中来。

① See Samuel N. Chipungu, "African Leadership under Indirect Rule in Colonial Zambia", in Samuel N. Chipungu (ed.), *Guardians in their Time: Experiences of Zambians under Colonial Rule*, London: Macmillan, 1992, pp. 50 – 73.

② Ibid., pp. 53 – 54.

③ National Archives of Zambia, EP 2/7/07, Comments by Provincial Commissioner on Katete Tour Report, No. 4 of 1957. Notes from Dr. Walima T. Kalusa.

长久以来，土著权威委员会成员（包括酋长）的津贴由殖民宗主国支付一半，而由位于恩亚韦姆博的契瓦族土著权威最高委员会支付剩下的部分。翁迪十世通过上下游说，废止了这一惯例。由于契瓦族土著权威最高委员会从 20 世纪 50 年代末起手里有了充足的资金，翁迪十世大酋长决定执行一项新规定，土著权威委员会所有成员的薪水全部由最高委员会自己支付。① 这项财政改革的意义是深远的，它不仅使契瓦族土著权威委员会获得了财政独立，摆脱了宗主国的财政控制，而且令英国殖民官员想要切断土著权威委员会员工和酋长的津贴来源的想法化为泡影。殖民官员认为只要切断财源，土著权威委员会就无法支持非洲人国民大会和联合民族独立党的活动了。

20 世纪 50 年代后半期，翁迪十世同样阻止了东方省白人殖民官员的一项分权计划。这项计划准备赋予奇皮里和卡戈罗的下级土著权威委员会行政与财政权力，而这两项权力一直由奇帕塔的契瓦族土著权威最高委员会所独有，翁迪十世大酋长通过这个最高委员会独揽大权。② 奇帕塔的白人官员认为，这项提议的目的就是提高两个下级土著权威委员会的行政效能。但是，如果这项计划付诸实施，将会极大地削弱契瓦族土著权威最高委员会的权威，从而降低翁迪十世大酋长的权力、威望和影响。③

翁迪十世把拥护民族独立斗争的人吸收进本地土著权威委员会，通过采取财政改革摆脱殖民宗主国的财政控制，这位大酋长在努力消除殖民主义影响的过程中，强化了契瓦族的土著权威制度结构，把他掌管的土著权威委员会变成一个名副其实的反殖斗争阵地。④ 他的改革很快就把他自己推上了一条与殖民当局的对抗之路，他成功地挫败了英国殖民当局削弱土著权威影响的图谋。有的殖民官员直截了当地说，翁迪十世掌管的土著权威委员会成了"与中央国家机器对抗的工具，而不再是中央国家机器的一

① National Archives of Zambia, Northern Rhodesia, *African Affairs Annual Report for the Year 1958*, p. 50. Notes from Dr. Walima T. Kalusa.

② Ibid.

③ Ibid.

④ Walima T. Kalusa, in collaboration with Mapopa, Mtonga, *Kalonga Gawa Undi X*: *A Biography of an African Chief and Nationalist*, Lusaka: Lembani Trust, 2010, p. 50.

个组成部分"。①

二 与联合民族独立党合作推动国家独立谈判

20世纪50年代末,翁迪十世已经认识到,摆脱英国殖民统治、争取民族独立的斗争不应只局限于契瓦族土著权威委员会和东方省。20世纪60年代起,他开始与北罗得西亚酋长委员会的其他酋长进行合作,共同反对殖民主义,越来越多地参与到民族独立斗争中来。他特别与姆皮卡地区比萨–奔巴族的奇克万达酋长、姆维尼龙加地区隆达族的伊克莱治酋长、查马地区通加族的马潘扎酋长进行了合作。这三位酋长与翁迪十世都是殖民地酋长委员会中的酋长代表,他们都对"中非联邦"和殖民主义深恶痛绝。

20世纪20年代,在移居北罗得西亚的白人居民的要求下,英国政府给予白人移民在殖民地立法机关的一定席位和选举权,而将大多数土著黑人排除在这一政治安排之外,当地黑人在殖民当局立法机关没有席位,更没有选举权。1953年颁布的"中非联邦"宪法仍然把占人口大多数的黑人完全排除在立法会议和行政机关之外。翁迪十世从英国回来之后,整个非洲大陆和北罗得西亚的政治形势都发生了巨大的变化,各地民族解放运动浪潮高涨,宪法问题开始上升为北罗得西亚及"中非联邦"的重大问题。尽管英国殖民当局想利用酋长委员会来对付民族独立运动,但是在上述四位酋长联手推动下,北罗得西亚酋长委员会转变成了民族独立运动的代言人,酋长们想通过酋长委员会来表达他们的反殖民主义立场。1960年10月,在伦敦兰开斯特宫制宪会议开幕前夕,卢萨卡的英国殖民当局请酋长委员会认真考虑一下对宪法的修改意见。这些传统酋长提出给予土著黑人选举权,虽然他们的提议没有满足联合民族独立党全民普选权的要求,但酋长提出的选举权请求还是给了殖民政府当头一棒。②

与联合民族独立党一样,翁迪十世大酋长、伊克莱治酋长、马潘扎酋长和奇克万达酋长要求在立法会议和行政机关中给予占人口大多数的黑人

① National Archives of Zambia, Northern Rhodesia, *African Affairs Annual Report for the Year 1958*, p. 50. Notes from Dr. Walima T. Kalusa.

② Walima T. Kalusa, in collaboration with Mapopa, Mtonga, *Kalonga Gawa Undi X: A Biography of an African Chief and Nationalist*, Lusaka: Lembani Trust, 2010, p. 54.

权利，中断北罗得西亚殖民地与"中非联邦"的关系，在 1960 年底作出《联邦宪法报告》前，召开北罗得西亚全殖民地的制宪会议。① 他们还强烈呼吁建立酋长院，通过酋长院他们可以审议立法委员会的议案，并向殖民地长官就公共利益问题提出建议。② 尽管这些提议遭到了殖民当局的反对，但是这些提议让联合民族独立党主席肯尼思·卡翁达非常高兴，他在给一位重要的契瓦族联合民族独立党负责人写信时，欣喜之情溢于言表："这一切都太精彩了，我祈祷无论有多大的压力，他们都能顶得住。他们提出了一个非常好的动议，我确信我们将来接管政权后也不会令他们失望的。"③ 联合民族独立党认识到了酋长们在酋长委员会预备会议上所提宪法建议的重要性，对四位酋长表示感谢。这四位酋长促使酋长委员会与联合民族独立党走向了同一个政治舞台。1960 年 12 月，北罗得西亚酋长委员会下辖的选举委员会 25 名成员一致推举这四位酋长作为他们的代表，参加在伦敦兰开斯特宫举行的制宪会议。这充分显示了翁迪十世和其他三位酋长在北罗得西亚传统酋长队伍中所受到的尊重、信任和钦佩。

在伦敦，酋长代表和民族主义政党代表一致表示，支持 10 月在卢萨卡提出的宪法建议。而且，四位酋长代表完全赞同联合民族独立党的要求，即在普选权的原则下确立选举制度。④ 虽然他们的提议并没有被英国政府和参加谈判的白人移民代表全部接受，但是传统酋长与民族主义政党联合提出的宪法建议，足以令英国政府相信北罗得西亚的民族独立运动已经形成一股合力，拥有足够强大的内聚力、统一性和掌控力，而这正是英国赋予处于"帝国边缘地带"的殖民地政治独立的前提条件。1960 年12 月的伦敦制宪谈判中，酋长们提出的宪法建议在伦敦谈判时没有被英国政府全盘接受，但是到了 1961 年，在英国殖民大臣伊恩·麦克劳德的推动下，这些建议最终被写入宪法，成为北罗得西亚独立前夕的制度性安排。1962 年酋长院成立，根据麦克劳德的建议，北罗得西亚新宪法也在

---

① David C. Mulford, *Zambia*：*The Politics of Independence*，*1957 – 1964*，London：Oxford University Press，1967，p. 169.

② National Archives of Zambia，EP 1/1/54，Cabinet Office Circular，No. 39 of 1964. Notes from Dr. Walima T. Kalusa.

③ David Mulford，*Zambia*：*The Politics of Independence*，*1957 – 1964*，London：Oxford University Press，1967，p. 170.

④ Ibid.，p. 181.

1962 年颁布。① 在新宪法的框架下，联合民族独立党和非洲人国民大会赢得了选举并组建联合政府。这大大动摇了"中非联邦"的根基，1963 年英国殖民者被迫解散"中非联邦"。1964 年 1 月 22 日，北罗得西亚获得内部自治。1964 年 10 月 24 日北罗得西亚宣布独立，定国名为赞比亚共和国，仍留在英联邦内，联合民族独立党主席卡翁达成为赞比亚总统。

---

① 对 1962 年宪法最详细的研究，见 David C. Mulford，*The Northern Rhodesia Constitution*，Nairobi：Oxford University Press，1964。

第四章　赞比亚独立后的酋长制度

在殖民统治确立以前，酋长是各族群至高无上的统治者，集神权、政权、军权、司法权、土地分配权等于一身。殖民统治确立后，酋长制度被保留下来，并被纳入西方国家在非洲的殖民管理体系中，但他们的立法权、司法权和统帅军队等权力被剥夺，在一定程度上成了为殖民统治服务的工具。大多数非洲国家独立后，不同程度地保留了酋长制度，对它的权力与地位作了种种限制，将这种传统社会组织形式和政治制度融入现代政权的组织结构之中，使酋长制度继续在现代社会中发挥重要的作用。赞比亚获得独立后，经历了三个共和国时期，酋长制度继续被保留了下来，但是受非洲国家独立后发展潮流和赞比亚政府政策的影响，酋长的命运经历了一番波折。从独立初期的边缘化到20世纪80年代中期以来的复苏，再到第三共和国时期的规范化，重新赋予酋长崇高的地位，让酋长制度在现代社会继续发挥着重要作用。

第一节　国家独立后酋长地位与职能的变化

从1964年10月获得独立到1973年开始实行一党制，为赞比亚第一共和国时期。这一时期赞比亚政治上保持着多党制，联合民族独立党为执政党，卡翁达任总统。赞比亚在独立之初，仍然保留了酋长制度，并对其进行了利用、限制和改造，通过发挥酋长的传统权威职能，让酋长在一定范围内参与国家和地方事务。政府对以酋长为代表的传统权威采取了既利用又限制的政策。酋长的地位和作用是由议会与政府规定的，政府拥有承认与不承认、提升或废黜酋长的权力，酋长必须得到政府的承认才算合法，而且只能在政府规定的范围内行使职权。从 1973 年开始实行一党制，到 1991 年推行多党民主政治，是赞比亚的第二共和国时期，这一时期执政党联合民族独立党是赞比亚唯一的合法政党，仍由卡翁达任总统。这一时期联合民族独立党和赞比亚政府继续保留酋长制度，并进一步弱化其传统职能。20 世纪 80 年代中期起，赞比亚政府开始重视酋长制度的文化象征意义，支持各族酋长传统仪式的复兴。同时，将有重要影响的大酋长吸收进联合民族独立党中央委员会，纳入现代政治制度框架，强化其政治色彩。1991 年赞比亚恢复多党制后，从 1991—2011 年"多党民主运动"（MMD）连续执政 20 年，而这一时期政府对酋长的政策在这个时期也出现了一些新的变化，政府通过修订宪法来保障酋长的合法权益，恢复和规范酋长院职能。同时对酋长地位和职能进行了规范，酋长可以通过参加地区理事会参与地方事务管理，但不得参与政党政治。通过复兴传统仪式强化酋长的传统文化职能，酋长制度出现了复苏和规范化的倾向。2011 年 9 月，"爱国阵线"（PF）领导人萨塔当选为赞比亚总统后，在中央部委中专门设立了酋长与传统事务部，对酋长制度进一步规范。

一　第一共和国时期酋长地位的式微与边缘化

在第一共和国时期，赞比亚酋长的传统权威地位得到尊重，但是酋长的权力受到了很大的限制与削弱。首先，在行政上酋长不再是最高权威，酋长必须服从于政府的领导。酋长的地位和作用是由议会与政府规定的，政府拥有承认与不承认、提升或废黜酋长的权力。酋长的就任和继承必须得到政府的承认才算合法，而且只能在政府规定的范围内行使职权。酋长必须接受政府的监督，群众对酋长不满可以上告，总统有权任免酋长，即使是群众选出的酋长也不例外。酋长不能像殖民统治时期那样随意让村民无偿地为自己劳动，除了从政府得到一定的薪酬外，酋长特别是村头人，与普通百姓一样也要参加生产劳动，他们的收入不再是靠臣民缴纳的贡赋或服劳役。其次，酋长特别是大酋长传统的军事指挥权、立法权被剥夺，司法权也受到很大限制。大酋长过去被尊为"超人""神的代表"，同时作为政治首领拥有本地的立法大权和司法裁判权，掌握着本部落甚至王国的军事指挥权，率领属民四处征战，对殖民者进行武装抵抗。酋长的军事指挥权和立法权在殖民统治时期就被剥夺了，而赞比亚独立后军队由国家掌握，酋长与殖民地时期一样不再具有军事指挥权，更不能自立武装。

　　赞比亚独立后，新成立的共和国政府于 1965 年 10 月颁布了《地方政府法案》（Local Government Act），法案废除了殖民当局制定的土著权威制度（Native Authority System），在赞比亚全国建立了统一的传统权威民主管理模式。1965 年法案还创建乡村地区议事会（Council）来取代土著权威委员会，明确规定酋长在乡村地区议事会的框架内参与国家的政治事务，这也成为赞比亚独立后地方政治管理的法律依据。法案的第 16 部分第一条规定，乡村地区议事会包括酋长在内最多 4 名议员（Councilors），议员要由负责地方政府事务的部长任命。由于酋长被任命为议员要经过政府部长的批准，因此他们的作用和权威受到了节制，酋长需要在政府的支持下参与地方事务管理。① 后来，酋长对地方事务的管理职能被撤销，他们的作用就只局限于本地区一些传统和习惯事务了。《地方政府法案》还有效地终结了前"巴罗策兰保护地"的半自治地位，"根据这一法案，在西方省②建立五个乡村理事会，取代原来的巴罗策兰王国理事会（Barotse National Council）。该法案造成了中央政府和巴罗策兰（洛兹）传统酋长之间的关系一度紧张，这些传统酋长拒绝与五个乡村理事会进行合作"。③ 法案也将洛兹国王降格为一个普通酋长，使他失去了任命议员和法官、否决立法和掌管巴罗策兰财政的权力。这引起了洛兹族传统酋长的不满，许多洛兹人也对中央政府施行的这一"削藩"政策表示不满。④

　　随后，赞比亚政府作出了一项规定，取消酋长掌管地方法庭的权力，并对传统权威的地位许下了一些"空头支票"，这无疑是对传统权威权力

① Bizeck Jube Phiri, "Traditional Authorities and National Politics in Independent Zambia: A Historical Review", in Lars Buur, Terezinha da Silva and Helene Maria Kyed, *State Recognition of Local Authorities and Public Participation: Experience, Obstacles and Possibilities in Mozambique*, Maputo: Centro de Formação Jurídica e Judiciária-Ministréio da Justiça, 2007, pp. 44 – 45.

② 现在的赞比亚西方省历史上被称为"巴罗策兰"，根据《1964 年巴罗策兰协议》其自治地位被赞比亚政府撤销，从 1964 年 10 月赞比亚独立到 1969 年 10 月该地区的正式名称为"巴罗策省"，仍享有部分特殊权利。1969 年 10 月的政府法令取消了该省在全国的特殊地位，将巴罗策省更名为"西方省"，原西方省更名为"铜带省"。

③ G. L. Caplan, *The Elites of Barotseland*, *1878 – 1969: A Political History of Zambia's Western Province*, Berkeley and Los Angeles: University of California Press, 1970, pp. 212 – 213.

④ David J. Simon, James R. Pletcher, Brian V. Siegel, *Historical Dictionary of Zambia*, Lanham, Maryland; Toronto; Plymouth, UK: The Scarecrow Press, 2008, p. 221.

和威望的进一步削弱。联合民族独立党还想继续建立新的乡村事务管理机构，以进一步削弱传统酋长在乡村地区的影响。[1] 1965 年，赞比亚政府还通过了一个《酋长法案》（Chiefs Act），明确剥夺了酋长的司法权力，废除酋长掌管的传统社会管理机构，但是规定政府有权在需要时赋予酋长新的权力。1965 年赞比亚议会还出台了一个《地方法院法案》，规定酋长在地方法院和法庭不再拥有司法权，其司法权力也仅限于按照习惯法调解处理民事纠纷，酋长可以通过传统法庭充当调解者和仲裁者，处理有关婚姻、财产特别是土地方面的民事案件。1971 年《乡村登记和发展法案》（Registration and Development of Villages Act）是赞比亚独立后第一项赋予酋长新权力的法规，该法案规定酋长有权确认乡村的登记、召集"乡村生产委员会"（Village Productivity Committee，VPC）的选举、参加"乡村生产委员会"和"地区发展委员会"（Ward Development Committee）、在酋长院（House of Chiefs）和地方行政官员以及村民之间进行联络沟通。[2] 在殖民统治时期，酋长参加到殖民当局的地方事务管理中，但是赞比亚独立后他们的作用却被局限在传统和习惯事务中，这一变动让酋长们感到自己的传统地位和权力被边缘化了。

除了通过立法限制酋长权力之外，为了继续发挥酋长在地方事务中的传统影响力，赞比亚中央政府成立了专门的酋长事务协调机构——酋长院（House of Chiefs）。酋长院对中央政府和地方政府起着监督和咨询作用，同时还负责有关传统习俗和文化事务，还负责族群、地区之间的关系与酋长事务等。1968 年酋长院成立，作为议会的咨询机构，为政府决策提供建议和咨询。荷兰莱顿大学学者梵·宾斯波根（Van Binsbergen）长期致力于赞比亚酋长制度的研究，他指出："赞比亚是少有的在国家层面为酋长保留一个确切和荣誉地位的非洲国家，酋长院（就像议会的一个补充机构，类似于威斯敏斯特传统中的贵族院）得以建立，并在独立宪法和后来的众

---

① B. de G. Fortman（ed.），*After Mulungushi-the Economics of Zambian Humanism*，Nairobi：East African Publishing House，1969，pp. 110 – 114.

② *Registration and Development of Villages Act*，1971，Part VI. See also Michael Bratton，"The Social Context of Political Penetration：Village and Ward Committees in Kasama District"，in William Tordoff（ed.），*Administration in Zambia*，Manchester：Manchester University Press，Wisconsin：University of Wisconsin Press，1980，p. 217.

多宪法修正案中逐步规范。"① 酋长院成员均是来自各省的酋长代表，主席由具有威望的酋长担任，类似于一个政府机构框架内的酋长"自治组织"。1968—1981 年，东方省契瓦族大酋长翁迪十世担任酋长院首任主席，南方省伊拉族（Ila）的纳鲁马巴（Nalumaba）酋长和通加族的马潘扎酋长先后继任酋长院第二、三任主席。

　　酋长院的职责范围和权力仅限于传统的特定事务，如习惯法、传统事务法庭、公共财产、部落首领的任免等。酋长院的职能主要是解决关于酋长事务的纠纷，并就改革习惯法向中央政府提出建议。每年议会开幕前，酋长院先召开例会，向议会提出动议和议案，但不具有任何约束力。酋长院在必要时可要求有关部长到酋长院说明情况，部长也可到酋长院征询意见。酋长院自从成立起就成为赞比亚现代政治与传统酋长之间的重要协调机构。通过酋长院，酋长才得以成功地平衡他们的双重角色，即国家政权的代理人和负责保护其属民的传统权威。不过，"虽然赞比亚独立后成立的酋长院，一度被设想为赞比亚国民议会形式上的'第二议院'，但实际上它却从来就不是国家政治的一个重要角色"。②

　　在国家政治和社会生活中，人民群众可以通过酋长表达自己的意愿，争取自己的权利。酋长的这一代表性作用不容小觑，他们有着国民大会议员不可比拟的优势：酋长常年与自己的属民共同生活在一个地方，生活方式与他们更加相近；从传统上讲，酋长捍卫属民利益本来就是分内之事。酋长可以将自己属民的诉求通过酋长院直接向总统表达。1968 年 4 月，卡翁达总统在南方省马戈耶（Magoye）视察时，当地酋长在致欢迎辞时就向他列出了一大堆发展方面的需求。1969 年初，一个由巴罗策省、西北省、东方省各一名酋长组成的酋长代表团，向卡翁达总统建言不应该关闭外国人经营的工厂和商店，还检举联合民族独立党一些年轻党员在这些省份的违法活动。同年 9 月，索尔韦齐的酋长代表就在酋长院的发言中表达了对

① W. M. J Van Binsbergen, "Chiefs and the State in Independent Zambia: Exploring the Zambia Press", in J. Griffiths and E. A. B van Rouveroy van Nieuwaal（eds.）, *Journal of Legal Pluralism: Special Issue on Chieftainship in Africa*, 25 - 26, 1987, p. 143.

② Kate Crehan, *The Fractured Community: Landscapes of Power and Gender in Rural Zambia*, Berkeley, Los Angeles, London: University of California Press, 1997, p. 111.

本地区发展乏力的不满。①

二 第二共和国时期酋长地位的复苏与政治化

酋长制度作为赞比亚传统文化的集中表现就是各族群一年一度的传统仪式，这些仪式已经不再是传统社会展示酋长崇高地位和神圣权力的舞台，而演变成了历史与现实交织、传统与现代融合的现代文化盛典。赞比亚各族群的传统仪式起源于前殖民时期，但是在殖民统治时期，这一仪式或者被取缔，或者自己消失了，因为各地的传统仪式被传教士丑化成"非洲文化堕落和懒散的顽固堡垒"②，英国殖民当局为了宗主国的利益也取缔了一些传统仪式。但是在 20 世纪 80 年代以来，这些传统仪式在赞比亚政府的支持下再度复兴，而且承载了现代社会发展的广阔内涵。

恩通古仪式是生活在西北省的卡温德族一个采摘第一批果实的仪式，每个村子的头人都把以葫芦盛装的、用新收获的高粱酿制的啤酒献给他们所效忠的酋长。西北省姆富布韦（也称契载拉）地区的契载拉酋长说，这一仪式起源于殖民主义到来之前的传统社会，由祖先创造，而在英国殖民统治时期被禁止，赞比亚独立后恩通古仪式在联合民族独立党政府的支持下于 1986 年得以恢复，而现代的恩通古仪式不应该只被看作是保留延续至今的卡温德族认同，而是在独立之后的赞比亚国家一种"卡温德特色"的特别展示。③ 虽然恩通古仪式借用了一些想象中的"传统"，但是它现在已经成为一个现代性的盛事，成为增强国家民族认同、促进经济发展、展示传统文化的平台。在 20 世纪 80 年代，"做卡温德人"的含义不可避免地与做赞比亚公民相互交织，而且也与追求强权和真正主导地位的卡翁达政府密切相关。卡温德酋长从来没有强有力的权力，与赞比亚乡村地区的许多酋长一样，他们仍然被视为在本地拥有至高的道德权威———项联合民族独立党渴望得到的权威。得到这种权威的一种方式就是鼓励当地的

① William Tordoff（ed.），*Politics in Zambia*，Berkeley and Los Angeles：University of California Press，1974，pp. 214 - 215.

② Walima T. Kalusa, in collaboration with Mapopa, Mtonga, *Kalonga Gawa Undi X：A Biography of an African Chief and Nationalist*, Lusaka：Lembani Trust, 2010, p. 108.

③ 2010 年 6 月 12 日，契载拉酋长本人及其随从与笔者在卢萨卡中国饭店面谈时所言。

"部落"仪式，这有助于树立"真实的"赞比亚认同，既了解历史上多种多样的地区"传统"，又能将其稳固地纳入独立后的现代国家政治之中。①在国家政治的框架内，这些仪式所承担的角色就是把本地特有的酋长合法性融入"联合民族独立党及其领导的政府"合法性之中。②

契瓦族人的库兰巴传统仪式 1934 年被英国殖民当局取缔，1984 年在卡翁达总统的支持和翁迪大酋长的主导下，库兰巴仪式得以恢复。翁迪大酋长对复兴传统仪式所做的贡献是一项文化爱国主义行动。通过库兰巴仪式，他希望马拉维、莫桑比克和赞比亚的契瓦族属民保护他们的文化遗产，不让其受到腐蚀。但是，即使被认为是契瓦人的一个文化盛典，库兰巴传统仪式现在已经不单是一项族群事务。自从 1984 年恢复以来，库兰巴仪式具有了新的含义、新的特点和新的功能。对于经济规划者、政治人物和酋长来说，它提供了一个提高南部非洲人民经济、社会和政治福祉的必要平台。就赞比亚来说，库兰巴仪式让来自赞比亚及邻国有关地区的契瓦人和非契瓦人每年都相聚一次，它有助于消弭族群之间的差异和对立。它不仅是契瓦族的一项文化事务，而且已经成为推进民族国家一体化和区域一体化的有效载体。

1973 年赞比亚实行一党制后，联合民族独立党作为全国唯一的政党继续执政，其中央委员会自然是执政党的权力中枢。1983 年 8 月，在联合民族独立党全国代表大会上，西方省洛兹族大酋长利通加和北方省奔巴族大酋长奇蒂姆库卢当选为联合民族独立党中央委员会委员。洛兹族和奔巴族分别是西方省和北方省的主要族群，这两位大酋长是这两个省的传统政治权威的代表，通过推举这两位传统酋长进入执政党的最高权力机关，可以将这两位传统权威纳入执政党的政治框架中来，服务于现代国家政治管理。将他们吸收到联合民族独立党中央委员会，不仅提高了他们在现代政治体制中的地位，还可以对他们的传统职能进行监督和限制。当时利通加和奇蒂姆库卢是国家两个人口最多的族群的大酋长，但是他们当时已不是酋长院的成员，无法履行传统酋长职能，发挥其传统的影响力。可以明确地说，对这两位传统权威来说，他们被剥夺了在他们各自乡村地区的传统

① Kate Grehan, *The Fractured Community*: *Landscapes of Power and Gender in Rural Zambia*, Berkeley, Los Angeles and London: University of California Press, 1997, p. 116.

② Ibid.

政治职能，而去发挥他们作为现代政治体制的一分子去竞逐选民，这令他们处于一种十分尴尬的境地。① 表面上看，酋长成为执政党的中央委员会委员，政治地位获得提升，但是却偏离了其传统的社会职能，呈现了"去职"的状态。而酋长在党的中央委员会实际上是被"架空"了，他们往往是有职无权，不但无法行使现代政治权力，而且离开自己的领地后，其传统权威作用也受到很大掣肘。

1973 年，一股反政府力量从安哥拉侵入赞比亚姆维尼隆加地区（Mwinilunga District），14 个村庄被袭击和焚毁，一名妇女死亡。人们一般认为这是安哥拉的叛军所为，而赞比亚历史学家帕特里克·维勒（Patrick Wele）在他的《赞比亚著名的持不同政见者》（Zambia's Most Famous Dissidents）一书中指出，实际上这次袭击的领导者是高级酋长卡农格沙（Kanongesha），他因为反对一党制而被剥夺了酋长职位。卡农格沙被废黜后，在安哥拉的边境卡泽西河（Kazezi Stream）地区组建了一支反政府军队，在那里指挥对赞比亚的反抗行动。② 由此可见，在赞比亚独立后政府有权废黜酋长，而酋长也会因不满政府限制酋长职能的政策而对抗政府。

赞比亚政府为了发展农村经济和社会事业，先后成立了许多机构，出台了多项发展计划。如 1965 年成立的乡村地区理事会，有权决定地区发展事项，酋长可以作出有利于自己所在地区的决策。例如，姆皮卡（Mpika）地区的奇克万达（Chikwanda）酋长，他下属的议员都受过良好的教育，经济上比较富有，因此他可以利用这一优势将地区发展资源向自己所在的地区倾斜。例如，1976—1978 年期间姆皮卡地区批准打井 66 眼，其中 21 眼在奇克万达酋长管辖的地区，占总数的 31%，尽管他管辖的地区人口不如其他酋长管辖的人口多。1976 年乡村地区理事会出资建设的公共汽车候车厅，有 3/5 位于奇克万达酋长的地区；新建的 63 所学校，13 所位于奇克万达酋长的地区。虽然姆皮卡地区各酋长领地人口差异不大，但是奇克万达酋长的地区比其他八个酋长领地中的每个地区所得到

---

① Bizeck Jube Phiri, "Traditional Authorities and National Politics in Independent Zambia: A Historical Review", in Lars Buur, Terezinha da Silva and Helene Maria Kyed, State Recognition of Local Authorities and Public Participation: Experience, Obstacles and Possibilities in Mozambique, Maputo: Centro de Formação Jurídica e Judiciária-Ministréio da Justiça, 2007, p. 42.

② William D. Grant, Zambia, Then and Now: Colonial Rulers and Their African Successors, London and New York: Routledge, 2009, p. 163.

的发展项目都要多。① 酋长利用自身地位和影响，可以敦促本地的行政和技术官员以及其他的议员接受他的要求，争取到对本地区更多、更有利的资源。

1981 年初，赞比亚将原来的乡村地区理事会和地区发展理事会的职能合并，成立了地区理事会（District Council），成为联合民族独立党、政府机关和传统酋权威之间联系的一个重要协调机构。理事会成员包括政府官员和传统酋长，理事会的议员、传统酋长以及地区层面的行政和技术官员在理事会建立一个相互联络的机制，乡村地区的这些"阶层"在理事会都有自己的代表。

三　第三共和国时期酋长职能的规范与专职化

1991 年奇卢巴取代卡翁达成为赞比亚总统后，颁布了新的宪法，并于 1996 年通过了宪法修正案，对酋长制度进行了保留和规范。1996 年修正案第 18 条第 27 款（酋长事务机构）列出了酋长权力适用和对酋长职能的规范："根据本宪法条款和人民的文化、习惯、传统和愿望，酋长事务机构应该在赞比亚各地继续存在。在任何酋长事务问题没有得到解决的地方，必须使用议会法案规定的方法解决。"1991 年宪法没有列出关于酋长院的条款，却列出了关于酋长上议院（Upper Chamber of Chiefs）的条款。1996 年宪法修正案第 130 条（酋长院）列出了酋长院的作用："酋长院作为共和国政府的咨询机构，在总统的领导下就传统的、习惯的以及其他类似的事务提供咨询和建议。"② 同时，1996 年宪法修正案第 132 条指出，酋长院由 27 名酋长组成，9 个省中每省选出 3 名。主席和副主席从酋长院的成员中选举产生。高级酋长因亚姆博·耶塔（Inyambo Yeta）是酋长院按照新宪法重新设立后的首任主席。关于酋长院按照新宪法条款的重新设立，高级酋长纳鲁巴姆巴（Nalubamba）认为，"若没有传统统治者的参

---

① M. C. Bwalya, "Participation or Powerlessness: The Place of Peasants in Zambia's Rural Development", in Klaas Woldring (ed.), *Beyond Political Independence: Zambia's Development Predicament in the 1980s*, Berlin, New York, Amsterdam: Mouton Publishers, 1984, p. 84.

② No. 18 of 1996, Part XIII: Chiefs and House of Chiefs (As Amended), *Constitution of Zambia*, Lusaka: Government Printer, 1996.

与，良好的政治管理也不会是好的"。① 1997 年 1 月 17 日，在赞比亚第八届国民大会第一次会议开幕式上，总统奇卢巴在讲话中提道："重新设立酋长院并将其列入宪法是一项重要的新提案。我们要让这些传统酋长发挥他们一贯的传统领导职能，为所在地区的发展起到积极的监管作用。在引导人民建立和谐社会、发展生产力、增强传统的凝聚力方面，必须让酋长继续起核心作用。我们的政府将和酋长一起努力，为提高赞比亚人民的生活质量而奋斗。"②

虽然 1996 年宪法修正案规定重新设立酋长院，但是直到 2003 年在姆瓦纳瓦萨总统的支持下酋长院才得以正式重新成立。和过去一样，酋长院仅保留了咨询功能，而不能干预政府的施政。酋长们把酋长院视为能够有效发挥其传统职能的国家机构，视为他们对国家发展和政治管理作贡献的渠道。作为一个咨询机构，酋长院讨论了许多相关的问题，特别是经济和发展领域的问题。例如，2004 年酋长院赞扬了政府重点发展农业的政策，认为这项政策带来了农业大丰收，但是也指出了粮食存储设施不足、有效的销售战略欠缺等问题。因此，酋长院敦促政府在全国各地重建和新建粮食储备库，而这一点正是上届政府所忽视的。此外，酋长院也参与到国家的族群传统事务中，例如有些酋长没有经过政府的正式任命，酋长院便认为这是冒称酋长的行为，呼吁政府保护那些已经受过任命的酋长，规范酋长头衔的授予。高级酋长因亚姆博·耶塔通知酋长院说，冒称酋长的行为是一种犯罪，应受到罚款、牢狱或二者并罚的惩处。③ 政府认可酋长代表的传统权威，将酋长制度纳入国家现代政治的管理框架，但政府也把自己置身于酋长制度和传统事务之外，例如政府会尽可能地避免卷入酋长的继位之争。梵·宾斯波根引用本·卡库马（Ben Kakuma）的话说，"在赞比亚，民族主义政党牢牢地掌握着国家的领导地位。酋长，尽管在名不见经传的酋长院有自己的集体组织，却从来不会质疑民族主义者的要求"。④ 这

① From *The Post of Zambia*, May 25, 2003.

② Frederick Chiluba, "The Way Forward for Zambia", in Richard Sakala (ed.), *Beyond Political Rhetoric-Zambia: Balancing Political and Economic Reforms* (*Speeches by President Frederick Chiluba*), Lusaka: ZPC Publications, 1998, p. 32.

③ From *Times of Zambia*, May 24, 2003.

④ W. M. J van Binsbergen, "Chiefs and the State in Independent Zambia: Exploring the Zambia Press", in J. Griffiths, and E. A. B van Rouveroy van Nieuwaal (eds.), *Journal of Legal Pluralism: Special Issue on Chieftainship in Africa*, 25 – 26, 1987, p. 169.

意味着，赞比亚酋长通过酋长院可以对政府施政提供建议和咨询，他们的作用主要是作为政府的助手而存在的，与政府的关系逐步走向规范化。1996 年的宪法修正案第 129 条明确规定，"一个保留酋长称号的人，不能参与政党政治"。① 以宪法的形式规定禁止酋长加入某一政党，除非其放弃酋长的头衔，这使酋长制度在现代国家的框架内进一步得以规范。1996 年的宪法修正案还把赞比亚全国划分为 286 个酋长领地，作为传统权威的酋长，在赞比亚国家中的权力和地位逐渐通过新宪法被重新确认。1991 年多党民主运动在大选中击败联合民族独立党上台后，高级酋长因亚姆博·耶塔（Inyambo Yeta）当选为联合民族独立党副主席，成为党内仅次于卡翁达的"二号人物"，因为他的当选被认为能够帮助联合民族独立党重振旗鼓和加强在西方省的优势地位。随着 1996 年宪法修正案规定酋长不得参与政党政治，耶塔便退出了联合民族独立党，但是他后来仍然作为高级酋长通过酋长院等渠道参与国家事务。多党民主政治框架内的酋长制度，保留了对于赞比亚国家政治有利的职能，而禁止酋长参加政党，也是为了避免一些非洲国家出现的政党族群化和酋长制度政党化，发挥酋长角色在现代政治中的积极作用，抑制其消极影响。

酋长在赞比亚许多地区都保留着重要的影响，他们常常被政治人物和政党发展成盟友。酋长是他所在地区属民的发言人，可以向国家表达当地的需求。当政府官员和政党人物造访他们的地区时，特别关注他们提出的问题。尽管酋长不再参与政党政治，但是在国家的政治活动中，不同党派的政治人物也希望得到酋长某种形式的支持，特别是在酋长发挥着巨大影响的乡村地区。赞比亚独立后选举政治的出现并没有损害酋长在赞比亚的政治影响。其中政治人物获得酋长支持的一个主要途径是参加一年一度的传统仪式，有时是帮助组织和捐款给这些传统仪式。酋长们都非常重视这些传统仪式，因为这是他们向当地人民展示自己的一个舞台，通过人们的参与和贡献，来展现他们对地区福祉肩负的责任和义务。政治人物凭借参加传统仪式和资助酋长，得到的回报往往是酋长对他们及其所在政党的支持。尽管从正式的法律来讲酋长是不能涉及政治的，但这种利益关系可以带来不言而喻的回报。当然，并不是参加和赞助传统仪式的政治人物都能

---

① No. 18 of 1996, Part XIII: Chiefs and House of Chiefs (As Amended), *Constitution of Zambia*, Lusaka: Government Printer, 1996.

够得到酋长的支持。不过基于潜在的收益，政治人物通常对这种投资乐此不疲。赞比亚一个非政府组织的主席希普拉·卡班耶（Sipula Kabanje），很好地描述了这一现象："这些传统仪式都是有政治气息的，这包含着政治人物给予乡村地区的权威人物支持，如果你想要获得政治职务，这是千万不能忽视的。"[1]

第二节　赞比亚酋长职能的现代转型

赞比亚获得独立后，在英国殖民统治时期建立起来的殖民地政治、经济、社会体系的基础上，开始探索适合自己国情的发展道路，也就是现代化发展之路。他们所面临的主要任务是巩固独立的国家政权、改造殖民地经济体系，促进国家政治、经济、社会的全面发展和进步。在推进现代化的过程中，赞比亚社会经历着从传统社会到现代社会的蜕变，传统因素与现代因素处于冲突和契合之中。在殖民地基础上建立起来的国家政权，在现代化的道路上仍有漫长的路要走。在推进现代化的进程中，赞比亚运用国家的力量主动推动传统文化的转型与变革，在吸收世界其他文化的先进性的同时，也应该继承传统文化的精华，并抛弃传统文化中那些过时的观念和行为模式。酋长制度作为历史上遗留下来的传统文化，在赞比亚现代化进程中也经历了一番"改造"，并作为传统因素继续在国家的现代化发展中起积极作用。经历了历史的洗礼，酋长制度在赞比亚得到延续，在赞比亚现代政治、经济和文化发展的现实需要面前，酋长凭借其传统职能继续在现代社会发挥着作用。

一　现代政治框架中酋长的政治职能的转变

从殖民宗主国的角度来看，"非殖民化"是一个地方脱离宗主国殖民统治转而独立或自治的过程，"包括了同时在两个层面进行的权力转移，

---

[1] Daniel N. Posner, *Institutions and Ethnic Politics in Africa*, New York: Cambridge University Press, 2005, pp. 212 – 213.

一是从欧洲官员移交给非洲当地政治领导人，二是从酋长转移到地方选举的领导者手中"。① 在殖民统治后期，许多政治组织活跃在赞比亚城市和乡村，均要求在成年人普选权的基础上产生中央和地方政府，官员只有经过人民选举和授权才具有合法性。赞比亚独立后，选举原则成为政府施政的基本原则，中央政府不得不接受地方选举的领导者，而中央政府在各地安插自己的亲信则减弱了选举原则。同时，选举产生的地方官员在一定程度上分化了原本属于酋长的行政权力，而酋长又不甘被边缘化，造成地方官员在施政过程中还得面临当地酋长的挑战。20世纪90年代，在非洲多党民主浪潮的影响下，赞比亚恢复了多党制。多党民主运动取代了执政27年的联合民族独立党上台执政，赞比亚政治进入多党民主化时期。在这一时期，赞比亚修改了宪法，全国出现了30多个政党，赞比亚也在政治民主化的道路上起步登程。在新时期的政治变革中，酋长制度仍然继续得以保留，但1996年宪法也对酋长制度作出了新的规定，如酋长不能参与政党，酋长的政治功能受到一定程度的限制。

19世纪上半叶，酋长是殖民政权最信任的中间人，他们发现在独立后的政治安排中自己成为"被抛弃的人"。这些传统统治者不愿被独立后的民族主义政府忽视，于是他们在独立前夕为夺回政治权力而采取了一些斗争行为。"作为神圣传统的守护者，他们比那些如季节变化一样更替的政治领导者具有更大的合法性。"② 在其他各类事务中，当政府领导人的政策出现失误时，他们可以责无旁贷地代表他们的人民站出来说话。在赞比亚，酋长在政治上仍然起着重要作用，是因为那些政治人物在投票中需要得到酋长的支持，无论谁在选举中获胜，都急切地需要得到酋长的支持。酋长制度在现代政治中的作用，是能够在国家与他们所在的地区民众中间充当"中间人"。

赞比亚工业化和城镇化取得了显著成绩，但工业化和城镇化主要集中在铜矿区与重要的交通线沿线，而赞比亚多数人口仍然生活在乡村地区，赞比亚的大部分土地仍然位于乡村地区。相对于城镇来说，乡村地区酋长的传统作用和影响更大，酋长对于乡村管理起着重要的作用。在殖民统治

---

① Paul Nugent, *Africa since Independence*: *A Comparative History*, Houndmills, Basingstoke and Hampshire; New York: Palgrave Macmillan, 2004, p. 107.

② Ibid.

时期，由于殖民势力难以深入到广大乡村地区，酋长在乡村地区的权力和影响被保留下来。酋长仍然是乡村地区的主要管理者，具有政治、经济和司法权力，负责为殖民政权征税、组织农业生产、调解属民纠纷、管理传统事务等。赞比亚独立后，随着司法权被剥夺，酋长的权力和影响被进一步削弱，但是在广大的乡村地区，酋长仍然是国家对乡村进行政治管理的重要辅助力量，特别是在管理传统事务、组织农业生产、贯彻国家政策等方面。

大多数撒哈拉以南非洲国家在独立之后都保留了酋长制度，酋长在国家制度框架内发挥其传统的职能。在新的历史时期，在各独立国家之间的交往中，酋长也承担了外交职能，赞比亚酋长代表团经常进行出国访问，为国家的外交和经济发展服务，同时也为世界的和平与发展贡献力量。赞比亚一些族群跨国界而居，如隆达族生活在安哥拉隆达省和赞比亚的西北省、卢阿普拉省，契瓦族生活在赞比亚东方省和邻国马拉维、莫桑比克，这些族群的酋长成为赞比亚邻国外交中的重要角色。

二　工业化和城镇化进程中的酋长职能

赞比亚的经济现代化进程起源于殖民统治时期，特别是随着铜矿的开采带来的工业化和城镇化，赞比亚境内有了具有资本主义生产关系的现代经济形式。工业化让赞比亚各地、各族群的工人聚集到铜矿区，让他们接触到了先进的生产方式，同时促进了新型城镇的兴起。工业化带动了城镇化，赞比亚人传统的生产方式和生活方式发生了改变，他们离开了世代生活的地区，脱离了酋长的传统影响。然而在这一进程中，矿工所代表的劳工阶层具有流动性和分散性，没有形成一个先进的新兴阶级，他们仍然没有摆脱传统思想的束缚，以酋长为代表的传统权威仍然对他们的生产和生活具有无形的影响，酋长制度客观上充当了工业化和城镇化进程的稳定剂和安全阀。特别在20世纪30年代世界经济危机带来的负面影响面前，酋长在经济发展中的积极作用被凸显。

20世纪初，赞比亚铜矿带兴起了现代采矿业，1927—1930年铜矿开采进入兴旺期，从南方铺来的铁路已延伸到矿区。"铜矿带"的工业发展吸引了大批工人涌进，采矿工人数量激增，三年内增加了三倍，到1930年铜矿带的采矿工人已约有2.3万人，在矿山附近出现了许多供工人居住的镇区。① 第二次世界大战以后的 50 年代初，铜矿带再度兴旺，欧洲移民的数量几乎翻了一倍，其中约有一半人涌入铜矿带，而非洲籍工人涌入铜矿带的人数还要多得多，不过他们主要是粗工和半技工，截至 1949 年，铜矿带的非洲人已经超过 15 万人。② 随着铜矿采掘业的发展和人口的大增，在赞比亚相当落后的农业社会中心迅速成长为一个大型的矿业区，其影响是极为深远的。首先，铜矿业的兴起打破了当地人传统的乡村生活秩序。大批青壮年男子流入城镇或矿山，脱离了部落生活和酋长的管束，农村也因缺乏男劳力而受到影响，使酋长制度和部落习俗受到一定的破坏。其次，铜矿区聚集了各个族群的人，不仅有助于各族群的文化交流，而且他们接受了先进的生产方式和西方经济制度的影响。随着矿区和城镇的兴起，他们的生产生活方式、思想意识和价值观念都发生了潜移默化的变化。

随着铜矿开采业的兴起和铜矿区城镇的增加，赞比亚的经济现代化开始起步。在这一进程中酋长制度受到了一定程度的冲击，殖民当局在铜带地区建立了城镇二元管理制度，由殖民当局和传统权威进行双重管理，即建立了殖民当局下属的城镇咨询委员会、城镇法庭和部落长老委员会。城镇法庭的成员由殖民当局委派，他们的权威来源于部落政治价值观，"是具有更重要地位的酋长在城镇地区的代表，在城镇地区履行土著法庭在乡村地区的职责"。③ 部落长老负责执行传统的部落政策，因为在城镇社区的各族群成员中，这些传统权威力量还是很有影响力的。在赞比亚境内各族群人口云集的铜带地区，仍然实行部落长老制度和借鉴土著权威制度的城镇法庭制度，可见村落和族群关系仍然是新兴城镇居民中占据主导地位的关系，他们的思想和行为仍然受到传统权威的影响。"不同族群之间的人经常发生争吵，在本族群人的怂恿下，个人之间的矛盾有时会发展成为严重的骚乱。人们仍然坚守着许多部落的旧俗，遵从着本族群独特的习惯和既成的行为方式。劳工几乎完全处于流动状态，经常在城镇和乡村之间来回流动，难以割断他们同'部落主义'的联系，基于部落基础设置的长老

---

① 参见理查德·霍尔《赞比亚》，商务印书馆 1973 年版，第 251 页。

② 参见姜忠尽等《中非三国：津巴布韦、赞比亚、马拉维——从部落跃向现代》，四川出版集团、四川人民出版社 2005 年版，第 84 页。

③ Amold Leonard Epstein, *The Administration of Justice and the Urban African*, London：H. M. S. O.，1953, p. 9.

制度和城镇法庭制度本身就突出和固化了这些族群差异。"① 由此可见，在工业化和城镇化过程中，酋长制度存在的群众基础并没有消除，酋长的影响仍然与工业化和城镇化如影随形，特别是在 20 世纪 30 年代的世界经济危机所带来的负面影响面前，酋长的传统地位和作用显得更为突出。

在世界经济危机广泛蔓延的 1935 年，卢安夏（Luanshya）发生了几次工潮，长老委员会在工人罢工面前束手无策，而工人们也拒绝承认长老委员会的权威。在殖民当局官员看来，长老委员会不能有效地对工人实施管理，是因为他们缺少工人们的合法支持，缺乏与工人们的传统联系。劳工罢工不久，殖民当局便委派奔巴族高级酋长姆万巴（Senior Chief Mwanba）以及他的儿子姆恩孔戈酋长（Chief Munkonge）和几个奔巴族世袭议员到铜带地区，查明工人们不满的本质原因，他们也谴责这几起事件给他们的族群带来了不好的名声。他们后来提交给调查委员会的证据非常富有启发性，姆恩孔戈酋长提到城镇人口的日益增多时说："长期居住在城镇的人越来越多，我认为我们（酋长）已经不能再对这些人行使权力，因为他们已经不在我们的直接管辖范围之内：他们在这里接受欧洲人的管理，我们不能再管理他们。……我对于卢安夏的长老委员会也不能说什么，如果我把这件事以及长老委员会的事告诉我们的大酋长奇蒂姆库卢，他肯定会说这完全是欧洲人的想法，这种事情也是由欧洲人自己造成的。我认为长老委员会不能管理好工人，因为人们根本就不怕他们。……他们不尊重他们，因为他们没有实权。"② 的确，部落长老委员会、城镇法庭和城镇资讯委员会表面上是为本地非洲人利益服务的，但是他们都是英国殖民当局制造出来的，他们实质上只是殖民当局的管理工具，他们的权威得不到广大工人的认可，平息工人的不满情绪，还得依靠酋长出面。可见，酋长在工业化进程中的赞比亚具有根深蒂固的影响。

三 乡村和农业发展中的酋长职能

酋长的影响主要是在以农业为主导产业的乡村地区，在农业现代化的

---

① Amold Leonard Epstein, *Politics in an Urban African Community*, Manchester：Manchester University Press, 1958, p. 43.

② *Evidence Taken by the Commission Appointed to Inquire into the Disturbances on the Copperbelt*, *Northern Rhodesia*, Lusaka：Government Printer, 1935, i, p. 127.

进程中酋长是一个积极的角色，因为农业生产的发展和农业产量的提高，既有利于提高属民生活水平，又有利于巩固酋长传统的地位和影响。酋长是传统上的土地所有者和分配者，在经济现代化的进程中，土地是经济发展的关键要素，而酋长依然掌管着土地的使用和分配，掌管着经济现代化大门的"钥匙"。

赞比亚地处高原，土地肥沃，气候宜人，水源充足，适于多种作物生长，农业发展潜力诱人。20世纪80年代初，曾在赞比亚考察的法国著名非洲问题学者勒内·杜蒙赞叹赞比亚农业发展的巨大潜力，认为那里农业一旦得到发展便足以养活全国人口，还应有大量的粮食出口。[①] 但赞比亚农业的资源优势却没有转变为经济优势，丰富的土地资源没有得到充分开发利用仍然是个突出的问题，赞比亚可耕地有4300多万公顷，而长期以来耕地面积还不足可耕地面积的1/10。[②] 赞比亚75%的人口从事农业，其中大部分人从事的是自给农业。在农村地区，村级的基层酋长——村头人是各村的首领，他们是所在村落传统的土地所有者。他们具有首先选择自己私人园地的权力，其余村民的茅草屋均建在酋长家周围。村民不是土地的所有者，一旦某个地方已经被某位村民选定和通过烧荒整饬好之后，别人无权占有，除非原来的主人放弃。只有本地的村民可以耕种酋长控制的土地。[③] 在耕种过程中需要对土地上的植物进行烧荒，没有酋长的特别指令，谁也不能将自家地块上残留的农作物点燃，因为一家一户的点火会将整片土地上的作物点燃，烧毁其他农户未来得及垛起来的作物。酋长会在旱季结束前、雨季即将来临时发出烧荒的指令，酋长必须精确地掌握好发出指令的时间，如果烧荒太早，所有烧后的灰烬（可作为土地的肥料）会被风吹走而流失掉，如果烧得太晚，下雨后这些残留作物会被浸泡起来而无法进行烧荒，农作物产量将很低。烧荒的信号就是酋长点燃自己家的残留作物垛。[④]

鉴于酋长在农业生产和农村经济发展中的重要作用，赞比亚独立后的

---

① 参见勒内·杜蒙、玛丽-弗朗斯·莫坦《被卡住脖子的非洲》，世界知识出版社1983年版，第48页。

② 新华社卢萨卡1999年9月10日讯。

③ W. D. Michie, E. D. Kadzombe, M. R. Naidoo, *Lands and peoples of Central Africa*, Harlow：Longman, 1983, p. 158.

④ Ibid., p. 159.

历届政府在制订乡村发展计划时，都把传统酋长看成是积极的盟友。例如，1965 年，契瓦族大酋长翁迪十世被吸收进入东方省奇帕塔乡村地区理事会，1967 年成为该理事会高级官员，1968—1981 年他担任酋长院主席期间，他在创建政府支持的村级、地区级和省级发展委员会方面作出了不可磨灭的贡献。翁迪十世大酋长 1965 年还曾说，独立后的赞比亚国家政权希望通过这些机构来提高乡村地区的生活水平，执行第一个和第二个五年发展规划。① 为了鼓励成立发展委员会，他本人走遍了自己的酋长领地，在各地召开会议，要求他的下级酋长们成立和支持发展委员会，并取得卓越成绩。② 同时，翁迪十世在奇帕塔主持召开了几次东方省酋长委员会常务委员会会议，在这些会议上，他一直引导其他的传统酋长与他的下属酋长一道，"与政府精诚合作，共同推进赞比亚共和国国家发展计划"。③

在翁迪十世大酋长号召下，赞比亚独立后许多地方纷纷成立发展委员会，发展生产力，这可以从 20 世纪 60 年代中期在他的酋长领地内迅速地建立了几个发展委员会看出来，他所辖地区农场主数量的日益增多。④ 1969 年，仅卡泰特地区的几个契瓦族酋长领地，据说就有 2500 名农场主，共领到贷款 8.6 万克瓦查，当时这是一个不小的数字。⑤ 这也是一个好的现象，赞比亚独立后酋长努力让自己的属民去从事商品生产，促进了东方省经济作物的规模化种植，而他本人也成为一位本地区主要的经济作物生产者。这充分证明，酋长在赞比亚国家建设中的作用，已经超越了其参加民族独立斗争的作用，与他在殖民统治的苟延残喘中解放赞比亚的重要作用一样，他也希望把国家从一贫如洗的状况以及疾病、饥饿和营养不良中

① National Archives of Zambia, EP 1/1/54, Paramount Chief Undi to District Secretaries, Lundazi and Patauke, March 13, 1965. Notes from Dr. Walima T. Kalusa.

② Interview with Alick Chafunya Phiri, Headman, Kafumbwe Village, 8 August 2008. Notes from Dr. Walima T. Kalusa.

③ National Archives of Zambia, EP 1/1/54, Minutes of the Standing Committee of the Eastern Province of Chiefs held in the Broad Room on Thursday, February 9, 1967. On the same file see Address to chiefs by President of the House of Chiefs on November 12, 1971. See also EP 4/10/18, Provincial seminar held at Chizongwe Secondary School on April 21 – 22, 1967. Notes from Dr. Walima T. Kalusa.

④ National Archives of Zambia EP 4/1/106, Minutes of the Chiefs' meeting held in the Rural Chambers at 8:50 am on January 16, 1970. Notes from Dr. Walima T. Kalusa.

⑤ National Archives of Zambia, EP 4/1/98, The record of minutes of the District Development Committee held at Katete Court room at 9:00am on February 24, 1969. Notes from Dr. Walima T. Kalusa.

"解放"出来。①

　　以上分析可以看出，酋长制度是赞比亚社会一种活跃的制度因素，既反映了社会变迁过程中的政治和社会转型，又不断对社会的发展变化作出反应。它经受住了殖民主义及其随之而来的英国殖民统治的冲击，顽强地延续下来。同样，它也经历了殖民统治结束后新国家诞生和发展中的风云激荡，在现代政治和经济制度中生存。"经历了多年社会政治体制的政局动荡和社会动乱和不确定性，以及西方文化和外来宗教信仰、价值观和实践强烈的文化和社会冲击，酋长制度作为一种制度仍然是独特的社会稳定力量。这是一种继续能够团结人民的制度，是社会凝聚力和稳定性的焦点和枢纽。它是关系到人民的义务与奉献的一项制度，它旺盛的生命力并不是因为新的政府机关所创立的新权力基础形式，它是一项适应性强的制度。"② 因此，赞比亚国家现代化发展进程必须包括对酋长制度的考量，在现代民主制度的社会背景下应该以增强和促进其作为社会稳定力量的作用为目标。此外，酋长在土地管理和乡村地方政府事务中，在调解纠纷方面具有非凡的作用，在今天和可以预见的将来评估与展望酋长的作用时，这是不容忽视的问题。

第三节　赞比亚酋长的传统和现代职能

　　非洲国家获得独立后，为了安定局势和稳定政权，大多数国家对酋长制度采取了既限制改造又尽量利用的政策，以保证政府的方针政策能够在酋长势力强大的广大乡村地区得以贯彻执行。随着社会的发展和时代的变迁，酋长和政府之间建立起了新型的相互合作关系，酋长作为不可替代的传统力量，依然在现代社会具有重要影响。在现代化进程的影响下，古老的酋长制度不可能原封不动地保留原始的状态。赞比亚独立后保留了酋长制度，对酋长的权力和地位又作了种种限制，把这种传统

---

① Walima T. Kalusa, in collaboration with Mapopa Mtonga, *Kalonga Gawa Undi X*: *A Biography of an African Chief and Nationalist*, Lusaka: Lembani Trust, 2010, p. 66.

② A. Kodzo Paaku Kludze, *Chieftaincy in Ghana*, Lanham, New York, Oxford: Austin & Winfield, Publishers, 2000, pp. 529-530.

的社会管理制度纳入现代政权的组织结构之中。同时，在现代文明的影响下，酋长的身份和角色也发生了一些新的变化。酋长依然是赞比亚国家政治生活中的一支重要力量，掌管着本地的一些公共事务和土地管理分配权。酋长制度作为传统文化的符号和象征，对当地经济发展具有积极的推动作用，而且酋长制度作为赞比亚民族国家建构中的整合因素发挥着影响。

一　酋长的政治职能

自赞比亚独立以来，酋长就一直是国家政治的重要角色，是乡村事务管理和社会事务的重要参与者。在赞比亚的对外关系中，酋长扮演着一定的外交角色，为国家的外交事业做贡献。酋长的传统政治和社会职能在现代赞比亚中仍然得以施展，成为赞比亚现代化进程的参与者和推动者。

第一，酋长是赞比亚国家政治中的重要角色。1973年，赞比亚总统·卡翁达指出，酋长、头人和其他传统领导者有责任完成乡村重建的目标，这是联合民族独立党在第二共和国初期为了提高乡村人民的生活而提出的计划。因此，对卡翁达总统来说，只有在党和政府领导、酋长的全面参与和支持下，乡村地区的发展才能够实现。从那时起，酋长就被认为是国家发展进程的参与者。从第二共和国时期到第三共和国时期，酋长在服务政府发展项目方面始终发挥着关键作用。作为回报，政府通过为酋长发放报酬和提供服务来激励他们，确保他们的荣誉感。为酋长发放津贴清楚地表明政府对酋长给予了很高的尊重。2002年，利维·姆瓦纳瓦萨政府决定建立宪法检查委员会（CRC），高级酋长因亚姆博·耶塔被任命为委员，后来担任了该委员会的副主席。因此，传统权威在政治管理中的作用得以重新确认。这些任用凸显了酋长在赞比亚政治中所拥有的权力，政治领导层普遍认为，没有传统领导者参与国家事务，就没有国家良好的政治管理。①

---

① Bizeck Jube Phiri, "Traditional Authorities and National Politics in Independent Zambia: A Historical Review", in Lars Buur, Terezinha da Silva and Helene Maria Kyed, *State Recognition of Local Authorities and Public Participation: Experience, Obstacles and Possibilities in Mozambique*, Maputo: Centro de Formação Jurídica e Judiciária-Ministréio da Justiça, 2007, p. 47.

在赞比亚恢复多党制后新的政治环境中，政党政治引发的竞争多于相互间的一致，因为多党政治下政治权力是各党派竞争的焦点，而有些党派政治家的合法性经常备受质疑。在这种多党民主制度的政治环境下，认可以酋长为代表的传统权威成为公众领导者合法性的可靠基础。2010年1月初，爱国阵线主席萨塔公开谴责总统班达热衷于翻修奇帕塔到姆富韦的公路通达动物生活的野生动物园，是以牺牲所有省份的均衡发展为代价的。而东方省恩戈尼族大酋长姆佩泽尼在2010年1月7日接受采访时说，萨塔关于公路铺设的言论使自己蒙羞，会让国家的发展出现倒退，萨塔向东方省人民和班达总统的道歉非常重要，如果萨塔不道歉，他会将其传唤到自己的"王宫"。①

第二，赞比亚酋长是乡村事务管理及社会公共事务的参与者。如前所述，酋长可以通过酋长院向政府提供咨询建议，管理各自所属民众的一些地方事务。在这种制度框架内，赞比亚的酋长按照传统充当本族群的发言人，向政府反映本族群的意见和要求，调解民事纠纷，组织领导本地的公益劳动或募集资金兴建学校、道路等公共设施。除了在本地乡村事务管理方面具有重要作用之外，酋长已经成为社会公共事务的参与者，积极投身于社会公益事业。2007年12月，南方省各地的8名酋长齐聚希亚丰加（Siavonga），参加挪威政府主办的"拯救儿童"研讨会。在研讨会上，他们共同承诺在各自的酋长领地内提高对儿童的保护，有效地保护未成年人，防止他们受到虐待，例如性侵犯和各酋长领地中其他形式的虐待。他们也将采取传统的措施，来防止艾滋病的传播，例如生殖器官的清洁。这八位酋长包括利文斯顿地区的穆库尼酋长，希纳宗韦地区的希纳宗韦酋长、卡洛莫地区的姆姆巴（Moomba）酋长、塞库特（Sekute）酋长和恩亚瓦（Nyawa）酋长，格温贝地区的穆恩亚姆布韦（Munyumbwe）酋长，希纳宗韦地区的希曼巴（Simamba）酋长和奇皮普（Chipepo）酋长。研讨会的推动者摩根·萨卡拉告诉赞比亚新闻通讯社（ZANIS）说，这次会议也将会让酋长们重视儿童权利，并对儿童权利有全新的认识。萨卡拉在会议结束时说，酋长是非洲传统和文化的监护者，将在自己的领地内采取明确

---

① "Chief Mpezeni Considers Summoning Sata", *Zambian Daily Mail*, January 8, 2010, http: //www. lusakatimes. com/2010/01/08/chief-mpezeni-considers-summoning-sata/.

的措施来制止虐待儿童。①

第三，在赞比亚的对外关系中，酋长也作为传统的力量活跃于外交舞台。酋长院常组织酋长代表团出国访问，或者酋长随政府代表团出访。2009年2月，赞比亚酋长委员会访华，作为赞比亚传统的领导人和农业发展的促进者，赞比亚酋长委员会希望进一步促进两国之间的合作，尤其是要加强两国在农业方面的合作。穆梅纳主席指出，酋长来自农村，代表农民的利益，促进农业发展是酋长的兴趣所在，赞中两国可以致力于开发农业发展项目，赞比亚可以多学习中国农业发展的经验。中国是发展中国家的领军者，赞比亚也希望多学习中国的扶贫经验，以促进赞比亚农村发展。赞比亚酋长委员会副主席恩扎马内指出，酋长在赞比亚农村很有影响，掌握土地等资源，能够在赞中农业合作中发挥积极作用。② 2009年11月10—17日，赞比亚酋长院兼制宪委员会成员、前驻华大使卡什巴酋长率领由六名酋长组成的卢阿普拉省酋长代表团访问了北京、桂林和深圳，访华期间在北京出席了第二届中非友好贡献奖颁奖典礼。③ 2010年8月2日在利文斯顿举行的穆库尼酋长节上，来自赞比亚、津巴布韦、刚果（金）、坦桑尼亚的100多位酋长参加，这一传统节日也成为赞比亚与邻国关系的一个平台。

二 酋长的经济职能

赞比亚独立以来，全国大部分土地仍然由酋长负责分配和管理，对土地拥有管理权和分配权。酋长把土地分配给村民使用，虽然各个地区的土地管理的习惯法不尽相同，但是酋长依旧在赞比亚的土地管理中起着重要作用。

---

① "Chiefs in Southern Province Resolve to Protect Children from All Forms of Abuse", http://www.lusakatimes.com/2007/10/12/chiefs-in-southern-province-resolve-to-protect-children-from-all-forms-of-abuse/.

② 参见《增进了解与促进合作之旅——赞比亚酋长委员会代表团访华侧记》，《国际交流》2009年第3期，第33页。

③ 参见黄笑薇《赞比亚酋长代表团访华 盛赞中非、中赞友谊》，中国人民对外友好协会网站（http://www.cpaffc.org.cn/yszz/detail.php?subid=1374）。2009年11月12日，笔者也在北京饭店出席了在北京饭店举行的这次第二届中非友好贡献奖颁奖典礼。

1995 年赞比亚出台了《土地法案》，将全国土地置于中央政府的管理之下，土地管理部门代表总统管理全部土地事务。这个法案也规定，传统的土地所有权可以在获得所有权契据后，转化为租借制。2000 年 7 月出台的土地政策指出，赞比亚的土地所有权制度有两种基本形式：一是传统土地所有制，适用于原住民保护地和信用土地，统称为传统土地，在传统权威的管理和掌控之下；二是租借制土地所有制，个人可以得到国家土地的所有权契据。① 目前赞比亚现行土地制度仍为双重土地所有制。其中，实行传统土地所有制的地区占赞比亚总国土面积的 94%。在实行传统土地所有制的地区，土地的管理和分配权由各级酋长掌握，部落成员可通过下列途径获得所在部落的土地：开垦新的土地、礼物馈赠、购买、货物交换、某种服务的付款或嫁妆等。个人土地所有权依靠酋长来得到保证，非部落成员如果想获得某部落的土地，首先要获得酋长同意在部落的范围内定居下来，才有权获得土地。解决传统土地纠纷没有正式的官方程序，一般由当地酋长在长老协助下裁决。如果这个程序失败，可提交土地法庭解决。② 事实上，在传统土地制度地区，土地纠纷极少。

此外，在传统的土地所有制下，酋长有权将土地留作特殊用途，例如墓地、公共牧场以及其他公共用途。酋长在了解村民和熟悉村民需要的头人协助下开展工作。村民对土地的占用是永久的，一旦村民死亡，土地按照该地区习惯法进行继承。需要指出的是，在地区层面，个人申请购买土地需要由酋长决定，他们可以提出建议，或者提交地区理事会来裁决。酋长在当今的赞比亚仍然享有威望和尊严，特别是在乡村地方具有权势。酋长领地所在的地区大部分都是农村，农业是赞比亚仅次于铜矿业的第二大产业，与土地资源密切相关的农业发展离不开酋长的贡献。同时，由于酋长掌握着本地的土地分配大权，外国资本对赞比亚进行投资，酋长也是一个不可替代的合作者，他可以在土地划拨、劳动力资源、劳动纠纷等事务中发挥重要的作用。

赞比亚的酋长至今仍然在乡村地区对传统的土地有着较大的控制权。

---

① Ernest Mwape, "Review of Zambia's National Resource Policy Documents", *CBNRM Policy Review*, 2001, http://www.geocities.com/conasa.zm.

② 参见陈君炽、孙钊《赞比亚的土地制度及其启示》，《世界农业》2009 年第 3 期，第 52 页。

正是因为如此，在酋长管辖的地区，赞比亚政府把酋长纳入政府的发展规划之中。一个范例就是"行政管理规划"项目，在这个项目中，乡村地区及其酋长在野生动物保护计划及其相关的开发计划中起着关键作用。"行政管理规划"项目始于1987年，已经在全国34个野生动物管理区中的18个实施。通过当地人参与到野生动物园管理区的工作，村里的野生动物工作人员的人数达到了420人，远远超过了政府公务人员的170人。在"行政管理规划"项目履行得好的地方，其得到当地人的赞扬，因为通过颁发狩猎许可证收入的68%返还，用于当地的发展项目，提高当地人的生活水平，包括新建和改建了26所学校、13个医疗诊所，打新水井15眼，提供了13家面粉厂，购买了7台用于地区发展的车辆。① "行政管理规划"树立了相当典型的、可持续发展的地区自然资源管理模式。在这种情况下，狩猎远行也带来了大笔的财政收入，这也需要地方政府履行管理的责任和义务，例如监督管理、公共教育、法律实施，以及地区发展项目，如建设新学校和卫生机构。

由于酋长仍掌握着全国大部分土地的使用权，因此外国企业到赞比亚投资设厂离不开酋长的支持，其程序中就有一条是必须获得当地酋长同意，取得酋长的同意函。酋长掌握的土地分配权，对赞比亚对外经济合作起着关键性的作用。中国和赞比亚经贸关系的发展，离不开酋长的支持与协助。2010年11月，新兴铸管浙江铜业有限公司从瑞娜金矿区酋长手中取得了矿区4平方千米土地所有权的授让同意书。该公司在面包山、瑞娜金两矿区的地质物探及钻探工作，也得到了酋长及当地各政府部门的大力支持。②

三　酋长的传统文化职能

酋长是赞比亚文化传统的监护人，是当地传统习惯的代表者，他们

---

① Andy Lyons, *Strategies for Effective Monitoring in Community Based Natural Resource Management：A Case Study of ADMADE Program in Zambia*, 1999, http：//www. cnr. berkeley. edu/ ~ lyons/zm/report/ index. html.

② 参见《浙江铜业赞比亚公司圣诞节前夕走访酋长及政府部门》2011年2月11日（http：//www. fyjdys. com/news_ detail. asp？ID＝112）。

是非洲人社会传统的保留者和传承者，有力地防止了传统文化遗产的丧失。① 例如，翁迪十世虽然皈依了基督教，但他依然是契瓦族的精神领袖，他没有脱离先前的宗教、礼仪和活动，因为这些都能展示出契瓦族大酋长的最高权威，而天主教传教士们荒谬地将这些东西当作"异教信仰"的堡垒。作为传统的领导者，翁迪十世并不反对非洲传统中的一夫多妻制。当他还是候任酋长时，就不得不遵照当地的继承习俗，接纳他已故舅舅最年轻的妻子。同样，翁迪十世也必须在每位新契瓦族酋长的就职仪式上跳古尔·瓦姆库鲁（Gule Wamkulu）这样的礼仪舞，而这些跳舞的人被认为来自坟墓。② 他直接或间接地参加这些仪式，也让欧洲传教士们不再用鄙夷的目光看待非洲的纳妻和传统仪式。③ 翁迪十世大酋长的传统社会职能包括：平息各酋长领地内部和之间的纠纷，选举下属酋长，为他们举行就职典礼，履行契瓦族最高领导者其他礼仪性的义务。④ 对这位契瓦族大酋长来说，他不能疏远在任的下级酋长，参加新任下级酋长的就任仪式是一件盛大的例行公事，也是他最主要的任务之一。他还要为去世的酋长祷告祈福，在其尸体上洒祭酒，并祈求他们保佑活着的人。与他那些没有信奉基督教的前任一样，翁迪十世必须参加这些仪式。尽管如此，那些天主教传教士仍然轻蔑地把这些仪式当作"异教信仰"的堡垒。翁迪十世大酋长信奉基督教几十年，但是他在 2004 年去世的前两年才接受了洗礼。

1954 年翁迪十世成功地仲裁了一起旷日持久的酋长继任纠纷，尤利亚（Uliya）和奇里普努（Chilipunu）是一对对手，都宣称自己应该继任姆班贡贝（Mbang'ombe）酋长之位。卡泰特负责此事的殖民官员和契瓦族统治者参加了解决这一争端的会议，根据他的记载，翁迪十世对纷繁复杂的传统政治和本地历史了如指掌，成为解决这一酋长即位争端最重要的因素。这位白人行政官员是这样描述的，在简单介绍了两位对手的争论之后，翁

---

① 2010 年 3 月 26 日上午，笔者在赞比亚大学历史系副教授瓦里马·T. 卡鲁萨（Walima T. Kalusa）的办公室里，与卡鲁萨先生就赞比亚酋长制度进行了交流。卡鲁萨先生谈到了这些观点，由笔者记录并整理。

② Kalonga Gawa Undi X, "Speech". Notes from Dr. Walima T. Kalusa.

③ Lyson chigaga Phiri and Mama Nyangu, interview cited. Notes from Dr. Walima T. Kalusa.

④ 关于卡龙加·加瓦·翁迪的传统职责，参见 Listard Elifala Chambull Banda, *The Chewa Kingdom*, Lusaka: Desert Enterprises Limited, 2002, p. 25。

迪十世陷入"无尽的麻烦"，援引基于历史的优先权原则，支持尤利亚的候选酋长资格。这使得尤利亚以 98 票赢得了姆班贡贝的酋长职位，而奇里普努仅获得 6 票。[①] 尤利亚以悬殊的差距击败其竞争对手，明确地显示出民众对大酋长处理继承争执和他的决断权的广泛认可。这反过来说明了属民对于契瓦族大酋长的爱戴和尊重。翁迪十世对契瓦族各酋长领地之间边界划分的了解，在酋长们和英国殖民官员中得到广泛认可，他可以通过阐明两个酋长领地及其边界的历史根源来化解纠纷。从邦交方面说，他劝说相关各方的边界纠纷是根本没有必要的，因为纠纷各方都是有一个共同祖先的兄弟，争执就是倒退。殖民官员的报告记载，这位传统统治者再次引用历史优先的原则，公正地把各酋长领地之间的争执界线解释清楚。由于处理公正，东方省的英国殖民官员也认为纠纷双方酋长的争执在今后不会重演了。[②]

20 世纪 80 年代以来，赞比亚政府将殖民统治时期被废止的各族群的传统仪式、节日等均予以恢复，并将这视为赞比亚传统文化而加以扶植，每逢重大的传统仪式、节日，国家领导人都要出席。[③] 各族群的传统仪式是以显示对酋长的忠诚为中心内容，彰显了对各族传统文化的纪念。据笔者的了解，"恩克瓦拉"（N'cwala）仪式是恩戈尼人为了庆祝北迁之后每年收获的第一批果实，"恩通古"（Ntongu）仪式也是卡温德族人庆祝采摘第一批果实的仪式。"库姆布卡"（Kuombuka）仪式是洛兹族为了庆祝雨季结束后大酋长利通加率领洛兹人从低洼地区的"夏宫"迁移到地势较高的"冬宫"。"库兰巴"（Kulamba）仪式是契瓦族下属酋长向皮里（Phiri）家族大酋长的朝贡仪式，他们要向大酋长进贡物品，表达对大

① National Archives of Zambia，EP 1/1/12，District Officer-in Charge to District Commissioner，Katete，6 November 1954. Notes from Dr. Walima T. Kalusa.

② National Archives of Zambia，EP 1/1/12，Minutes of the meeting held to resolve land troubles between Chief Mwangala and Chief Zingalume held at Kamphinga Village，Chief Zingalume，14 November 1954. Notes from Dr. Walima T. Kalusa.

③ 笔者 2010 年 1 月至 6 月在赞比亚留学期间，见证了两个人口较多族群的传统仪式。2 月 28 日东部省的恩戈尼族举行了"恩克瓦拉"（N'cwala）的传统仪式，由恩戈尼族大酋长姆配泽尼（Mpezeni）主持，副总统孔达（因当时总统班达正在中国进行访问而未能出席）、前总统卡翁达、奇卢巴等政要出席；4 月 18 日，西部省的洛兹人举行了"库姆布卡"（Kuombuka）的传统仪式，由洛兹族大酋长利通加（Litonga）主持，赞比亚总统班达出席。中国驻赞比亚大使李强民也率团出席了这一仪式，与大酋长利通加会见并互赠礼物。

酋长的敬意和效忠。族群的传统仪式是族群认同的重要手段，自从电视出现以来，这种族群认同的表演能够扩及大量新的观众，它的观众是全国范围的，而不仅仅局限于当地。传统仪式的形式和特征通过全国的电视屏幕逐渐被塑造成一个重要的外延符号。这种方式被用于把不同的传统扩展到全国范围，这种形式不是个人的、地方的产物，也不仅仅局限于赞比亚本国。①

2006年7月3日是赞比亚的英雄日。一个新的伊克林治酋长将要就职，她是该族的第一个女酋长。新酋长即位是一个具有历史意义的事件，但也饱受争议，因为隆达族和恩德姆布族之前还没有出现过女酋长。而且，尽管她年轻漂亮、聪明睿智，在当地长大并接受过教育，熟悉当地情况，但是她继任酋长之事仍然让人们争论不休。她的父亲曾经担任过酋长，但是这一职位不是世袭的，授予酋长职位决定权掌握在一些传统长老之手。她父亲死后，他们任命她为代理酋长，给予她象征酋长职位的标志物，包括象征人类力量源泉的卢坎古（Lukangu）手镯。这造成了一个失误，这些长老想在酋长即位仪式之前由她来保管酋长职位的标志物。而这位女代理酋长却坚决拒绝交还这些标志物，要求承认她是酋长。这是没有预料到的事，因为在隆达人的习惯中，代理酋长不能成为酋长，更何况是一位女代理酋长。人们对此事众说纷纭，直到姆维尼隆加地区西部恩德姆布族的高级酋长卡农格沙出面调停，他站在这位女酋长这边，劝说大部分村头人支持她的酋长候选人资格。一些人暗地里说卡农格沙这么做是为了让她成为傀儡，对自己顺从。② 在酋长就职仪式上，赞比亚基督新教的主教保罗·费舍先生用奇隆达语发表了讲话，他指出："我知道女人不能当酋长是你们的传统，我也知道代理酋长不能继任为酋长也是你们的传统。今天是新的一天，也许是一个新传统产生的时候。"③

酋长制度所代表的传统文化，在当代赞比亚还具有了相当大的经济价值。传统节日及仪式逐渐成为重要的旅游资源，为当地带来经济发展和就业的契机。每年各族群举行的传统仪式、节日都会吸引大批游客来

---

① Kate Crehan, *The Fractured Community*: *Landscapes of Power and Gender in Rural Zambia*, Berkley, Los Angeles and London: University of California Press, 1997, p. 117.

② William D. Grant, *Zambia*, *Then and Now*: *Colonial Rulers and Their African Successors*, London and New York: Routledge, 2009, p. 206.

③ Ibid., p. 209.

领略非洲的传统文化。因此，传统的酋长制度在当代发展经济的背景下焕发了新的生机与活力。2007 年，在东部省契瓦族"库兰巴"传统仪式上，赞比亚总统姆瓦纳瓦萨在讲话中指出，这一传统节日是赞比亚及其邻国吸引旅游者和投资者强有力的工具，能够为当地带来基础设施的发展和创造新的就业机会。而契瓦族大酋长翁迪十世也曾指出，传统的酋长仪式能够逐渐成为南部非洲经济一体化的媒介。① 2010 年 8 月 2 日，来自赞比亚、津巴布韦、刚果（金）、坦桑尼亚四个国家的 100 多位部落酋长，与 1 万多名由各国游客和当地居民组成的狂欢人群齐聚赞比亚南方省利文斯顿市的维多利亚大瀑布景区，庆贺一年一度的盛大节日穆库尼酋长节。赞比亚总统班达参加了庆典活动，并呼吁赞比亚社会各界加强非洲部落文化的传承与保护，通过传统习俗的展示吸引更多游客。穆库尼部落现任酋长莫诺卡亚·穆库尼在祈福仪式前接受新华社记者采访时说，他希望通过举办这次活动，推动当地旅游业进一步发展。②

四　酋长的民族国家建构职能

酋长是赞比亚各族人民的精神领袖，在反抗殖民统治、争取国家独立的斗争中作出了贡献。赞比亚独立后，73 个族群之间的和睦相处和团结友善也离不开这些传统酋长，酋长依然对国家的稳定和发展具有很大的作用。③ 从赞比亚独立后的历史发展来看，酋长制度是赞比亚民族国家建构中的促进因素。

首先，酋长被纳入现代政权组织结构中，能够在一定范围内参与国家事务的管理。与大多数撒哈拉以南非洲国家一样，赞比亚独立时也存在二元政治结构，即现代政治结构与传统政治结构并存。赞比亚政府对传统的酋长采取了团结、利用、限制的方针，将酋长制度纳入政府的管理和监督

---

① Walima T. Kalusa, in collaboration with Mapopa Mtonga, *Kalonga Gawa Undi X：A Biography of an African Chief and Nationalist*, Lusaka：Lembani Trust, 2010, p. 106.

② 穆冬、海明威：《赞比亚万人庆祝酋长节》，新华社利文斯顿 2010 年 8 月 2 日电（http：//news. 163. com/10/0803/13/6D5Q4M7T000146BC. html）。

③ 2010 年 6 月 4 日上午，笔者率领其他 8 位中国留学生以及赞比亚中文国际学校 4 位汉语教师到卢萨卡市区东南卡布隆加（Kabulonga）赞比亚开国总统卡翁达的寓所，应约与卡翁达先生进行座谈。卡翁达先生在谈到酋长在赞比亚政治生活中的作用时，讲到了这些内容，由笔者记录、整理。

框架内，利用酋长对本族群、部落居民的权威、公信力和感召力去完成某些具体任务，并负责各自辖区的一些民事案件和宗教礼仪等传统事务，还专门成立酋长院，将各省有声望的酋长吸收到酋长院中，向政府提供咨询，包括进行某些立法。在赞比亚现代政治制度框架内，酋长成了政府的助手，协助政府工作，接受政府监督。1983年利通加大酋长和奇蒂姆库卢大酋长进入联合民族独立党中央委员会，是联合民族独立党政府把传统权威纳入国家政治体制的举措。这一举措能够在"一个赞比亚，一个民族"（联合民族独立党箴言）的旗帜下加强国家的团结统一，同时也是为了把传统权威从传统主义者转变为民族主义者。接受了这一任命后，两位大酋长为国家独立后的政治稳定和发展作出了重要贡献，而这正是联合民族独立党政府所追求的目标。

其次，酋长是各种不同的共同体的领袖和中心人物，是共同体成员团结的象征。在非洲一些国家民族的形成过程中，其他的一些传统社会组织（诸如家庭、家族、氏族、部落、酋邦）的因素确实仍在起作用，在个别地区，这些因素还起着相当重要的作用。[①] 在赞比亚，73个族群中包括了大大小小的酋长领地，酋长制度依然是赞比亚现代社会不可替代的社会组织形式。按照1996年宪法修正案，赞比亚在全国9个省中共划出286个酋长领地。赞比亚现在拥有286个酋长，包括大酋长、高级酋长、地区酋长，其中大酋长（Paramount Chiefs）有4个，分别是北方省奔巴族的奇蒂姆库卢、东方省契瓦族的翁迪、东方省恩戈尼族的姆佩泽尼和西方省洛兹族的利通加，他们代表的这四个族群在赞比亚全国人口较多，影响较大。政府对酋长实行的怀柔、利用、扶植的政策，对维护国家的安定团结、稳定政局起到了良好的效果。酋长传统仪式是赞比亚各族群几百年来的传统，是各族群团结和互助的象征，但现代的酋长传统仪式均已融入爱国的因素。例如，在隆达族和恩德姆布族的酋长就职仪式中，增加了一项新内容：弘扬赞比亚的国家统一和爱国精神。所有参加仪式的人都热情地、有节奏地唱国歌。国歌的旋律是"上帝保佑非洲"（Nkosi Sikelele Africa），源自南非国歌，但是配上了赞比亚的歌词，能够用英语或当地族群语言演

---

① 参见李安山《非洲民族主义研究》，中国国际广播出版社2004年版，第207页。

唱。用奇隆达语演唱时，特别动人。男女老少都会唱。① 可见，传统的酋长传统仪式本身就已经成为弘扬爱国主义的舞台。

最后，酋长制度能够遏制地方民族主义，促进民族国家的整合。卡翁达总统十分重视各族群间的团结和民族国家的建构，在政府机构的人员配置上，他努力做到维持各族群之间的平衡②。在赞比亚独立前夕，巴罗策兰地区的洛兹人有着强烈的地方民族主义倾向，但是独立之后他们已经不再寻求独立建国。③ 卡翁达认识到地方民族主义是危害社会的疾病，能够毁掉一个新生的国家，于是他提出把"一个赞比亚，一个民族"的口号作为联合民族独立党的箴言，并将其镌刻到赞比亚的国徽上，凸显了赞比亚民族国家整合的重要性。赞比亚独立后，政府始终借助酋长的地位和权威，促进族群之间的团结，努力消除地方民族主义。"赞比亚政治家们越来越意识到，适度的族群认同展现的是民族国家的整合因素，而不是分裂因素。"④ 1970 年 4 月，赞比亚政府主办的报纸《每日邮报》刊登了一张赞比亚地图，上面表明了 60 个族群的生活区域和人口状况，附图的文字解释说："这张地图的目的是将赞比亚各族人民团结成为一个强大的民族，我们相信，如果赞比亚人知道自己所在族群的真实情况，他们会更加团结一致，反对部落主义这样的分离势力。我们希望我们刊发的真实情况会证实，没有一个、两个、三个，甚至四个族群可以占据对其他族群的支配地位。"⑤ 尽管赞比亚族群众多，而且历史上相互之间也曾经有过一些杀伐征战，但经历过殖民统治时期和独立后的发展，目前各族群之间基本上不存在历史上遗留的矛盾和问题，各族之间一直和睦相处、友好往来，相互之

① William D. Grant, *Zambia, Then and Now: Colonial Rulers and Their African Successors*, London and New York: Routledge, 2009, p. 209.

② 2010 年 6 月 4 日在卢萨卡与卡翁达先生座谈会上，卡翁达先生在回答笔者提问时，专门指出了这一点。

③ Colin Legum, *Africa Contemporary Record: Annual Survey and Documents 1985 – 1986*, New York and London: African Publishing Company, 1987, p. B887.

④ Wim van Binsbergen, "Nkoya Royal Chiefs and the Kazanga Cultural Association in Western Central Zambia Today: Resilience, Decline, or Folklorisation?", in E. Adriaan B. van Rouverory van Nieuwaal, Rijk van Dijk (eds.), *African Chieftaincy in a New Social-Political Landscape*, Münster, Hamburg and London: Lit Verlag; Piscataway, N. J.: Transaction Publishers, 1999, p. 115.

⑤ *Daily Mail*, April 20, 1970.

间的杂居、通婚更是相当普遍①，这为赞比亚的民族国家整合提供了一个良好的历史根基。在各族群的重大节日和传统仪式举行时，其他兄弟族群的酋长一般都互相邀请参加。赞比亚政府在维护酋长在赞比亚社会的权威的同时，发挥酋长对各族群的整合作用，推进族群之间的和睦相处。这体现了酋长能够促进各族群间的和睦相处，从而维护国家的稳定和团结，促进民族国家的建构。

---

① 这也是笔者于 2010 年 1 月至 6 月在赞比亚留学期间通过实地考察得到的切身感受，笔者接触到的周围邻居、赞比亚大学的师生以及其他当地人，多数家庭都是族际通婚形成的。

第五章　酋长制度：传统与现代的互动与调适

　　赞比亚酋长制度从传统社会肇始，经历了殖民主义的洗礼，国家独立后仍然保留下来并存续至今，具有深厚的历史和现实原因，概括来讲就是其合法性基础一直存在。酋长制度本身所具有的制度弹性和适应能力，使其在外来文明的影响下能够吸收新鲜血液，适应现代社会发展潮流。同时，发挥酋长的传统职能，把酋长制度纳入现代国家治理框架，也是赞比亚政治、经济、文化现实的需要。"在各自的属民看来，传统领导者（酋长）仍然具有特殊的合法性，因为传统权威制度被视为体现着他们民族的历史、文化、法律与价值观、宗教和前殖民主义时期主权的见证。"① 赞比亚独立后，受历史与现实、客观与主观、经济与政治、社会与文化种种因素的影响和制约，酋长制度仍然被保留下来，并在现代社会中继续发挥着不可替代的作用。

　　酋长制度经历了殖民统治时期和国家独立发展的洗礼，酋长的权力和权威已经大为削弱，其地位和影响已经今非昔比。但是，在赞比亚的现代化发展进程中，酋长制度作为传统因素在政治、经济和社会生活等方面依然具有不可替代的影响和作用。现代化的历史进程并没有消除酋长制度赖以生存的根基和土壤，酋长制度存在的经济和社会基础仍然存在。无论是在传统社会，还是在殖民统治时期和国家独立发展时期，各族群的大小酋长都是自身及其属民利益的维护者，都是凝聚基层社会成员认同的中心角色。酋长制度是赞比亚各族群的社会传统符号和文化象征，代表着传统文

---

① Donald I. Ray, Chapter 1 "Rural Local Governance and Traditional Leadership in Africa and the Afro-Caribbean: Policy and Research Implications from Africa to the Americas and Australasia", in Donald I Ray and P. S. Reddy (eds.), *Grassroots Governance?: Chiefs in Africa and the Afro-Caribbean*, Calgary: University of Calgary Press, 2003, p. 5.

化在现代社会的延续。酋长制度具有很强的制度弹性和调适能力，历经古代传统社会、殖民地社会和独立后的现代社会，从社会的主角到配角，酋长的地位和作用都不可替代。酋长制度经历了殖民统治当局和独立后国家政府的改造，凭借其强大的适应能力，跟随时代发展的潮流与脉搏，发挥自身的传统作用，在现代化发展进程中占据一席之地，并且成为现代化的促进因素。

第一节　酋长制度存续的合法性基础

在殖民统治时期和国家独立后，赞比亚的酋长和酋长制度均被保留下来，根源就是在这两个历史时期，酋长制度仍然符合社会需要，具有存在的合法性。非洲酋长制度的合法性一部分来源于前殖民时期的历史，一部分来源于宗教信仰，还有一部分来源于非洲文化。当代国家制度，则处于宪法、司法体系、政党政治和民主选举的框架内。"合法性的前提或基础是强制力和以强制力为后盾的制度化规则。人们可能反抗某个具体的政治对象，但是很难去挑战制度化的有形规则和无形规则。正是各种有形和无形的规则，显示让人们不得不服从，最后规则演变为观念，变成'自愿服从'。因此，合法性的受众与其说是民众，不如说是统治者，恰恰是统治者在努力建设一种让民众满意或基本满意的政治状态。"[①] 从历史上看，赞比亚与其他多数非洲国家一样，生产力落后和商品经济不发达，传统的社会关系和结构依然存在，传统文化的影响根深蒂固，殖民统治的政治影响深远，这些是促使酋长制度在现代赞比亚仍然保留的历史因素。而酋长在现代社会的传统权威不可替代、现代民主政治的发展不健全、酋长与政府能够实现良好的合作是酋长制度在赞比亚仍然保留的现实因素。

一　酋长制度延续的经济和文化基础

生产力的发展是社会发展的决定性力量，赞比亚生产力长期不发达有

---

① 杨光斌：《政治学的基础理论与重大问题》，中国人民大学出版社 2011 年版，第 166 页。

其历史和现实的原因。从历史上看，殖民统治遗留下来的单一经济形态、传统自然经济的束缚以及独立以来的一些政策失误等，使赞比亚经济长期处于落后状态。由于生产技术不能及时得到改进，社会生产始终囿于简单生产的怪圈，自然经济在赞比亚广大乡村地区仍然存在着，这一根本弱势影响着赞比亚经济的发展和社会的进步，但在客观上却有助于稳固传统的酋长制度，这正是酋长制度得以保留并发挥作用的经济根源。传统宗教是酋长制度存续合法性的社会文化基础，酋长被认为与神灵相通而具有合法性基础，他们是祖先在现世的代表，是属民与祖先联系的桥梁。正是因为如此，赞比亚的政治家都尽力对这些传统权威表示尊敬。在现代政党政治和民主选举制度下，作为传统权威的酋长依然有相当大的号召力，酋长的支持与否往往在选举中起到关键的作用。即使身为政府官员的人，也会认为他们的官职和地位还要受传统权威的神佑。

首先，生产力落后和商品经济不发达是酋长制度存续的经济根源。当西方殖民者入侵非洲时，非洲大多数地区处于原始的自然经济发展阶段，赞比亚地处南部非洲内陆，其地理范围内分布的各王国、族群、部落也处于自给自足的传统生产生活状态，基本不存在商品交换以及货币和信贷关系。尽管赞比亚各地受奴隶贸易的影响较小，但接踵而至的英国殖民统治和殖民地经济形态的建立，中断了赞比亚经济和社会的自然演进过程。英国虽然把赞比亚拉入了西方主导的资本主义世界体系，但却是一种单纯向西方提供矿产原料和农产品的单一、畸形的依附性经济，真正具有活力的商品经济并没有在这种"掠夺"和"输出"性的经济模式下得到发展。赞比亚独立后的社会经济结构不过是殖民地经济的延伸，以铜矿为主的单一经济模式并未被根本打破，经济结构和经济布局不合理，各地区之间、城乡之间发展不平衡，社会化大生产的现代经济与自给自足的自然经济并存。以家族、血缘为纽带的村社经济广泛存在和延续着，加上自给自足的个体生产方式及思想意识的根深蒂固，都极大地束缚了赞比亚商品经济的培育和发展。"非洲丰富的自然资源禀赋型的经济形态也从本质上决定了其缺乏商品经济发展的土壤。因为政府可以依靠权力占有对国家经济发展起关键作用的自然资源，不需通过谈判或协商的办法与其他经济资源的拥有者进行政府行政权力与经济资源的交易，因而从制度上缺乏激活商品经济的因素，也不利于民主政治的产生。"① 在这样的经济基础上，传统的酋长制度也就具有了很大的生存空间。

其次，传统文化的影响根深蒂固是酋长制度存续的社会文化根源。在自然经济和不发达的商品经济环境下，人与人之间的关系不是由商品货币关系决定的，而是由血缘关系和主导与服从的人身等级和依附关系决定的。这种人身等级和依附关系极大地束缚了人的自主发展，容易使人陷入狭隘的地域观念、等级观念和神灵崇拜的思想意识中，而这正是非洲传统文化的思想内涵。第一，传统文化中的血缘观在现代社会依然影响深远，人们之间的血缘关系系统清楚，辈分关系明确，上下界限分明。这种情况有利于维护出身高贵家庭的酋长的权威，有利于酋长组织族众从事生产、宗教乃至战争等各种活动，从经济上和政治上把全体人民团聚在一起，血缘观在这里无疑起了重要作用。第二，祖先崇拜和神灵崇拜的敬祖观则同传统文化中的宗教观念密切相关。传统文化认为，人死后灵魂还在，酋长死后他的灵魂升天变成为神灵，仍继续保佑着他的后裔和子民，继续主宰着部落的荣辱兴衰。所以非洲人特别重视对祖先神灵的祭拜，重大的祭祖仪式都要由酋长主持。而酋长又被看作祖先意志的化身，是能与祖先之灵相通的人，只有他才能代表族众与祖先神灵沟通，把祖先神灵的谕示、训诫等信息传达到全体人民，从而增强部落的凝聚力。从传统社会沿袭下来的敬祖观和血缘观，依然维系着赞比亚人的社会生活，成为支撑酋长制度的社会文化基础。

二 酋长制度合法性延续的政治和社会基础

酋长制度是赞比亚传统文化的组成部分，随着传统文化沿袭下来的是酋长的传统权威地位和酋长制度的政治合法性。无论官方的宪法，还是法律规定，都对酋长的地位做出了明确的规定。酋长在国家层面和地方政府管理层面均发挥着其传统的影响力，在现代政治结构中仍然占据重要地位。"但是现代国家政治结构需要传统领导者的前提条件就是传统领导者不能滥用权力和虐待民众。从某种意义上说，成为一个传统领导者要服从

---

① Robert H. Bates, "The Economic Bases of Democratization", in Richard Joseph (ed.), *State, Conflict, and Democracy in Africa*, Boulder, Colorado: Lynne Rienner Publishers, 1999, p. 86.

非正式的、日常式的全民公决：当人民不再崇敬传统领导者，当民众不再认可酋长的合法性时，他们的职位就不再起作用。"① 在赞比亚，由于传统酋长具有不可替代的特殊地位和作用，他们仍然得到人民的支持，受到国家的重视。酋长仍然是国家政治的重要角色，特别是在国家土地管理、地方传统事务和政治管理方面。

首先，传统的社会结构依然存在是酋长制度得以延续的政治根源。赞比亚的生产力发展水平长期低下，而建立在落后生产力基础上的传统大家庭式的村社生产关系始终没有被打破，在许多地区特别是偏远乡村地区依然保持着，因此与之相适应的传统社会结构也被保留下来，于是维系传统社会结构的政治管理制度也得以继续存在下来。为了便于推行间接统治制度，英国殖民统治还在一定程度上使这种传统社会结构得以强化。酋长的势力仍然很强大，英国的间接统治制度一贯把以酋长为代表的传统政治势力作为殖民统治的重要支撑力量。在乡村地区，酋长拥有土地分配权和行政、司法、宗教方面的传统权力，还负责向属民征收实物和劳役。酋长的权威在城市也是根深蒂固的，部落、氏族不管迁至何处，过去的村庄、土地，名义上仍然归部落、氏族共有，那里是他们的"根"，是他们的"故乡"，是他们的精神家园。部落成员不仅有自己份地的使用权，而且可利用公有土地从事狩猎和捕鱼。即使是定居城市并有其他职业的人，也同自己"故乡"部落氏族成员保持着感情和经济上的联系，他们还把自己的传统文化、生活方式和习惯带到城市里。因此，酋长制度和酋长的权威对于现代社会中每个人的生活仍然具有很大的影响。

赞比亚继承的是北罗得西亚殖民地的遗产，承袭的是英国改造后的殖民地社会结构。国家独立之后，传统社会结构并未从根本上被打破，酋长仍然是许多赞比亚人生活的依靠。酋长作为部落的最高首脑，仍然是部落权益的捍卫者和保护者，而且作为神灵的代表充当公有土地的保护者、管理者和分配人的角色。"在家族祭典与家父长（酋长，引者注）祭司制的权力与重要性尚未遭到破坏的地方，它们自然形成一种极端强固的人际结合关系，对家族及氏族有巨大的影响力，成员牢牢地团结为一个坚强凝聚

---

① Donald I. Ray, Chapter 1 "Rural Local Governance and Traditional Leadership in Africa and the Afro-Caribbean: Policy and Research Implications from Africa to the Americas and Australasia", in Donald I Ray and P. S. Reddy (eds.), *Grassroots Governance?: Chiefs in Africa and the Afro-Caribbean*, Calgary: University of Calgary Press, 2003, p. 9.

的团体。这种凝聚力对家族内部的经济关系也有重大的影响，它有效地决定及固定家族内所有的法律关系。"① 历史沿袭下来的传统社会结构依然存在，是酋长制度得以保留下来的社会根源。

赞比亚独立之后，虽然按照西方政治体制建立了现代政府结构，经济发展水平也不断提高，但是酋长的社会影响依然存在，特别是在乡村地区，酋长作为传统权威的地位是不可替代的，任何政治人物或政治组织都不可能取代酋长的社会地位和影响。"与传统社会比较，现代政治合法性的获得更不容易，因为传统社会的合法性路径主要是通过愚民而造神，使统治者获得神的地位，被统治者视统治者为神明而'自愿服从'。现代政治的合法性则要满足民众的需要，民众的需求大致分为作为政治权利的民权和作为社会权利的民生。"② 酋长制度的合法性基础几乎在所有摆脱殖民统治的非洲国家都存在，而且这种合法性根植于殖民主义到来之前的传统社会。"人们可以通过独立国家政权的立法、行政和司法制度在许多政策领域表达自己的政治诉求，而且也认为某些政策事务，例如习俗、土地和其他的本地事务，最好能够通过他们的传统领导者来表达。因为，国家独立后的人民认为政治合法性的来源被划分为独立后的国家政权和前殖民时期的传统领导制度，这些人民也认为民主政治包括独立后的国家政权和传统的领导制度。"③

其次，新兴社会阶层力量弱小且分散，不能够取代酋长的传统地位和影响。在赞比亚现代社会发展过程中，出现了许多新的社会阶层，民族资产阶级和工人阶级都开始出现。资产阶级主要是由传统社会上层、国家上层人士转化而来的，也有少数是从现代中产阶级或小资产阶级中产生。它是一个庞杂的聚合体，最初他们充当与欧洲商人交往的中间人，继而开始做些小生意，逐步成为中小商人。在殖民统治后期，英国对殖民地出台了一系列经济改革措施，对赞比亚的经济管制渐渐松弛，赞比亚农业和铜矿业获得长足发展。在铜矿业的带动下，赞比亚民族资本得到了一定的发

① 马克斯·韦伯：《宗教社会学》，广西师范大学出版社 2011 年版，第 19 页。
② 杨光斌：《政治学的基础理论与重大问题》，中国人民大学出版社 2011 年版，第 167—168 页。
③ Donald I. Ray, Chapter 1 "Rural Local Governance and Traditional Leadership in Africa and the Afro-Caribbean: Policy and Research Implications from Africa to the Americas and Australasia", in Donald I Ray and P. S. Reddy (eds.), *Grassroots Governance?: Chiefs in Africa and the Afro-Caribbean*, Calgary: University of Calgary Press, 2003, pp. 7 – 8.

展，已经从经营零售、充当中间人开始转向农业（兴办农场）、运输业和服务行业（如饭店、旅馆等）。然而，就赞比亚民族资本涉足的行业来说，多数从事商业、服务行业，一般固定资产不多，而受资金、技术和生产条件的限制，经营实业的企业家很少。直到赞比亚独立之后，赞比亚民族资产阶级的构成仍然比较庞杂，主要包括中高级政府官员、企业管理人员、私营业主、教师、医生、自由职业者等。而且，作为一个社会阶层，他们的力量仍然十分弱小和分散，政治诉求的目标也不一致。从殖民统治后期开始，知识分子成为民族资产阶级的主导力量，领导了赞比亚的民族独立斗争，国家独立后他们又成为政府的领导阶层。这个阶层的主要特点是：具有书本知识而又比较脱离实际；从西方民主自由等价值观汲取了灵感，但又带有较深的族群和宗教烙印；羡慕西方的物质文明，主张向西方学习，但又往往持批判态度；主张民主、反对专制独裁，但又认可和崇敬酋长等传统领导者的权威并寻求他们的支持。①

　　工人阶级是随着 20 世纪初铜矿的大规模开采而出现的，他们是资本主义雇佣劳动制度的产物，是赞比亚铜矿业的主要劳动力。赞比亚工人阶级的出现早于民族资产阶级，他们是由传统社会的下层人转化而来的，他们文化水平低，多数为文盲，靠出卖劳动力为生，他们虽然受到了西方先进思想的影响，但基本上没有同传统部落、族群的风俗习惯隔断联系。工人阶级力量的薄弱不仅表现为数量少，而且质量不高，这主要是由于他们之中的流动工人比重大、农民成分多所致，流动劳工既无长远的共同经济利益可言，更谈不上整个阶级意识的培养。流动劳工多来自农村，血缘宗族和地方意识严重，这些都影响了工人阶级的形成和发展，削弱了它的战斗力。② 赞比亚独立后，工人阶级在数量和质量上都有所提高，但是以流动工人为主的局面并没有改观，全职工人特别是产业工人依然很少，多数人一只脚在农村，另一只脚在城市，即半农半工。他们离开家乡，到城市、到外地去做工挣钱，一是为了交纳农村的税收，二是为了补充家用或准备"落叶归根"所用。因此，工人队伍中多数人没有最终离开土地和传

---

① 参见陆庭恩、刘静《非洲民族主义政党和政党制度》，华东师范大学出版社 1997 年版，第 318页。

② 对非洲民族资产阶级和工人阶级的分析，参见李安山《非洲民族主义研究》，中国国际广播出版社 2004 年版，第 71—77 页。

统社会，仍然是城市的流动劳工（以合同工、临时工形式出现）。[1] 工人阶级在赞比亚独立后也没有能够发展成一股统一的政治力量。

赞比亚资产阶级和工人阶级的流动性均比较大，没有发展壮大成为社会的主要社会力量，他们的发展状况类似于 19 世纪后半叶半殖民地半封建社会的中国。资产阶级和无产阶级都是在外国资本的垄断下出现的，他们还处于在夹缝中生存的状态，发展十分缓慢。受到传统社会制度的影响，以及他们出身的族群和地区所受外部影响的不同，他们之间的阶级意识更加模糊，对族群和酋长的认同远远超过对阶级的认同，不能形成一股比较稳定和团结的社会力量。因此，在殖民统治时期这两个对立阶级虽已经产生，但是他们的力量还是分弱小而分散，自身的团结和凝聚力十分脆弱，难以形成统一、持久的政治主张和发挥更大的社会影响力，人们对他们的信任度远不及酋长的传统权威。即便是这些社会阶层中的高层人士，他们身上既带有追求民主、反对专制、向往自由、争取独立的民族主义倾向，又带有尊崇酋长、从所属族群中寻求支持的传统观念，具有现代与传统的双重烙印。因此，赞比亚独立之后，民族主义政党不能完全依靠自身力量实现对国家的管理，为了巩固其执政地位，政府必须发挥酋长的传统权威作用，维护其传统影响力，政府与酋长之间存在相互合作的利益契合点。这样，政府将酋长制度保留下来，并在限制酋长权力的同时与酋长合作，将其纳入现代政治框架之中，也就是顺理成章的事了。

第二节　酋长制度的制度弹性和适应能力

酋长制度从传统社会延续至今，作为传统文化因素始终在社会发展的进程中保持着自己的生命力。酋长制度作为赞比亚社会的传统因素，却在社会发展变迁中不断与现代因素水乳交融，吸收现代性因素，以新的姿态来适应社会发展进程，成为现代化进程的推动力量。承载着酋长制度历史传统的各族群传统仪式，在现代社会里作为传统文化的符号和象征，被赋

---

[1]　参见陆庭恩、刘静《非洲民族主义政党和政党制度》，华东师范大学出版社 1997 年版，第 317 页。

予了现代性的广阔内涵。许多酋长皈依了基督教，思想观念和生活方式欧化。卡龙加·加瓦·翁迪十世这位契瓦族传统酋长就信奉了基督教，但是他没有完全摒弃本土宗教信仰和文化。因此，在社会发展进程中，酋长制度在外来的影响和挑战面前，具有很强的制度弹性和调适能力，它没有因固守古老的历史传统而湮没在历史的车轮中，反而成为殖民政权和独立后的国家政权都要依靠的传统社会力量，依然能够在现代社会焕发出时代的活力和生命力，成为社会发展的推动力量。

一　酋长制度受到外来先进文化的冲击

英国殖民主义的到来，使赞比亚传统的社会结构和生活方式逐渐发生了变化，有些族群受到的影响较小，而有些族群的变化十分巨大。酋长依然继承了祖先神灵化身的"身份"，能为庄稼带来雨水，身上具有超自然的力量，他掌管着土地的分配，占有着公共财富。[①] 但是，殖民当局设立的地方行政公署"博玛"（Boma）取代酋长掌握了各地的最高权力之后，以酋长为代表的传统统治者成为依附于殖民当局的力量。恩戈尼族的武装反抗被英国镇压后，其传统的政治结构也遭到了破坏，兰巴族生活的地区涌入大批白人移民。殖民者不但带来了欧洲商品和枪炮，也带来了西方先进的生产方式和基督教文化，赞比亚传统社会在殖民主义的影响下，作为传统领导者的酋长角色和形象也在悄然发生着变化。早期殖民当局的地方行政公署"博玛"通常设在酋长所在的村镇附近，更是对酋长的权力和作用形成了很大制约。同时，作为殖民地管理体系中的一个环节，酋长在一定程度上成为英国维持殖民统治的一种工具。英国成为赞比亚的殖民宗主国，殖民管理体系代替了传统的政治结构，酋长屈服于英国殖民势力，不再是至高无上的统治者，不再具有原来的行政管理权和军事统帅权，但在本部落、族群中仍然保留着代表祖先的神权，保留着一些政治、经济和司法权力。英国的政治、经济、技术、生产方式和价值观念，强制性地移植到赞比亚，打破了部落社会固有的社会秩序，使其在政治、经济、社会、文化的结构上产生了质的变化。这些变化对赞比亚传统的酋长制度带来了

---

① 关于族群传统社会结构的描述，可参见 Max Gluckman and Elizabeth Colson, *Seven Tribes of British Central Africa*, Manchester：Manchester University Press, 1959。

巨大冲击。

英国殖民主义通过文武兼施的手段，迫使赞比亚沦为自己的殖民地，瓦解了酋长统治的权力结构。白人成为至高无上的统治者，殖民政权取代了酋长王国的中央集权，成为殖民统治的国家机器，广大土著黑人沦为无权决定自己命运的被统治者。英国殖民政权先后颁布一系列削弱酋长权力的立法，1894年南罗得西亚殖民政府开始派驻土著专员替代酋长统治，1896年又颁布土著事务条例，规定所有的酋长都需要经殖民政府任免①，而这些做法也在赞比亚所在的北罗得西亚推广实施。英国殖民统治带来的重要后果之一就是对当地传统生活方式的冲击，对于地处内陆的赞比亚一些族群来说，外来因素对传统生活方式的冲击是渐渐产生的。而对另外一些族群来说这种影响是巨大的，如恩戈尼人的政治组织形式已经被殖民者的军事征服破坏，兰巴人的领地已经被白人定居者占据。在所有的部落或族群中，殖民主义都使酋长在各自属民中的名望迅速下降。② 早期的殖民政府管理层在酋长的村庄附近设立"博玛"，作为殖民统治权力机构进行管理。英国殖民当局没有废除传统社会的酋长制度，酋长被视为继承了祖先的神灵，身上拥有超自然的力量，是土地的分配者和象牙的拥有者。在本族群和部落的传统方面，酋长仍然负责管理传统事务，是传统文化的维护者和社会生活的管理者。在司法方面，酋长在传统生活领域仍然具有仲裁权和审判权，且可以使用习惯法进行审判。但是，"博玛"拥有大量实权，往往无所顾忌地将自己的意志强加给酋长，破坏酋长的传统权威。

在经济方面，私有财产观念和货币经济的传入，使酋长集体财产拥有者的地位产生了动摇，酋长的经济地位受到挑战。在欧洲人到来之前，各族群、部落、村社几乎完全处于自给自足的自然经济状态，他们从外面取得的物品，都是通过物物交换或者战争夺取的。而且酋长统治的传统社会没有财产私有的观念，所有的财产都归集体公有，就连纳贡也是以集体的名义缴纳的，酋长接受和赠送礼物也不是以个人身份，而是作为族群或部落的代表。③ 殖民主义带来了欧洲资本主义社会的私有财产观念，也使酋

---

① 参见何丽儿《津巴布韦酋长访问记》，《西亚非洲》1988年第1期，第67页。

② Richard Hall, *Zambia 1890 – 1964：The Colonial Period*, London：Longman, p. 43.

③ Richard Seymour Hall, *Zambia*, London：Pall Mall Press, 1965, p. 97.

长首次接触到了货币和商品经济，而且殖民当局掌握了经济规划和税收权力，使酋长的经济功能被边缘化。随着采矿业的发展，现代工业在赞比亚出现，大批青年劳工成为现代工业的劳动力，客观上削弱了酋长的经济掌控能力。酋长制度的变化，还表现为酋长属民的大量流亡和社会结构的激烈改变。随着社会与经济的发展，农民流入城市、工矿区和大型建筑工地的数量更大，以致使许多酋长"失业"，被迫改行、另谋生计了。

20 世纪初，英国南非公司在北罗得西亚强行征收茅屋税，一方面是为了增加税收以支付行政开销，另一方面是为了迫使男人们到劳动力奇缺的南罗得西亚去做工。英国南非公司一边征收茅屋税，一边招募劳工。酋长不能替他的属民交茅屋税，而本部落、族群的许多青年离开家乡去"打工"，酋长就不能再掌控将这些青年、保护他们的权益。1914—1918 年的第一次世界大战，也波及了英属北罗得西亚和德属坦噶尼喀的边界地带，分属协约国和同盟国的英国和德国在这里爆发了军事冲突，在历时四年的战争中，炮火和疾病夺去了这里 6 万人的生命。[①] 英国还在北罗得西亚各地强征民夫，据估计战争期间该地区成年男子有 1/3 为前方搬运粮食和装备，一部分妇女也应征而来。搬运工因疾病死亡了至少数千人。"不久前才各罢刀兵的非洲人，在战争期间却被迫为了他们所不知道的理由帮助白人打白人。"[②] 英、德在东非的冲突，将殖民列强的利益争夺延伸到了非洲殖民地。英国强征民夫为战争服务的行为，破坏了酋长对其属民的保护责任，对于酋长在本地区的传统职能也带来了一定的冲击。除此之外，在精神领域和社会文化层面，传教士传播的基督教正在取代信奉祖先的传统，这也给作为祖先神灵代表的酋长带来了压力[③]，其"精神领袖"的地位正在不断被外来的基督教所侵蚀。

---

① 第一次世界大战期间英国和德国在北罗得西亚—坦噶尼喀边界的军事冲突，详情参见 W. V. Brelsford, *The Story of the Northern Rhodesia Regiment*, Lusaka: Government Printer, 1954; Michael Gelfand, *Northern Rhodesia in the Days of the Charter*, Oxford: Blackwell, 1961; Richard Seymour Hall, *Zambia*, London: Pall Mall Press, 1965, pp. 101 – 102。

② Richard Seymour Hall, *Zambia*, London: Pall Mall Press, 1965, p. 102.

③ Edward Clegg, *Race and Politics: Partnership in the Federation of Rhodesia and Nyasaland*, London: Oxford University Press, 1960, p. 31.

二　酋长制度在时代变迁中不断渗入现代性因素

殖民主义的到来，带来了西方先进的文明，给长期处于传统社会的赞比亚带来了新的生机与活力。无论是在物质文明层面，还是在精神文明层面，伴随殖民主义而来的西方先进文明，给传统的赞比亚社会面貌带来了根本性的改变，而这也给作为传统政治制度的酋长制度注入了新的血液。

首先，殖民主义为赞比亚提供了铁路、公路、电话、电讯、机场等基础设施。这些基础设施毕竟改变了赞比亚传统社会陆上运输全靠人力、头顶载货、水上运输依靠独木舟和小帆船的极端落后状态，它既促进了各种货物、经济作物、矿产品的运输，也促进了人员的流动。第二次世界大战后的 20 年中，随着英国对殖民地政策的调整，在赞比亚修建的基础设施比战前 50 年修建的还要多，客观上对赞比亚经济发展起了促进作用。可以说，这批基础设施是殖民主义为赞比亚提供了最有意义的物质基础。生产、生活环境的改变，影响到了各地酋长及族群成员的思维和观念，他们对外来的物质文明并非一概排斥，而是积极地吸收和利用这些现代文明成果，将其融入酋长制度的传统之中。

其次，商品经济的发展和城镇的兴起。殖民主义的到来，赞比亚的商品经济得到一定程度的发展，尽管商品经济主要局限于赞比西河流域和铜矿区，但货币已经渗入农村，成为商品交换的媒介，这影响了乡村居民的价值观念。尽管存在单一经济畸形发展的弊病，但越来越多的赞比亚人日益密切地与资本主义经济联系在一起，城市化的步伐大大加快，人口从农村向城市迅速转移。利文斯顿因商业的发展而兴起；卢萨卡随着铁路的修建而成为新兴城市（"卢萨卡"原为当地一酋长的名称），并成为英国统治下的"北罗得西亚"首府；恩多拉因铜矿的开采而成为赞比亚第二大城市。许多荒原之地 19 世纪还人迹罕至，到 20 世纪已经变成了繁荣的商业中心和矿业中心。城镇的兴起和城市化的迅速发展为赞比亚传统的自然经济走向商品市场经济奠定了有意义的基础。殖民主义作为历史的不自觉的工具，将赞比亚带入西方资本主义主导的世界经济体系。商品经济的发展和城市化进程，不但没有消除酋长制度赖以存在的经济基础，而且成为服务于酋长制度的经济注脚，给酋长制度注入了新的经济活力。

最后，殖民主义提供了一种作为交往手段的通用语和西方教育。在殖民化之前赞比亚基本处于无文字社会，英国随着殖民征服将欧洲的拼音文字输入其殖民地，将英语作为通用语进行推广，改变了赞比亚众多语言的无文字性，这对于提高当地文化水平和促进地区间、族群间的交流都起到了重要的作用。随着教会学校的建立和西式教育的传播，英国为赞比亚培养了一批接受西方教育的知识分子和技术人才。马克思在论述英国在印度的"建设性使命"中所提到的"政治统一"、电报电信系统、作为改造旧社会的"新的强有力的因素"的自由报刊、"一个具有管理国家的必要知识并且接触了欧洲科学的新的阶层"① 等都在殖民统治下的赞比亚出现了。基督教的传播和教会学校的建立，揭开了传播西方文化和价值观念的序幕，培养了一批具有现代思想意识的黑人知识分子，甚至许多酋长也皈依了基督教。现代经济的发展也培养了一批适应现代经济的知识技术人才和黑人无产阶级，改变了酋长制度下的人口结构，而且使酋长也逐渐受到现代经济、文化因素的影响。从殖民统治中孕育出来的一些酋长具有比一般民众更强烈的民族和民主意识，其中有些酋长还成为反对殖民统治、推动民族独立斗争的领导人物。酋长在资本主义经济和西方文化的影响下，其身份和地位也逐渐向"现代化"方向转变。

赞比亚契瓦族大酋长卡龙加·加瓦·翁迪十世是一个"把基督教和传统遗产轻松地融于一体"的人，通过原有的宗教知识吸收基督教，对基督教给予本土化的解释、语言和应用。他在就职仪式中祈求祖先的保佑，他还用同样的程序祈求天主教的上帝保佑土地丰产丰收、人民幸福安康。② 他敦促他的子民去接受西方教育，也鼓励他们转而信奉基督教。他在 1953 年继承大酋长职位后，利用自己的影响，将转信基督教的酋长和议员吸收到土著权威委员会。从这个角度来说，这位大酋长已经在有意或无意地把基督教当作那些想升任酋长职位的人的重要条件。换句话说，翁迪十世用这一新的宗教信仰为条件，来授予其下属酋长合法性和新的社会身份。他

---

① 《马克思恩格斯全集》第 9 卷，人民出版社 1962 年版，第 247—248 页。

② Interview with Lyson Chigaga Phiri, Headman and Senior Advisor to Kalonga Gawa Undi, Mwanzaulungu Village, Katete, 6 August 2008, in Walima T. Kalusa, in collaboration with Mapopa Mtonga, *Kalonga Gawa Undi X: A Biography of an African Chief and Nationalist*, Lusaka: Lembani Trust, 2010, p. 27.

也把基督教改造成为区别新旧事物的工具，最终再造本土的政治、文化和身份认同。[1] 这位传统统治者对基督教和原始宗教所采取的措施显示，他并没有让基督教这一新的宗教信仰和契瓦族的传统宗教信仰水火不容。而那些欧洲传教士往往把基督教视为清除一切非西方的宗教形式、用他们自己的想法再造非洲社会的手段，与此不同的是，这位传统统治者信仰基督教而没有完全摒弃本土宗教信仰和文化模式。相反，翁迪十世通过原始宗教习惯来感悟基督教。这样，他给予基督教新的解读，用那些白人传教士既不理解也不拒绝的含义对基督教进行塑造。通过在就职仪式上祈求基督教上帝保佑，酋长给基督教赋予了新的功能，因而有利于基督教对人的教化、本土化和大众化。[2] 可见，翁迪十世大酋长已经在有意或无意间参与到了全球现代化的潮流中来了。酋长在现代性因素面前不是故步自封，而是主动接受和适应，与本宗教信仰和传统文化相结合，对其给予新的解释，以此来让其适应当地的文化逻辑和具体情况。结果，这位契瓦族大酋长化解了传教士们来势汹汹的传教活动。这些传教活动想方设法要征服一切非西方的文化形态，使殖民地人民更加顺从欧洲社会、经济、文化和政治的主导地位。[3]

三　酋长身份和地位是传统与现代因素的聚合体

卡龙加·加瓦·翁迪十世早年的生活、信仰和阅历就是一个兼容了传统和现代因素的混合体。他成长在独立前赞比亚的一个母系社会，时值英国殖民霸权的鼎盛时期，他的经历深受他成长时期社会的影响，对殖民主义、西方教育和基督教有了深入的了解。他身上不仅带有体现契瓦族社会和契瓦酋长地位的本土文化价值观，而且也利用他们作为载体，认识并接受了基督教和现代性因素。殖民当局把西方教育和基督教视为消灭非洲文

---

[1]　在19世纪和20世纪，非洲各地酋长信奉基督教的事例不胜枚举，参见 Paul Stuart Landau, *The Realm of the Word: Language, Gender and Christianity in a Southern African Kingdom*, Portsmouth NH: Heinemann; Cape Town: David Philip and London: James Curry, 1995. See also Emmanuel Akyeampong, "Christianity, Modernity and the Weight of Tradition in the Life of Asantehene Agyeman Prempeh 1, 1888–1931", *Africa*, 69, 2 (1999), pp. 279–311。

[2]　Walima T. Kalusa, *in collaboration with Mapopa, Mtonga, Kalonga Gawa Undi X: A Biography of an African Chief and Nationalist*, Lusaka: Lembani Trust, 2010, p. 27.

[3]　Ibid. , p. 28.

化的武器，翁迪十世却赋予西方教育和基督教新内涵和功能，使其体现出本土文化的逻辑。这样，他把基督教和欧式教育为己所用，在不抛弃他们自己文化根基和习俗的前提下，他和他的子民利用基督教与欧式教育重塑自己的信仰、身份和权力。因此，英国殖民当局原本寻求按照西方价值观念和准则改造非洲社会，这位大酋长使英国的殖民主义计划落空了。

翁迪十世在继任契瓦族大酋长之前就已经皈依了基督教。他信奉基督教可能是受到弗敏·考特曼彻主教的鼓励，考特曼彻主教1946—1971年在赞比亚东部主管奇帕塔教区。与大多数来非洲的欧洲传教士一样，他认为一旦当地传统统治者信奉基督教，非洲人就很容易皈依基督教。他预想基督教的酋长将能够成为传教士的同盟军，一起来瓦解非洲"异教徒"文化。正是由于这个原因，这位天主教的主教与这位契瓦族大酋长一生都保持着联系。①翁迪十世本人虔诚地皈依了基督教，并支持基督教在赞比亚的传播。首先，在东方省，当天主教的租地契约到期后，他继续批准延续天主教的租地期限。②其次，用大酋长自己的话说，他有"强烈的渴望"去见天主教会的精神领袖——教皇。最后，他请求考特曼彻主教帮助安排，1950年他首次访问英国后，在返回北罗得西亚的途中，这位身兼基督教徒的契瓦族传统统治者到罗马中途停留，希望到梵蒂冈当面拜见教皇庇护十二世。虽然翁迪十世大酋长没有能够当面拜会教皇，但是他还是受到了庇护十二世在阳台对他的会见，并为他送来祝愿。多年以来，翁迪十世大酋长每次回忆起在罗马和梵蒂冈的经历，都有一种莫名的自豪感。

现代经济和文化的发展对酋长制度产生了很大影响。这主要表现在以下两个方面：第一，商品经济、资本主义生产关系的兴起和发展使传统社会结构逐步解体；第二，现代社会还将受过高等教育的政府官员、知识分

① Walima T. Kalusa, *in collaboration with Mapopa, Mtonga, Kalonga Gawa Undi X: A Biography of an African Chief and Nationalist*, Lusaka: Lembani Trust, 2010, p. 25.

② National Archives of Zambia, EP1/1/19, District Commissioner to Acting Permanent Secretary, Ministry of Native Affairs, 29 August 1963. See also D. C. Clouth, District Commissioner, to Acting Provincial Commissioner, 23 July 1963. Notes from Dr. Walima T. Kalusa.

子及商人等渗透到酋长队伍中去，从而使酋长的素质发生了变化。① 这些人不仅生活欧化，思想上也深受现代文明的熏陶，他们不再是那种孤陋寡闻、思想闭塞的土王，而是见多识广、思想活跃的知识分子。有的酋长，特别是各类矿产资源丰富地区的酋长，已经步入商贸领域，在外国投资的带动下成为富商巨贾，而一些新兴的资本家又被封为酋长。在这种情况下，酋长便与资本家融为一体了。由于酋长依然掌握着大量的土地分配权，外国资本来赞比亚开办各类厂矿、企业，需要土地和劳动力，酋长便成了外国资本的重要合作者，酋长也能够从外国的投资收益中获得一定的报偿。而外国投资者也需要与这些在当地有权有势的酋长搞好合作，以保证投资的顺利进行和企业的良好运转，酋长还可以帮助企业处理工人招募、劳动纠纷、土地租赁或买卖等事务。

酋长制度的变化，意味着一场历史性的政治和社会变革。这是因为这一改革符合社会进步和经济发展的现代化潮流。现代资本主义大生产，和酋长统治贫困下落后的单一小农经济相比，具有明显的进步性。事实上，由于酋长往往是最早接触欧洲文明的人，他们许多人早已开始向现代资本主义方向"转化"。他们有的名为酋长，实则企业家，不少人通过投资兴业发财致富，成了富商巨贾。他们白天西装革履，周旋于富豪大贾之间；晚间，则身着长袍，潜身于泥墙土屋之中，重温传统生活。近年来，赞比亚酋长开始向中产阶级转化，并逐渐出现酋长和中产阶级相互交错与融合的过程。随着赞比亚经济的发展，有许多酋长及其家族拥有外资企业股份，或向外国投资者提供土地合办厂矿，或自主经营工商业。而赞比亚许多新兴中产阶层也出身酋长家庭，也有一些本身就是酋长，他们一身二任。许多政府要员、党派领袖、军队高级将领和高级知识分子都是出身于酋长家庭，而且他们之中也有不少人继承或被封授予酋长身份。而且，有不少酋长在生活上也逐渐开始中产阶级化。此外，赞比亚现在也有不少中产者仍然十分向往酋长的地位与荣誉，有些原来出身平民的官员和商人，不惜向酋长提供巨额捐献，以便获取酋长的欢欣而被授予酋长的头衔。综上所述，赞比亚的酋长与中产阶级之间有着千丝万缕的联系，而且两者日益结合于一身，这是赞比亚酋长制度一种新的时代

---

① 参见陆庭恩、彭坤元主编《非洲通史·现代卷》，华东师范大学出版社 1995 年版，第 508—510 页。

特征。

有的酋长在继任前或继任后还去欧美留学，接受西方教育，获得欧美学历。有的酋长在担任酋长前还曾在政府机关中担任要职。根据笔者的调查，在卢萨卡几家中资企业联合创办的赞比亚中文国际学校中，就有"酋长学员"定期到那里去学习汉语。[①] 在现代经济文化关系的影响下，酋长的身份和角色出现了新的变化，因此，酋长们往往考虑的是如何为其辖区人民做好事，以保住酋长的地位。尽管赞比亚政府取消了酋长征收人头税的权力，但许多受过国内外高等教育，甚至担任过政府要职的人仍然愿意去当酋长。例如，雅各布·姆万萨·卡宾加曾于 1997—1999 年出任赞比亚驻华大使，他后来被封为卢阿普拉省的科西巴酋长。

第三节 酋长制度：传统与现代的兼容

马克思说："人们自己创造自己的历史，但是他们并不是随心所欲地创造，并不是在他们自己选定的条件下创造，而是在直接碰到的、既定的、从过去继承下来的条件下创造。"[②] 现代化是传统文化发展的希望和方向，一味颂扬民族昔日的辉煌、拒绝接受外来的新鲜事物和先进思想，将导致传统文化的呆滞和消亡。而现代化运动带来的现代化和外来文化，无形中起着参照的作用，使人们重新发现、发掘本民族久远的传统，重新审视传统文化的价值。[③] 对于现代化建设来说，传统文化是一笔宝贵的、巨大的资源。它虽然不能自动地充当现代化的动力，但其中的许多内容确实可以利用来作为现代化的助力而不是阻力。在当今赞比亚，酋长制度作为传统的文化遗产，与赞比亚的现代化进程始终如影随形，它既有与现代化相悖的地方，也能够与现代化进程相契合。酋长制度与现代化进

---

① 笔者于 2010 年 1 月至 6 月在赞比亚大学留学期间，曾多次到访位于卢萨卡市拉各斯路（Lagos Road）的赞比亚中文国际学校（Chinese International School in Zambia），对该校的经营与教学情况了解颇多。

② 马克思：《路易·波拿巴的雾月十八日》，《马克思恩格斯选集》第 1 卷，人民出版社 1995 年版，第 585 页。

③ 参见李保平《非洲传统文化与现代化》，北京大学出版社 1997 年版，第 4 页。

程在冲突与合作中彼此互动，酋长制度本身也在现代化的发展趋势面前不断地调适，融入现代性的因素。传统绝不意味着落后，这项古老的传统制度在社会发展的现代化进程中体现出很大的适应性，具有强大的生命力。

一　酋长制度是非洲的传统文化符号和象征

在历史的长河中，酋长制度不仅是社会传统象征，而且已经成为具有非洲本土特色的政治文化符号。它起源于非洲传统社会，却在许多非洲国家的历史发展进程中保持着生机与活力。在传统社会，作为社会最高领导者，酋长拥有至高地位和神圣权力，集宗教神权、政治权力、经济权力、司法权力和军事权力于一身。但是，他们必须为属民服务，在生产力不发达的时代里掌管着属民的政治经济生活，是属民利益的维护者。到了殖民统治时期和国家独立发展时期，酋长从政治舞台的主角变成了配角。在殖民统治时期，酋长被迫沦为殖民当局的附庸和傀儡，他们臣服于殖民当局，有的是在实力严重不对称的前提下反抗失败，有的则是为了属民的福祉而甘愿接受殖民者的"城下之盟"。因此，被纳入殖民管理体系的酋长制度，不但是殖民统治链条上的一环，而且是殖民统治环境下维持基层社会管理的制度。维护好属民利益是酋长赖以存在的根基，一旦酋长失职，族群和部落属民可以通过相关程序罢免老酋长，另立新酋长。酋长在殖民统治面前，既努力维护属民利益，争取属民的拥护，又可以博得殖民当局对其地位的重视。

非洲的酋长制度是建立在传统的村社制度基础之上的，作为以村社制为核心的传统文化，并不能成为建设新社会、推动民族现代化的基础。对于非洲传统的村社制度，坦桑尼亚开国总统尼雷尔在 20 世纪 60 年代以赞扬的口气做了这样的概括：（1）人人平等，相互尊重；（2）所有的财产都是公有的，主要是土地属村社所有，大家都公平分配；（3）每个人都有劳动的义务。[①] 表面上看，这三方面的特征都是十分美好的，但是实际上，

---

① 参见尼雷尔《乌贾马社会主义论文集》，牛津大学版，第 107—108 页，转引自南文渊《非洲社会主义发展模式探讨——兼论非洲传统村社制文化与民族现代化的关系》，载陈公元、唐大盾主编《非洲社会主义探索》，"非洲社会主义学术研讨会"论文集，1987 年。

这些村社制度是建立在极为低下的生产力发展水平上的，与一种落后的经济基础相适应。西方殖民主义者入侵前夕，非洲内陆农村基本上处于原始社会后期，布须曼人和俾格米人各群体的基本经济活动是原始的采集与狩猎。分布于荒漠、半荒漠和草原地带的族群，其基本经济活动是粗放的、逐水草而居的自给性畜牧业，与此相适应的社会结构是牲畜归私人，农牧场归部落共有。分布在热带草原和热带森林地区的多数部落，从事粗放的、自给性的锄耕农业，与此相适应的社会结构是村社所有制，即土地归大家族或部落组成的村社所有。① 在这种生产力状况下，生产所得仅仅维持最低的生活需要，无多余的产品归自己所有，也无剩余产品可供交换，商品经济极不发达。

非洲国家摆脱殖民统治获得独立后，贫困状态不可能一下子消失。在20世纪六七十年代，农村生产工具仍然十分简单，靠锄头与弯刀整地，斧头砍树，用木棒脱粒，靠风力吹糠，靠石磨磨面，许多地方刀耕火种，不施肥浇水，不进行田间管理。尼雷尔自己在1969年也承认，"我国大部分地区的农村生活，同一百年前一样贫穷"。② "传统的非洲生活中……平等只是一种贫穷的平等，合作只是小事情上的合作，'政府'只是自己家族、氏族，最多只是部落族群的'政府'"。③ 所以，村社制度是与低下的生产力相适应的落后社会结构，酋长制度也是维护这种社会结构的产物。拿它来作为新的时代推进社会经济进步的武器，不仅不能起积极的作用，反而会成为社会进步的障碍。历史事实已经表明，正是与低下的生产力水平相适应的部落村社制，造成了非洲各地的相互孤立、相互隔绝，各部落、族群自己有自己的语言和崇拜各自祖先的传统宗教文化，这种传统文化反过来又起了一种强化村社凝聚力的作用，为酋长制度的继续存在提供了适宜的土壤。直到今天，非洲许多国家的部落、族群，都操自己的语言，而官方语言多为欧洲国家的语言，这就妨碍了现代统一民族的形成，从而从根

---

① 参见宁骚《试论当代非洲的部族问题》，载北京大学国际政治系编《论文选编》第1集。

② 参见尼雷尔《自由与发展》，牛津大学版，第128页，转引自南文渊《非洲社会主义发展模式探讨——兼论非洲传统村社制文化与民族现代化的关系》，载陈公元、唐大盾主编《非洲社会主义探索》，"非洲社会主义学术研讨会"论文集，1987年。

③ 参见尼雷尔《乌贾马社会主义论文集》，牛津大学版，第171页，转引自南文渊《非洲社会主义发展模式探讨——兼论非洲传统村社制文化与民族现代化的关系》，载陈公元、唐大盾主编《非洲社会主义探索》，"非洲社会主义学术研讨会"论文集，1987年。

本上削弱了非洲优秀传统文化的发扬，成为经济社会进步、实现现代化的障碍。苏联学者 N. A. 斯万里德兹曾指出："非洲的公社土地所有制与最落后的经济形式——歇荒耕作农业和牧场畜牧业联系在一起，它对这种落后的经济形式，起着'社会外壳'的作用。……它延缓了阶级的和民族的自觉意识的形成，使他们禁锢于宗教的、公社的教条之中，而归根结底妨碍着生产力的发展和社会进步。"[①]

赞比亚独立以后，酋长在新的国家制度框架内参与国家政治。虽然相对于殖民统治时期，酋长的权力被进一步削弱，然而酋长仍然是乡村政治的重要参与者，是传统事务的管理者，在属民中仍然拥有崇高的威望，酋长仍然是属民利益的维护者。酋长也在当地发挥着国家政策解释者、传达者和贯彻者的作用，是连接政府和当地人民的桥梁。由于英国和非洲政治、社会、法律制度之间能确立的联系非常少，所以英国殖民当局着手为非洲人发明非洲传统。他们自己对"传统"的尊重使得他们青睐那些在非洲是传统的东西。他们着手整理和传播这些传统，由此将那些灵活多变的习俗转变为确定无疑的东西。由欧洲人输入的"发明性"传统不仅为白人提供了发号施令的模式，而且还为很多非洲人提供了"现代"行为的模式。[②]

二 酋长制度兼容了传统与现代因素

商品经济、资本主义生产关系的兴起使传统社会结构逐步解体。随着欧洲资本主义来到非洲传统社会，在贸易站需要大量的搬运工，资本主义种植园和厂矿也需要劳动力。许多当地人离开了世代居住的氏族村落去当劳动力，于是大批劳动力从土地的束缚中解放出来，由酋长统管一切的封闭社会出现了裂缝。这些被解放出来的劳动者就脱离了酋长的控制，卷入商品货币关系，并且劳动力自身也成了可交换的商品。个人逐步摆脱对村社、氏族和部落所负的责任，从而无情地斩断了把人们束缚于天然酋长的

---

① 《非洲：农民公社与社会变革》，载《非洲问题参考资料》，1979 年，转引自南文渊《非洲社会主义发展模式探讨——兼论非洲传统村社制文化与民族现代化的关系》，载陈公元、唐大盾主编《非洲社会主义探索》，"非洲社会主义学术研讨会"论文集，1987 年，103 页。

② 参见特伦斯·兰杰《殖民统治时期非洲传统的发明》，载埃里克·霍布斯鲍姆、特伦斯·兰格编著《传统的发明》，顾杭、庞冠群译，南京译林出版社 2004 年版，第 271 页。

形形色色的羁绊。

非洲国家要使自己的经济社会向前发展，实现国家的现代化，必须抛弃传统的村社制度，走一条大力发展商品经济，推动社会、经济、文化全面发展的现代化道路。商品经济的发展阶段是人类社会不可逾越的阶段，现代民族是商品经济发展的结果。土地买卖的出现冲击了传统的土地观念，欧洲资本主义的土地私有观念第一次和非洲传统的土地观念发生冲突，土地不能转让的神话从此被打破了。这样，劳动力和土地就成为新生的资本主义生产关系的重要因素，传统社会的根基遭到破坏，演变遂成为不可避免的趋势。随后，城市的发展对传统社会内部结构的变化起着重要作用。居民逐渐向城市聚集，城市和种植园、厂矿相比，更是各族群之间相互影响、渗透和融合的主要场所。城市居民进一步脱离了与酋长的传统关系，失去血统关系和自给自足的农业村社的就业保障。他们的价值观念也发生了变化，逐渐使他们不再以某一族群代表的身份生活在城市，而仅仅作为个人在新的社会结构中找到了自己的位置。在城市中产生了一系列非传统社会的准则，在这些准则的基础上，形成了新的阶层。这个阶层依靠其独立的经济地位，在相当程度上脱离了以酋长为核心的传统集团，也就是脱离了由地位和出身决定的古老的等级关系。因此，在城市里传统社会结构不像农村那样严密。

在赞比亚现代化发展意味着传统社会形态的转型。但是，长期的殖民统治所形成的社会二元性并未随着殖民统治的瓦解而消失。在赞比亚广大农村地区，仍然是有着顽强生命力的、以血统关系为基础组成的村社社会，社会组织、生产和生活方式、财产继承等依然存在着传统的社会遗风，酋长在社会生活中仍有很大势力，原始宗教信仰仍然在很大程度上左右着人民的行为取向。社会现代化的变革，较之政治现代化和经济现代化的道路，要漫长得多。各族群的传统价值观念成为赞比亚的现代化发展沉重的负担。赞比亚虽曾是英国的殖民地，但其现代化不等于"英国化"或"西化"，依靠自己的文化传统探索自己独立的现代化道路，才是符合事物发展规律的、切合实际的。传统文化与现代化有矛盾的一面，也有统一的一面，提倡各种文化之间相互学习和借鉴、相互融合才是明智之举。

19世纪英国发明性传统是统治一个极其复杂的工业社会，管理与容纳变化的一种方式。在非洲，为了获得使他们以变化的代理人般行事的权威与信任，白人也依靠发明传统。而且，当它们被有意识地应用于非洲人时，19世纪欧洲的发明传统被明确地看作是"现代化"的力量。在殖民主义到来之后，出于与殖民当局政治、经济交往的需要，掌握殖民宗主国语言、学习商品经济知识成为酋长的必修课，也是提升自身现代性程度的重要砝码，并借此找到一条提高社会地位的途径。契瓦族大酋长翁迪十世认为，西方的教育和与之相伴的英语，不是有些传教士所希望的成为毁灭当地传统文化的工具，也不仅仅如英国殖民当局所认为的那样，是提升非洲酋长行政效能的手段，他还把西式教育和英语当作一个争取权利的载体。正是由于掌握了英语和写作能力，翁迪十世大酋长在1950—1952年成为奇姆蓬古的法庭职员，1957年成为东方省酋长委员会秘书。赞比亚独立之后，他在1965—1967年担任酋长院副主席，1968年到1981年担任酋长院主席。他丰厚的语言知识使他能够在20世纪50年代和60年代国内外的宪法谈判中发挥着不可忽视的作用。通过这些会谈和辩论，使用殖民宗主国的语言来挑战英国的殖民统治，而且后来在赞比亚和英国进行争取独立的谈判和制宪谈判中起到了积极的作用。①

契瓦族大酋长翁迪十世一直认为他"是基督教堂培养"出来的，他特别指出西方教育是"最不可或缺的因素"，他请他的下属和子民认真地"考虑一下"。② 对于这位契瓦族最高酋长来说，现代教育是一把钥匙，能够为他的下属和子民开启创造潜力，找到社会经济发展道路上所遇到困难的解决之道。他用不够标准的英语说道，只有"教育发达的国家"，"才能够找到发展的最佳答案"。这位契瓦族大酋长还认为，只有实行现代教育，才能为他们的社会和经济发展制订更多的创造性计划，走上提高生活水平、文明程度和现代性的康庄大道。于是，他希望契瓦族的下属酋长们与

---

① See Fay Gadsden, "Education and Society in colonial Zambia", in Chipungu (ed.), *Guardians in their Time*, pp. 97 – 125; John Mwanakatwe, *The Growth of Education in Zambia since Independence*, Lusaka: Oxford University Press, 1974; Peter Snelson, *Educational Development in Northern Rhodesia, 1883 – 1945*, Lusaka: Neczam, 1974; A. K. Msiko and Elizebeth C. Mumba, "A Historical Perspective of Adult Education in Zambia", in H. J. Msango, E. C. Mumba, and A. L. Sikwibele (eds.), *Selected Topics in Philosophy and Education 1*, Lusaka: The University of Zambia Press, 2000, pp. 120 – 129.

② National Archives of Zambia, EP 1/1/36, Paramount Chief Undi's Christian Message to (Chewa) Chiefs, 28 November 1956. Notes from Dr. Walima T. Kalusa.

欧洲殖民当局紧密合作，努力"把尽可能多的男孩女孩"送到学校。①
1964 年赞比亚独立以后，翁迪十世大酋长仍热心于国家的教育事业，受当
地乡村理事会的委托，他在奇帕塔成立了一个筹资委员会，在东方省筹资
2500 英镑，全部捐献用于赞比亚大学的建校。②

① National Archives of Zambia，EP 1/1/36，Paramount Chief Undi's Christian Message to（Chewa）
Chiefs，28 November 1956；NAZ EP 1/1/36，Paramount Chief Undi to District Commissioner，28
November 1956；Northern Rhodesia，*African Affairs Annual Report for the year 1956*，p. 52. Notes from
Dr. Walima T. Kalusa.

② National Archives of Zambia，EP 1/1/62，Minutes of the Fort Jameson Rural Council for the meeting
held at Feni on 21 – 22 June 1965. Notes from Dr. Walima T. Kalusa.

余论　酋长制度：传统文化与现代化

　　传统文化与现代化的关系是涉及哲学、社会学、政治学、文化人类学等学科的重要理论问题。二者既是相互对立、彼此冲突的，也是水乳交融、相辅相成的。非洲的传统文化是指在传统社会中形成并沿传下来的思想、道德、宗教、艺术、制度、价值观念和风俗习惯等，它们对非洲国家独立后的社会发展具有很大的影响。这种影响主要表现在两个层面上：其一是对政治体制模式、管理机制和内容等，其二是对人的思维方式和行为规范。① 现代化是传统的农业社会向现代工业社会转变的历史过程，它以经济领域的工业化为核心，伴随着城市化、政治民主化和价值观念的理性化。现代化是伴随着资本主义把世界联系成一个整体而出现的事物，既是一个历史范畴的发展过程，又是当代的现实运动。从总体上来看，传统文化似乎不可能适应现代化发展的需要，甚至是与现代社会格格不入的，现代化往往意味着对传统文化的否定和超越。实际上，传统文化与现代化是相互依存、不可分离的。传统文化往往是现代化的基础和起点，是现代化建设立足的现实基础之一，是不容忽视的客观存在。

　　非洲各族黑人千百年来创造了丰富博大的物质文化和精神文化，在世界历史上占有不容忽视的地位。非洲传统文化在16—20世纪因西方殖民扩张而受到西方文化的冲击。殖民者到来之前，以酋长为首领的王国和部落遍及赞比亚的土地，酋长处于至尊地位。殖民者到来初期，虽然对酋长制度构成了一定的冲击，但是其主导地位依然未受到动摇。随着欧洲殖民列强的入侵，情况发生了变化。奴隶贸易、殖民征服和占领及其伴随其后的殖民统治和非殖民化进程等历史事变都程度不同地对酋长制度在赞比亚

---

① 参见陆庭恩《对非洲国家政治发展问题的一些看法》，《西亚非洲》2004年第3期，第53页。

的固有地位构成了冲击和挑战。特别是当殖民统治逐步在赞比亚确立并巩固后，随着资本主义因素的移植和发展，采矿业崛起，自然经济濒临解体；加之基督教的传播，西式教育的兴办，新兴社会阶层的出现，以及殖民当局对酋长权力的限制与削弱，等等，使酋长失去了至高无上的权力和地位，转而与殖民政权寻求妥协、合作。20世纪60年代以来，世界性的现代化浪潮席卷非洲大陆，冲击着古老非洲悠久的文化传统，销蚀着以村社文化、口传文化、大众文化为基础的非洲传统的价值体系。无疑，以商品经济、民主政治、理性思维为主要特征的现代文化、西方文化，与非洲的传统和文明之间，是有诸多矛盾、冲突之处的。酋长制度作为赞比亚传统文化及传统政治文化的重要内涵所具有的恒定性，注定了它将对赞比亚的社会、政治发展产生持久的影响。

非洲的文化传统与欧洲大相径庭，近百年欧洲人的殖民统治，虽然使欧洲文化逐渐为非洲人所接受，但是广大非洲百姓仍然没有摒弃非洲本土文化。传统文化可以分为三个层面：一是具有现代因素、属于人类文化共同宝贵财富的精品；二是那些在传统文化中有其本来内容和价值取向，但可以被接受纳入现代文化体系的成分；三是传统文化中实际上与传统社会结构、经济结构相匹配的，并在历史和实际社会生活中大量潜移默化发生作用的、已经成为一种顽固的现代化的抗拒因素的成分。对于非洲传统文化来说也是如此。非洲民族主义的先驱布莱登曾指出非洲黑人文化中的三点"非洲个性"：一是非洲人生活中的村社观念以及非洲人之间的和谐一致，二是非洲人跟自然的和谐一致，三是非洲人与自然的和谐一致加上与神的和谐一致。① 以这种"个性"为主要特征的非洲传统文化有其精华，如团结互助，也有其糟粕，如一些巫术伎俩。总的来说，由于社会发展的滞后，非洲各国面临的对传统文化进行改造和创造性转换的历史任务要比世界其他发展中国家更为艰巨和繁重。

传统文化对于非洲现代化来说是一项重要的影响因素，"正确地审视非洲文化传统，择其优者而取之，择其劣者而弃之，趋利避害，才是正确的选择。"② 排斥非洲传统文化在现代化中的作用是错误的。这是因为现代化与传统文化之间虽然存在一定的矛盾，现代化在一定程度上是对传统文

---

① Robert William July, *A History of the African People*, New York：Scribner, 1980, pp. 411 –413.

② 李保平：《非洲传统文化与现代化》，北京大学出版社1997年版，第176页。

化的否定，现代化要求改造旧的文化，吸收和创造新的文化，要求有新的文化与之相适应。但是，传统文化和现代化又有相辅相成的一面，二者是对立的统一。"传统文化正是现代化的基础和起点，是非洲实现现代化所面临的国情的重要内容。"酋长制度是非洲传统文化的重要组成部分，虽然它把人们的眼界局限在某一地域或族群的狭小范围内，具有一定的封闭性、保守性和排外性。但是，酋长制度对现代化又有促进作用，它作为一种强有力的传统文化力量，构成了非洲社会共同体形成的心理基础和精神纽带。非洲传统文化具有的那种以集体为重、互助分享、重义轻财的道德标准，在酋长这一传统权威的领导下，强调对共同体的效忠，注重集团意识和群体归属。这些对于保持各族群社会的稳定，强化社会凝聚力和向心力，促进现代化的顺利进行，均起着十分重要的作用。

现代化是资本主义制度确立以来出现的事物，是当代的现实运动。现代化的本质是适应全球化发展趋势而不断革新，在赞比亚现代化过程中，不但要善于克服传统文化因素对革新的阻力，而且要善于利用传统因素作为革新的动力。现代化过程中的异质文化碰撞并不意味着传统文化与现代化存在着不可调和的矛盾和悖论关系，它们是可以兼容并蓄的。历史上，一种新的文化体系的形成，是两个或多个文化自主体系长期融合的结果。赞比亚现代化进程，是在继承非洲传统文化优秀遗产的同时，有选择地吸纳世界先进文化，逐渐化为自己新文化的过程。这个过程对于以非洲传统文化为独特的心理壁垒保护的黑人民族来说，是艰难的、漫长的，甚至是痛苦的，但又是不可逆转的。以革新的姿态应对现代化，转变传统的思维方式和行为规范，引导人们在现代化的大道上健康地走下去，才能迎来国家的发展和民族的振兴。

现代化在很大程度上是对传统文化的否定，然而否定并不只是断裂。而传统文化是在旧的经济基础上产生的，它不可能适应现代化的需要，甚至与现代化是格格不入的。现代化要求有新的文化与之相适应，它要改造旧的文化，吸取和创造新的文化，构筑现代的社会文化体系，要冲破习惯势力的阻碍，超越传统文化。在现代化运动过程中，传统文化受到巨大的挑战和考验。传统文化与现代化的矛盾是不可避免的。另外，越来越多的人认识到，传统文化与现代化又是相辅相成、对立统一的。传统文化是现代化的一笔重要资源。传统文化虽然不能自动地充当现代化的动力，但利用得当，就能够成为现代化的助力而不是阻力。很多非洲学者、政界人士都认识到，非洲传统文化中蕴藏着无穷无尽的宝藏。在努力吸收外来文化精华的同时，大力开发自己传统文化的宝藏，激发出新的活力，对促进非洲社会的现代化，使非洲政治、社会经济发展道路具有自己的特点和优势，是大有益处的。[①] 酋长制度是赞比亚以及非洲土生土长的传统政治制度，这种孕育于非洲本土自然、人文环境中的传统政治制度有着悠久的历史和广泛的社会基础。赞比亚获得独立后，酋长制度依然存在着很大的社会影响。在可以预见的将来，酋长制度将在赞比亚及其他许多非洲国家保持其独特的地位，并持久地在各国社会生活和政治生活中发挥建设性的作用。

---

① 　参见李保平《非洲传统文化与现代化》，北京大学出版社 1997 年版，第 175—176 页。

主要参考文献

一 中文

(一) 中文著作 (含译著)

[1] 阿卜杜拉耶·瓦德：《非洲之命运》，丁喜刚译，新华出版社 2008 年版。

[2] 阿杜·博亨：《非洲通史》第 7 卷，中国对外翻译出版公司 1991 年版。

[3] 埃里克·霍布斯鲍姆、特伦斯·兰格：《传统的发明》，顾杭、庞冠群译，译林出版社 2004 年版。

[4] 埃文思－普里查德著：《努尔人：对尼罗河畔一个人群的生活方式和政治制度的描述》，褚建芳、阎书昌、赵旭东译，华夏出版社 2002 年版。

[5] 奥德丽·艾·理查兹：《东非酋长》，蔡汉敖、朱立人译，商务印书馆 1992 年版。

[6] 奥尔德罗格、波铁辛主编：《非洲各族人民》，三联书店 1960 年版。

[7] 《不列颠百科全书》（国际中文版）第 4 卷，中国大百科全书出版社 2002 年版。

[8] 戴维·拉姆：《非洲人》，上海译文出版社 1998 年版。

[9] 恩格斯：《家庭、私有制和国家的起源》，载《马克思恩格斯选集》第 4 卷，人民出版社 1995 年版。

[10] 葛公尚、曹枫编译：《非洲民族概貌》，中国社会科学院民族研究所世界民族室亚非组，1980 年。

[11] 哈维兰：《当代人类学》，王铭铭等译，上海人民出版社 1987 年版。

[12] 何芳川、宁骚主编：《非洲通史》古代卷，华东师范大学出版社

1995 年版。

[13] 亨利·摩尔根：《古代社会》，商务印书馆 1977 年版。

[14] 姜忠尽等：《中非三国：津巴布韦、赞比亚、马拉维——从部落跃向现代》，四川出版集团、四川人民出版社 2005 年版。

[15] 肯尼思·戴维·卡翁达：《卡翁达自传：赞比亚必将获得自由》，伍群译，上海人民出版社 1976 年版。

[16] 勒内·杜蒙、玛丽－弗朗斯·莫坦：《被卡住脖子的非洲》，世界知识出版社 1983 年版。

[17] 李安山：《非洲民族主义研究》，中国国际广播出版社 2004 年版。

[18] 李安山：《殖民主义统治与农村社会反抗——对殖民时期加纳东方省的研究》，湖南教育出版社 1999 年版。

[19] 李保平：《传统与现代：非洲文化与政治变迁》，北京大学出版社 2011 年版。

[20] 李保平：《非洲传统文化与现代化》，北京大学出版社 1997 年版。

[21] 理查兹·霍尔：《赞比亚》，商务印书馆 1973 年版。

[22] 联合国教科文组织召开的专家会议报告和文件：《15—19 世纪非洲的奴隶贸易》，黎念等译，中国对外翻译出版公司 1984 年版。

[23] 陆庭恩、刘静：《非洲民族主义政党和政党制度》，华东师范大学出版社 1997 年版。

[24] 陆庭恩、彭坤元：《非洲通史·现代卷》，华东师范大学出版社 1995 年版。

[25] 罗伯特·罗特伯格：《热带非洲政治史》，上海人民出版社 1977 年版。

[26] 罗荣渠：《现代化新论——世界与中国的现代化进程》，北京大学出版社 1993 年版。

[27]《马克思恩格斯全集》第 25 卷，人民出版社 2008 年版。

[28] 马克思：《路易·波拿巴的雾月十八日》，《马克思恩格斯选集》第 1 卷，人民出版社 1995 年版。

[29] 马克斯·韦伯：《经济与社会》（第 1 卷上册），阎克文译，上海世纪出版集团、上海人民出版社 2010 年版。

[30] 马克斯·韦伯：《宗教社会学》，康乐、简惠美译，广西师范大学出版社 2011 年版。

[31] 帕林德：《非洲传统宗教》，张治强译，商务印书馆1992年版。

[32] 施治生、刘欣如主编：《古代王权与专制主义》，中国社会科学出版社1993年版。

[33] 苏联科学院非洲研究所编：《非洲史：1918—1967年》，上海人民出版社1974年版。

[34] 廷德尔：《中非史》，上海人民出版社1976年版。

[35] 谢维扬：《中国早期国家》，浙江人民出版社1995年版。

[36] 杨光斌：《政治学的基础理论与重大问题》，中国人民大学出版社2011年版。

[37] 易建平：《部落联盟与酋邦——民主·专制·国家：起源问题比较研究》，社会科学文献出版社2004年版。

[38] 袁南生：《走进非洲》，中国社会科学出版社2011年版。

[39] 张宏明：《多维视野中的非洲政治发展》，社会科学文献出版社1999年版。

[40] 郑家馨主编：《殖民主义史·非洲卷》，北京大学出版社2000年版。

（二）中文期刊和文集文章

[1] 陈君炽、孙钊：《赞比亚的土地制度及其启示》，《世界农业》2009年第3期。

[2] 凡西纳：《非洲王国之比较》，郑克军译，中国非洲史研究会编《非洲历史研究》1997年7月（总第28期）。

[3] 格拉克曼：《土地占有状况：集团和个人的权利》，李安山译，中国非洲史研究会编《非洲历史研究》1983年第2期（总第12期）。

[4] 刘援朝：《权力执掌者与非洲政局》，载李保平、马锐敏《非洲：变革与发展》，世界知识出版社2002年版。

[5] 何芳川：《19世纪西方国家在非洲的探险活动》，载《何芳川教授史学论文集》，北京大学出版社2007年版。

[6] 何丽儿：《津巴布韦酋长访问记》，《西亚非洲》1988年第1期。

[7] 李安山：《阿散蒂王权的形成、演变及其特点》，载施治生、刘欣如主编《古代王权与专制主义》，中国社会科学出版社1993年版。

[8] 陆庭恩：《对非洲国家政治发展问题的一些看法》，《西亚非洲》2004年第3期。

［9］陆庭恩：《评戴维·利文斯敦》，载陆庭恩《非洲问题论集》，世界知识出版社 2005 年版。

［10］彭坤元：《略论非洲的酋长制度》，《西亚非洲》1997 年第 1 期。

［11］杨廷智：《解析赞比亚独立以来的酋长制度》，《西亚非洲》2012 年第 2 期。

［12］易建平：《酋邦与专制政治》，《历史研究》2001 年第 5 期。

［13］《增进了解与促进合作之旅——赞比亚酋长委员会代表团访华侧记》，《国际交流》2009 年第 3 期。

（三）中文网站资料

［1］黄笑薇：《赞比亚酋长代表团访华 盛赞中非、中赞友谊》，中国人民对外友好协会网站（http：//www. cpaffc. org. cn/yszz/detail. php? subid = 1374）。

［2］穆冬、海明威：《赞比亚万人庆祝酋长节》，新华社利文斯顿 2010 年 8 月 2 日电（http：//news. 163. com/10/0803/13/6D5Q4M7T000146BC. html）。

［3］《世界政治史年表（1801—1850）》，http：//chowkafat. net/Chron/Chron12c. html。

二 外文

（一）外文著作

［1］Banda, Listard Elifala Chambull, *The Chewa Kingdom*, Lusaka：Desert Enterprises Limited, 2002.

［2］Barnes, James A. , *Politics in a Changing Society*, Cape Town and New York：Oxford University Press, 1954.

［3］Bascom, William R. , Herskovits, Melville J. （eds. ）, *Contimuity and Change in African Cultures*, Chicago：Phoenix Books, the University of Chicago Press, 1959.

［4］Baxter, T. W. , *Occasional Papers of the National Archives of Rhodesia and Nyasaland*, No. 1, Salisbury, 1963.

［5］Birmingham, David and Martin, Phyllis M. （eds. ）, *History of Central*

Africa (*Volume Two*), London and New York: Longman Group Limited, 1983.

[6] Berry, Sara S., *Chiefs Know Their Boundaries: Essays on Property, Power and the Past in Asante, 1896 – 1996*, Portsmouth: Heinemann; Oxford: James Curry and Cape Town: David Philip, 2001.

[7] Boahen, Adu, *African Perspectives on Colonialism*, Baltimore: Johns Hopkins University Press, 1978.

[8] Brode, Heinrich, *Tippoo Tib*, London: Arnold, 1907.

[9] Buell, Raymond Leslie, *The Native Problem in Africa*, New York: The Macmillan Company, 1928.

[10] Burdette, Marcia M. , *Zambia: Between Two Worlds*, Colorado: Westview Press, 1988.

[11] Butt, G. E. , *My travels in North West Rhodesia: A Missionary Journey of Sixteen Thousand Miles*, London: E. Dalton, [1905?] .

[12] Calvocoressi, Peter, *World Politics since 1945*, London and New York: Longman, 1991.

[13] Caplan, G. L. , *The Elites of Barotseland, 1878 – 1969: A Political History of Zambia's Western Province*, Berkeley and Los Angeles: University of California Press, 1970.

[14] Chan, Stephen, edited by Craig Clancy, *Zambia and the Decline of Kaunda, 1984 – 1998*, Lampter, Ceredigion, Wales: The Edwin Mellen Press Ltd. , 2000.

[15] Chanock, Martin, *Law, Custom and Social Order: The Colonial Experience in Malawi and Zambia*, Cambridge, New York: Cambridge University Press, 1985.

[16] Chiluba, Frederick J. T. , *Democracy: The Challenge of Change*, Lusaka, Zambia: Multimedia Publications, 1995.

[17] Chipungu, Samuel N. (ed.), *Guardians in Their Time: Experiences of Zambians under Colonial Rule*, London: Macmillan, 1992.

[18] Chipungu, Samuel N. , *The State, Technology and Peasant Differentiation in Zambia: A Case Study of the Southern Province*, Lusaka: Historical Association of Zambia, 1988.

[19] Chondoka, Yizenge A. , *A History of the Tumbuka and Senga in Chama District, Zambia, 1470 – 1900: Chiefdoms without a Kingdom*, Lusaka: Academic Press, 2007.

[20] Chondoka, Yizenge A. , *Machona: Returned Labour Migrants and Rural Transformation in Chama District, Northeastern Zambia, 1890 – 1964*, Lusaka: Academic Press, 2007.

[21] Clegg, Edward, *Race and Politics: Partnership in the Federation of Rhodesia and Nyasaland*, London: Oxford University Press, 1960.

[22] *Constitution of Zambia*, Lusaka: Government Printer, 1996.

[23] Cooper, Frederick, *Decolonization and African Society: The Labor Question in French and British Africa*, Cambridge: Cambridge University Press, 1996 .

[24] Cunnison, Ian George, *The Luapula Peoples of Northern Rhodesia: Custom and History in Tribal Politics*, Manchester: Manchester University Press, 1959.

[25] Dodge, Doris Jansen, *Agricultural Policy and Performance in Zambia: History, Prospects, and Proposals for Change*, Berkeley: Institute of International Studies, University of California, 1977.

[26] Doke, Clement, *The Lambas of Northern Rhodesia*, London: Harrap, 1931 .

[27] Epstein, Arnold Leonard, *Politics in an Urban African Community*, Manchester: Manchester University Press, 1958.

[28] Epstein, Amold Leonard, *The Administration of Justice and the Urban African*, London: His Majesty's Stationery Office, 1953.

[29] *Evidence Taken by the Commission Appointed to Inquire into the Disturbances on the Copperbelt, Northern Rhodesia*, Lusaka: Government Printer, 1935 .

[30] Forde, Daryll (ed.), *African Worlds: Studies in the Cosmological Ideas and Social Values of African Peoples*, London, New York and Toronto: Oxford University Press, 1963.

[31] Fortman, B. de G. (ed.), *After Mulungushi-the Economics of Zambian Humanism*, Nairobi: East African Publishing House, 1969.

[32] Gann, Lewis H., *The Birth of a Plural Society: the Development of Northern Rhodesia under the British South Africa Company 1894 – 1914*, Published on behalf of the Rhodes-Livingstone Institute, Northern Rhodesia, by Manchester University Press, 1958.

[33] Gelfand, Michael, *Northern Rhodesia in the Days of the Charter*, Oxford: Blackwell, 1961.

[34] Gewald, Jan-Bart, Hinfelaar, Marja and Macola Giacomo, *One Zambia, Many Histories: Towards a History of Post-colonial Zambia*, Leiden, Boston: Brill, 2008.

[35] Gluckman, Max and Colson, Elizabeth, *Seven Tribes of British Central Africa*, Manchester: Manchester University Press, 1959.

[36] Gouldsbury, Cullen and Sheane, H., *The Great Plateau of Northern Rhodesia*, London: Arnold, 1911.

[37] Grant, William D., *Zambia, Then and Now: Colonial Rulers and Their African Successors*, London and New York: Routledge, 2009.

[38] Grehan, Kate, *The Fractured Community: Landscapes of Power and Gender in Rural Zambia*, Berkeley, Los Angeles and London: University of California Press, 1997.

[39] Hailey, William Malcolm, *An African Survey: A Study of Problems Arising in Africa South of the Sahara*, London: Oxford University Press, 1957.

[40] Hailey, William Malcolm, *Native Administration in the British African Territories (Part II)*, London: His Majesty's Stationery Office, 1950.

[41] Hailey, William Malcolm, *Native Administration in the British African Territories (Part IV)*, London: His Majesty's Stationery Office, 1951.

[42] Hall, Richard Seymour, *Zambia*, London: Pall Mall Press, 1965.

[43] Hall, Richard Seymour, *Zambia 1890 – 1964: The Colonial Period*, London: Longman, 1976.

[44] Hanna, A. J., *The Story of the Rhodesias and Nyasaland*, London: Faber, 1960.

[45] Harding, Colin, *Far Bugles*, London: Simpkin Marshall, 1933.

[46] Harding, Colin, *In Remotest Barotseland*, London: Hurst & Blackett,

1905．

[47] Hatch, John Charles, *Two African Statesmen: Kaunda of Zambia and Nyerere of Tanzania*, Chicago: H. Regnery, 1976.

[48] Haviland, William A. , *Cultural Anthropology*, New York: CBS College Publishing, 1987.

[49] Henige, D. P. , *The Chronology of Oral Tradition*, Oxford: Oxford University Press, 1974.

[50] Herbert, Eugenia W. , *Twilight on the Zambezi: Late Colonialism in Central Africa*, New York: Palgrave, 2002.

[51] Inskeep R. R. , *The Peoples of Southern Africa*, Cape Town: D. Philip; London: distributed by Global Book Resources, 1978.

[52] Johnson, Allen W. and Earle, Timothy, *The Evolution of Human Societies: From Foraging Group to Agrarian State*, Stanford: Stanford University Press, 1987.

[53] Joseph, Richard (ed.), *State, Conflict, and Democracy in Africa*, Boulder, Colorado: Lynne Rienner Publishers, 1999.

[54] July, Robert William, *A History of the African People*, New York: Scribner, 1980.

[55] Kalusa, Walima T. , in collaboration with Mtonga Mapopa, *Kalonga Gawa Undi X: A Biography of an African Chief and Nationalist*, Lusaka: Lembani Trust, 2010.

[56] Kludze, A. Kodzo Paaku, *Chieftaincy in Ghana*, Lanham, New York, Oxford: Austin & Winfield, Publishers, 2000.

[57] Lamb, David, *The Africans*, New York: Vintage Books Edition, 1987.

[58] Larmer, Miles, *The Tonga-speaking peoples of Zambia and Zimbabwe: Essays in Honor of Elizabeth Colson*, London; New York: Tauris Academic Studies; New York: In the U. S. and Canada distributed by Palgrave Macmillan, 2007.

[59] Legum, Colin, *Africa Contemporary Record: Annual Survey and Documents 1985 – 1986*, New York and London: African Publishing Company, 1987.

[60] Livingstone, David, *Livingstone's Private Journals*, London: Chatto &

Windus; Berkely: University of California Press, 1960.

[61] Livingstone, David, *Missionary Travels and Researches in South Africa: Including a Sketch of Sixteen Years' Residence in the Interior of Africa*, London: Ward, Lock and Co. , 1857.

[62] Lugard, Frederick, *The Dual Mandate in British Tropical Africa*, Edinburgh and London: William Blackwood & Sons, 1929.

[63] Macola, Giacomo, *The Kingdom of Mwata Kazembe: History and Politics in North-Eastern Zambia and Katanga to 1950*, Munster, Hamburg and London: Lit Verlag, 2002.

[64] Mainga, Mutumba, *Bulozi under the Luyana Kings: Political Evolution and State Formation in Pre-Colonial Zambia*, London: Longman, 1973.

[65] Mamdani, Mahmood, *Citizen and Subject: Contemporary Africa and the Legacy of Late Colonialism*, Princeton, New Jersey: Princeton University Press, 1996.

[66] McEwan, Peter J. M. and Sutcliffe, Robert B. (eds.), *The Study of Africa*, London: Methuen & Co. Ltd. , 1965.

[67] Markovitz, Irving Leonard, *Power and Class in Africa: An Introduction to Change and Conflict in African Politics*, Englewood Cliffs, New Jersey: Prentice-Hall, Inc. , 1977.

[68] Meebelo, Henry, *Reaction to Colonialism: A Prelude to the Politics of Independence in Northern Zambia, 1893 – 1939*, Manchester: Manchester University Press, 1971.

[69] Michie, W. D. , Kadzombe, E. D. and Naidoo, M. R. , *Lands and Peoples of Central Africa*, Harlow: Longman, 1983.

[70] Murdock, George Peter, *Africa: It's People and Their Cultural History*, New York, Toronto and London: McGraw-Hill Book Company, Inc. , 1959.

[71] Nugent, Paul, *Africa since Independence: A Comparative History*, Houndmills, Basingstoke and Hampshire; New York: Palgrave Macmillan, 2004 .

[72] Papstein, Robert, "From Ethnic Identity to Tribalism: The Upper Zambezi Region of Zambia, 1830 – 1981", in Leroy Vail (ed.), *The Crea-*

tion of Tribalism in Southern Africa, London: Curry, 1989, pp. 372
-394.

[73] Parrinder, E. G. , *African Traditional Religion*, London: Sheldon Press,
1974 .

[74] Part XIII: Chiefs and House of Chiefs (As Amended), *Constitution of Zambia*, Lusaka: Government Printer, 1996.

[75] Phiri, Bizeck Jube, "Traditional Authorities and National Politics in Independent Zambia: A Historical Review", in Lars Buur, Terezinha da Silva and Helene Maria Kyed, *State Recognition of Local Authorities and Public Participation: Experience, Obstacles and Possibilities in Mozambique*, Maputo: Centro de Formação Jurídica e Judiciária-Ministréio da Justiça, 2007.

[76] Posner, Daniel N. , *Institutions and Ethnic Politics in Africa*, New York: Cambridge University Press, 2005.

[77] Prins, Gwyn, *The Hidden Hippopotamus: Reappraisal in African History: the Early Colonial Experience in Western Zambia*, Cambridge, New York: Cambridge University Press, 1980.

[78] Pritchett, James Anthony, *The Lunda-Ndembu: Style, Change, and Social Transformation in South Central Africa*, Madison: University of Wisconsin Press, 2001.

[79] Rakner, Lise, *Political and Economic Liberalisation in Zambia 1991 - 2001*, The Nodic Africa Institute, 2003.

[80] Ray, Donald I. and P. S. Reddy (eds.), *Grassroots Governance?: Chiefs in Africa and the Afro-Caribbean*, Calgary: University of Calgary Press, 2003.

[81] Reefe, T. Q. , *The Rainbow and the Kings: A History of the Luba Empire to 1891*, Berkeley: University of California Press, 1981.

[82] Reynolds, Barrie, *Magic, Divination and Witchcraft among the Barotse of Northern Rhodesia*, Berkley and Los Angeles: University of California Press, 1963.

[83] Richards, Audrey I. , *Chisungu: A Girl's Initiation Ceremony among the Bemba of Zambia*, London, New York: Tavistock, 1982.

[84] Richards, Audrey I. , *Land, Labour and Diet in Northern Rhodesia: An Economic Study of the Bemba Tribe*, London, New York and Toronto: Oxford University Press, 1939.

[85] Roberts, Andrew D. , *A History of the Bemba: Political Growth and Change in North-Eastern Zambia before 1900*, London and Harlow: Longman, 1973.

[86] Roberts, Andrew D. , *A History of Zambia*, London: Heinemann Educational Books Ltd, 1976.

[87] Rotberg, Robert I. , *Black Heart: Gore-Browne and the Politics of Multiracial Zambia*, Berkeley, Los Angeles and London: University of California Press, 1977.

[88] Rotberg, Robert I. , *The Rise of Nationalism in Central Africa: the Making of Malawi and Zambia, 1873 – 1964*, Cambridge, Massachusetts: Harvard University Press; London and Nairobi: Oxford University Press, 1966.

[89] Service, Elman R. , *Origins of the State and Civilization: The Process of Cultural Evolution*, New York: W. W. Norton & Company, 1975.

[90] Service, Elman R. , *Primitive Social Organization: An Evolutionary Perspective* (2nd edition), New York: Random House, 1971.

[91] Sakala, Richard L. (ed.), *Beyond Political Rhetoric-Zambia: Balancing Political and Economic Reforms (Speeches by President Frederick Chiluba)*, Lusaka: ZPC Publications, 1998,

[92] Sakala, Richard L. , *Difficult Decisions: Changing a Nation*, Lusaka: Sentor Publishing, 2001.

[93] Schoffeleers, J. M. , "The Meaning and Use of the Name *Malawi* in Oral Tradition and Pre-colonial Documents", in Bridglal Pachai (ed.), *The Early History of Malawi*, London: Longman, 1972, pp. 91 – 103.

[94] Shaw, Mabel, *God's Candlelights: An Educational Venture in Northern Rhodesia*, New York: Friendship Press, 1933.

[95] Simon, David J. , James R. Pletcher and Brian V. Siegel, *Historical Dictionary of Zambia*, Lanham, Maryland; Toronto; Plymouth, UK: The Scarecrow Press, 2008.

［96］ Sklar, Richard L. , *Corporate Power in an African State: The Political Impact of Multinational Mining Companies in Zambia*, Berkeley: University of California Press, 1975.

［97］ Stokes, E. and Brown, R. (eds.), *The Zambezian Past: Studies in Central Africa History*, Manchester: Manchester Uniersity Press, 1966.

［98］ Tempels, Placide, *Bantu Philosophy*, Paris: Presence Africaine, 1969.

［99］ Tordoff, William (ed.), *Administration in Zambia*, Manchester: Manchester University Press, Wisconsin: University of Wisconsin Press, 1980 .

［100］ Tordoff, William (ed.), *Politics in Zambia*, Berkeley and Los Angeles: University of California Press, 1974.

［101］ Turner, V. W. , *Schism and Continuity in an African Society: A Study of Ndembu Village Life*, Oxford and Washington, D. C. : Berg, 1996.

［102］ Vail, Leroy (ed.), *The Creation of Tribalism in Southern Africa*, London: James Currey; Berkely and Los Angeles: University of California Press, 1989.

［103］ Van Binsbergen, W. M. J. , *Religious Change in Zambia: Exploratory Studies*, London and Boston: Kegan Paul International, 1981.

［104］ Van Rouveroy van Nieuwaal, E. Adriaan B. and Rijk van Dijk, *African Chieftaincy in a New Socio-Political Landscape*, Münster, Hamburg and London: Lit Verlag; Piscataway, N. J. : Transaction Publishers, 1999.

［105］ Vansina, Jan, *Kingdoms of Savanna*, Madison: University of Wisconsin Press, 1966.

［106］ Vansina, Jan, *Les anciens royaumes de la savane: les états des savanes méridionales de l'Afrique centrale des origines à l'occupation coloniale*, Léopoldville: Institut de recherches économiques et sociales, 1981.

［107］ Vindex, *Cecil Rhodes: His Political Life and Speeches, 1891 – 1900*, London: Chapman and Hall, 1900.

［108］ Watson, William, *Tribal Cohesion in a Money Economy: A Study of the Mambwe People of Northern Rhodesia*, Manchester: Manchester University Press, 1958.

[109] Wills, Alfred John, *An Introduction to the History of Central Africa*: *Zambia*, *Malawi*, *and Zimbabwe*, Oxford, New York: Oxford University Press, 1985.

[110] Woldring, Klaas (ed.), *Beyond Political Independence*: *Zambia's Development Predicament in the 1980s*, Berlin, New York, Amsterdam: Mouton Publishers, 1984.

[111] Zolberg, Aristide R., *Creating Political Order*: *The Party-States of West Africa*, Chicago: Rand McNally & Company, 1966.

（二）外文期刊和文集文章

[1] Apthorpe R. J., "Problems of African History: The Nsenga of Northern Rhodesia", *Rhodes-Livingstone Journal*, 28, 1967, pp. 47 – 67.

[2] Bates, Robert H., "The Economic Bases of Democratization", in Richard Joseph (ed.), *State, Conflict and Democracy in Africa*, Boulder, Colorado: Lynne Rienner Publishiers, 1999.

[3] Bull, Mutumba Mainga, "Factions and Power in Western Zambia", *The Journal of African History*, Vol. 12, No. 4 (1971), pp. 655 – 657.

[4] Chondoka, Yizenge A., "The Missionary Factor, the Balowoka and the Ngoni Myth in the Tumbuka Historiography", *Zambia Journal of History*, Volume 1, Number 9, 2005, The University of Zambia.

[5] Epstein, A. L., "Military Organisation and the Pre-Colonial Policy of the Bemba of Zambia", *Man* (n. s.), X, 1975, pp. 199 – 217.

[6] Fagan, B. M., "A Collection of Nineteenth Century Soli Ironwork from the Lusaka Area of Northern Rhodesia", *Journal of the Royal Anthropological Institute*, XCI, 1961, ii, pp. 228 – 250.

[7] Flint, Lawrence S., "State-Building in Central Southern Africa: Citizenship and Subjectivity in Barotseland and Caprivi", *The International Journal of African Historical Studies*, Vol. 36, No. 2 (2003), pp. 393 – 428.

[8] Gordon, David, "Owners of the Land and Lunda Lords: Colonial Chiefs in the Borderlands of Northern Rhodesia and the Belgian Congo", *The International Journal of African Historical Studies*, Vol. 34, No. 2 (2001), pp. 315 – 338.

[9] Henderson, Ian, "The Origins of Nationalism in East and Central Africa: The Zambian Case", *The Journal of African History*, Vol. 11, No. 4 (1970), pp. 591 – 603. Also in Gregory Maddox (ed.), *The Colonial Epoch in Africa*, New York & London: Garland Publishing, Inc., 1993.

[10] Jaeger, Dick, "A General Survey of the Historical Migration of the Kaonde Clans from Southern Congo into Zambia", *Tropical Man* (Leiden), IV, 1971, pp. 8 – 45.

[11] Khazanov, Anatolii M., "Rank Society or Rank Societies: Process, Stages and Types of Evolution", in Henri J. M. Claessen, Pieter van de Velde, and M. Estellie Smith (eds.), *Development and Decline: The Evolution of Sociopolitical Organization*, Massachusetts: Bergin and Garvey Publishers, 1985.

[12] Meldrum, Andrew, "Going It Along", *Africa Report*, Nov./Dec. 1987.

[13] Momba, Jotham C., "Peasant Differentiation and Rural Party Politics in Colonial Zambia", *Journal of Southern African Studies*, 11, 2 (1985), pp. 281 – 294.

[14] North, A. C., "Rural Local Government Training in Northern Rhodesia: An Account of the Work of the Native Authority Development Centre, Chalimbana", *Journal of African Administration*, 13 (2), 1961.

[15] O' Brien, Dan, "Chiefs of Rain. Chiefs of Ruling: A Reinterpretation of Pre-Colonial Tonga (Zambia) Social and Political Structure", *Africa: Journal of the International African Institute*, Vol. 53, No. 4 (1983), pp. 23 – 42.

[16] Ranger, T. O., "Territorial Cults in the History of Central Africa", *Journal of African History*, Cambridge: Cambridge University Press, 1973, pp. 581 – 598.

[17] Ronald, Robinson, "European Imperialism and Indigenous Reactions in British West Africa, 1890 – 1914", in H. L. Wesseling (ed.), *Expansion and Reaction: Essays in European Expansion and Reactions in Asia and Africa*, Leiden: Leiden University Press, 1978.

[18] Scarritt, James R., "Elite Values, Ideology, and Power in Post-Independence Zambia", *African Studies Review*, Vol. 14, No. 1 (Apr.,

1971）, pp. 31 – 54.

[19] Van Binsbergen, W. M. J. , "Chiefs and the State in Independent Zambia: Exploring the Zambia Press", in J. Griffiths, and E. A. B van Rouveroy van Nieuwaal（eds. ）, *Journal of Legal Pluralism: Special Issue on Chieftainship in Africa*, 1987.

[20] Van Donge, Jan Kees, "An Episode from the Independence Struggle in Zambia: A Case Study from Mwase Lundazi", in Gregory Maddox and Timothy K. Welliver, *Colonialism and Nationalism in Africa*, New York & London: Garland Publishing, Inc. , 1993.

[21] Vansina, Jan, "The Bell of Kings", *Journal of African History*, X, 1969, ii, pp. 187 – 197.

[22] White C. M. N. , "Clan, Chieftainship and Slavery in Luvale Political Organisation", *Africa*, XXVII, 1957, i, pp. 59 – 73.

[23] Zeleza, Tiyambe, "The Political Economy of British Colonial Development and Welfare in British Africa", *Trans African Journal of History*, 15 (1985), pp. 139 – 161.

（三）网络资料

[1] Lyons, Andy, "Strategies for Effective Monitoring in Community Based Natural Resource Management: A Case Study of ADMADE Program in Zambia", 1999, http: //www. cnr. berkeley. edu/ ~ lyons/zm/report/index. html.

[2] Mwape, Ernest, "Review of Zambia's National Resource Policy Documents", CBNRM Policy Review, 2001, http: //www. geocities. com/conasa. zm.

（四）赞比亚英文报纸

[1] *Times of Zambia.*
[2] *The Post.*
[3] *Zambia Daily mail.*

附录一　赞比亚境内生活的 73 个族群

（以英文字母顺序排列）

英文名称	汉语译名	英文名称	汉语译名	英文名称	汉语译名	英文名称	汉语译名
Ambo	阿姆博	Kwangwa	克万戈瓦	Mbowe	姆博韦	Soli	索里
Bemba	奔巴	Lala	拉拉	Mbunda	姆奔达	Sunyia	逊亚
Bisa	比萨	Lamba	兰巴	Mbwela	姆布韦拉	Swahili	斯瓦西里
Bwile	布韦尔	Lambya	兰比亚	Mukulu	姆库卢	Swaka	斯瓦卡
Chewa	契瓦	Lenje	勒尼	Mwenyi	姆温伊	Tabwa	塔布瓦
Chikunda	奇孔达	Lima	利马	Namwanga	纳姆万加	Tambo	塔姆博
Chishinga	奇辛加	Lozi	洛兹	Ndembu	恩德姆布	Toka-Leya	托卡－勒亚
Chokwe	朝克韦	Luba	卢巴	Ngoni	恩戈尼	Tonga	通加
Fungwe	奉韦	Luchazi	卢查兹	Ngumbo	恩古姆博	Totela	托特拉
Gowa	戈瓦	Lukolwe	卢库尔韦	Nkoya	恩科亚	Tumbuka	通布卡
Ila	伊拉	Lumbu	伦布	Nsenga	恩森加	Unga	温加
Imilangu	伊米兰古	Lunda	隆达	Nyengo	恩尹古	Ushi	乌什
Iwa	伊瓦	Lundwe	隆德韦	Nyika	恩伊卡	Wandya	万德亚
Kabende	卡奔德	Lungu	隆古	Sala	萨拉	Wenya	温亚
Kamanga	卡曼加	Lushange	卢尚治	Senga	森加	Wiwa	韦瓦
Kaonde	卡温德	Luvale	卢瓦勒	Sewa	塞瓦	Yombe	约姆比
Koma	科马	Mambwe	曼布韦	Shanjo	沙钮		
Kunda	昆达	Mashasha	马沙沙	Shila	西拉		
Kwandi	克万迪	Mashi	马什	Simaa	希马		

附录二 赞比亚行政区划

各省 (Provinces)	首府 (Provincial Headquarters)	所辖地区 (District Headquarters)
卢阿普拉省 (Luapula)	曼萨 (Mansa)	曼萨（Mansa）、奇恩吉（Chiengi）、恩切伦戈（Nchelenge）、卡万布瓦（Kawambwa）、米伦戈（Milenge）、姆温塞（Mwense）、萨姆菲亚（Samfya）
北方省 (Northern)	卡萨马 (Kasama)	卡萨马（Kasama）、奇卢比（Chilubi）、卡普塔（Kaputa）、卢温古（Luwingu）、姆巴拉（Mbala）、姆波洛科索（Mporokoso）、姆普隆古（Mpulungu）、芒戈韦（Mungwi）、
穆钦加省① (Muchinga)	钦萨利 (Chinsali)	纳孔德（Nakonde）、伊索卡（Isoka）、钦萨利（Chinsali）、姆皮卡（Mpika）
东方省 (Eastern)	奇帕塔 (Chipata)	奇帕塔（Chipata）、查迪扎（Chadiza）、查马（Chama）、卡泰特（Katete）、隆达兹（Lundazi）、曼布韦（Mambwe）、恩因巴（Nyimba）、佩陶克（Petauke）
中央省 (Central)	卡布韦 (Kabwe)	卡布韦（Kabwe）、奇邦博（Chibombo）、卡皮里姆波希（Kapiri Mposhi）、姆库希（Mkushi）、蒙布瓦（Mumbwa）、塞伦杰（Serenje）、伊泰济泰济（Itezhi-tezhi）②

---

① 穆钦加省（Muchinga）是赞比亚政府于 2011 年 11 月设立的，其辖区原属北方省。
② 2011 年 9 月赞比亚新任总统萨塔颁布法令进行行政区划调整，将南方省伊泰济泰济地区划归中央省管辖，南方省希亚丰加地区的奇隆杜（Chirundu）划归卢萨卡省管辖。

续表

各省 （Provinces）	首府 （Provincial Headquarters）	所辖地区 （District Headquarters）
铜带省 （Copperbelt）	恩多拉 （Ndola）	恩多拉（Ndola）、奇利拉隆布韦（Chililalombwe）、钦戈拉（Chingola）、卡卢卢希（Kalulushi）、基特韦（Kitwe）、卢安夏（Luanshya）、卢富万亚马（Lufwanyama）、马塞塔（Masaita）、姆彭戈韦（Mpongwe）、穆富利拉（Mufulira）
南方省 （Southern）	乔马① （Choma）	乔马（Choma）、格温贝（Gwembe）、卡洛莫（Kalomo）、卡宗古拉（Kazungula）、利文斯顿（Livingstone）、马扎布卡（Mazabuka）、蒙泽（Monze）、纳姆瓦拉（Namwala）、希亚丰加（Siavonga）、希纳宗韦（Sinazongwe）
西方省 （Western）	芒古 （Mongu）	芒古（Mongu）、卡拉博（Kalabo）、考马（Kaoma）、卢库卢（Lukulu）、塞南加（Senanga）、塞谢凯（Sesheke）、尚贡博（Shang'ombo）
西北省 （Northwestern）	索尔韦齐（Solwezi）	索尔韦齐（Solwezi）、姆富姆布韦（Mufumbwe）②、恰乌马（Chavuma）、卡邦波（Kabompo）、卡森帕（Kasempa）、姆维尼隆加（Mwinilunga）、赞比西（Zambezi）
卢萨卡省 （Lusaka）	卢萨卡 （Lusaka）	卢萨卡（Lusaka）、琼圭（Chongwe）、卡富埃（Kafue）、卢安瓜（Luangwa）

---

① 利文斯顿1935年前为北罗得西亚殖民地首都，1935年首都迁往卢萨卡后为南方省首府。1964年赞比亚独立后，利文斯顿仍然是南方省首府。2011年9月，赞比亚新任总统萨塔颁布法令，南方省首府将由利文斯顿迁往乔马。

② 姆富姆布韦又名契载拉（Chizela），因聚居该地区的卡温德族高级酋长契载拉而得名。

索　引

后　　记

　　本书是在我的博士学位论文基础上修改而成的，很荣幸入选中国社会科学院第四批"博士后文库"，获得资助由中国社会科学出版社出版。我学历出身于大专，职业出身于基层公务员，以而立之年"半路出家"读硕读博，致力于非洲学术研究数载，虽在燕园苦度八年时光，然成绩差强人意，成果乏善可陈。适逢不惑之年已至，首部拙著成书面世，心潮汹涌千种情结，执手泪眼万般感慨。

　　京华宝地，燕园光影，荟萃菁华，人杰地灵。吾历尽波折，年届不惑，矢志不移，事业未成。时光荏苒，万般感慨男儿志；抚今追昔，千种情结心泉涌。忆昔日燕园读博之时，得先师李保平教授知遇之恩，蒙学业之言传身教，受恩泽于大爱无声。引我非洲研究之路，促我赞比亚负笈之程。惜学业未半，先师西去，伤恸不绝，霹雳晴空，蒙恩受爱未及谢，唯以学业报英灵。恩师李安山教授，先生风范，学高身正，承保平老师之遗愿，纳不才弟子为门生，严慈相济，促我前行。然宝贵光阴，我愚钝迷踪，正时亡羊顿悟迟，延期补牢奋发争。以浪子回头，为时未晚，马不停蹄，鏖战三更。以亡羊补牢之心，回报安山老师之愿，告慰保平老师之灵。博士后合作导师高毅教授，和蔼可亲，心长语重，鼓励我继续非洲研究之业。申请第四批博士后文库，承蒙抬爱有幸得中，潜心修改文稿之后，拙著初成。

　　博士学位论文付梓成书之际，再谨致谢忱于以下诸位师长和前辈。刘海方副教授，亦师亦姐，热心德惠，助我学成。王锁劳副教授，为人师表，温润儒雅，榜样无穷。南开大学历史学院张象教授、北京大学历史学系郑家馨教授、中央民族大学历史系顾章义教授、外交部离休老干部汪勤梅先生等学界元老，对我爱护有加，饱蘸舐犊之情。中国社会科学院西亚非洲研究所杨立华研究员、张宏明研究员，中国人民大学国际关系学院刘青建教授，北京大学国际关系学院杨保筠教授、尚会鹏教授、钱雪梅副教授、潘华琼副教授，皆对拙著内容建言献策，量以准绳。在赞比亚大学留学之时，赞比亚大学比泽克·朱博·皮里（Bizeck Jube Phiri）教授、瓦里马·卡鲁萨（Walima T. Kalusa）副教授对我供以宝贵资料，告以研究之道，论及酋长之事，永志异域之情。

丙申猴年，吾四旬之龄。回望青春岁月，尽历经坎坷之程，成长代价，颇为深重。憾光阴废弛，学艺不精；幸迷途知返，彻悟光明；徒阅历积淀，成长之痛。此去经年成往事，藏刀不掩旧芒锋。老骥伏枥，犹志在千里；烈士暮年，尚壮心不已。重焕激情，愿续少年之志；笑傲江湖，绝非一日之功。唯愿今后，痛定思痛；高瞻远瞩，踏浪前行；脚踏实地，斩棘劈荆。闻鸡起舞明大志，砺兵秣马练苦功。阅尽人间春色美，不枉此生走一程。

感谢我的爸爸妈妈对我多年来的支持与鼓励。在本书文稿修改过程中，我年仅 20 岁的堂妹杨婷婷遭遇飞来横祸，被一辆酒驾车撞击身亡，谨以此书告慰她的在天之灵！

杨廷智

2015 年 12 月于北京大学